新时代教育评价改革研究丛书

评价与教学

王玉萍 —— 著

PINGJIA

YU

JIAOXUE

北京师范大学出版集团
BEIJING NORMAL UNIVERSITY PUBLISHING GROUP
北京师范大学出版社

图书在版编目(CIP)数据

评价与教学/王玉萍著 . —北京：北京师范大学出版社，2023.4
(2025.1重印)
(新时代教育评价改革研究丛书)
ISBN 978-7-303-27937-1

Ⅰ.①评… Ⅱ.①王… Ⅲ.①教育评估—研究
Ⅳ.①G40-058.1

中国版本图书馆 CIP 数据核字(2022)第 112594 号

图书意见反馈　gaozhifk@bnupg.com　010-58805079
营销中心电话　010-58802755　010-58800035
编辑部电话　010-58807068

PINGJIA YU JIAOXUE
出版发行:北京师范大学出版社　www.bnupg.com
　　　　　北京市西城区新街口外大街 12-3 号
　　　　　邮政编码:100088
印　　刷:北京虎彩文化传播有限公司
经　　销:全国新华书店
开　　本:710 mm×1000 mm　1/16
印　　张:15.5
字　　数:280 千字
版　　次:2023 年 4 月第 1 版
印　　次:2025 年 1 月第 3 次印刷
定　　价:68.00 元

策划编辑:鲍红玉　　　　　　　　责任编辑:鲍红玉
美术编辑:焦　丽　　　　　　　　装帧设计:焦　丽
责任校对:段立超　王志远　　　　责任印制:马　洁

序言

　　作为教师，我们几乎每日都与评价相伴。但是，我们真的了解评价吗？我们真的用好评价了吗？学生又期待怎样的评价呢？假定有个叫亚妮的学生，让我们来看看她的评价故事。

　　新学科开始前，亚妮参加了一次入门测试，试卷题目非常有趣，涉及学生的学习兴趣、以往的学习体验、对新学科的了解与期待等。试卷注明，学生"可以用自己喜欢的方式答卷"。从五颜六色的试卷纸中，亚妮选择了一张粉色试卷，在十五分钟内，她用书写和绘画两种方式完成了"考试"。回家后，亚妮异常兴奋地向父母介绍这次快乐的考试，并迫不及待地拿出新教材，翻找答案。

　　而此时，亚妮的老师刘晖正在阅卷，记录每个学生的"入门数据"，并根据学生的"卷面表现"如语言表述、书写习惯、知识背景、学习风格等做出初步"诊断"。其中，刘晖老师对亚妮的入门评语是："知识基础稍弱，想象力丰富，擅绘画，语言表达尚可……"此外，结合学生"入门"情况，刘晖老师在阅卷笔记中写下"学生差异大，应多采用异质分组、同伴互助策略"。

　　班里同学被分成了学习小组，每组五人左右。亚妮被分在第三小组，组里其他同学的成绩比亚妮要好一些，但亚妮也有自己的优势，她擅长画画，字写得好，语言表达也不错，每次小组活动都能发挥作用。尽管仍不够自信，亚妮也有自己的小骄傲。

　　上课前，每位同学都拿到一份学习任务单，包括学习目标、学习任务、自我评估等内容，其中，学习任务包括基础性(A层)、理解性(B层)、应用性(C层)和创造性(D层)等。在亚妮的学习任务单上，有一张教师写的彩色小贴纸："你那么棒，C问题一定可以完成啊。另外，尝试下D问题吧。"这个个性化小贴士使亚妮明确了自己的任务，在完成A、B任务后，她仔细读书、查资料，解决了C问题，至于D问题，她只完成了起始步骤。但亚妮并不沮丧，也不怕向老师暴露自己的不足，她确信老师会看到她的努力，也不会因D问题没有完成而责怪她，相反，因为C问题的解决，她还会得到一个大大的笑脸。

刘晖老师快速批阅学生的学习单，正如亚妮所期待的，老师给了她一个大笑脸，还提示小组其他同学可以参考亚妮的答案。在D问题旁，教师点评："有进步，第一步想对了，加油！"

上课后，同学们迅速展开小组讨论，亚妮非常兴奋，她为小组贡献了C问题的完整答案，D问题的解题思路也被同伴认可，这让亚妮暗暗下定决心，以后要努力"攻克"D任务。全班同学都在认真讨论，因为教师会用"抽签"的方式确定小组发言人，小组内每个成员都有被抽中的可能。在同伴的帮助下，亚妮终于学会了D题的解法。这时，老师抽签了，亚妮"不幸"被抽中讲解D题，在之后三分钟的准备时间里，亚妮成了全小组的"帮扶对象"。三分钟后，在全班同学面前，亚妮磕磕绊绊讲解了D题，又回答了其他小组的疑问，为本小组赢得了一个"5分"。这是亚妮第一次给小组挣来满分，在大家的掌声中，亚妮骄傲得想哭。

因为这次成功，亚妮更努力了，但是，期待中的掌声却没有再次出现，亚妮的学习之路依旧磕磕绊绊。一个星期以后，亚妮开始懈怠了，在连续三天统计到亚妮的退步数据后，刘晖老师与亚妮做了十分钟左右的沟通。首先，她肯定了亚妮近期的进步，尤其是她在D层的进步，尽管这种进步还不能为她赢得满分。其次，她说她注意到亚妮一直在努力克服困难，因为亚妮的作业越来越好，对此她表示赞赏。最后，她直截了当指出亚妮近几天的松懈，坦率表达对亚妮的担忧。这番谈话使亚妮感觉到，老师在一直陪伴着自己，对自己的每一点付出都了如指掌，老师对自己如此在意和关注，令亚妮很是开心。在老师的帮助下，亚妮对自己的听课、作业、考试等做了认真分析，找到自己哪些方面有优势、哪些方面有提升空间、哪些方法对自己更适合。之后，亚妮又满怀信心地投入学习。

第十周，学段考试来临。亚妮有些紧张，但并不害怕，因为老师告诉她们：

(1)他们的过程性学习会在学段评价中占三分之一。

(2)与入门测试对比，他们的进步增值情况也会占一定比重。

（3）本次测试占总评成绩的二分之一。此外，即便这次学段测验不理想，也并非没有益处，至少，"老师知道该怎么帮助你们"，"而你们自己，也知道下一步该如何努力"。

这是亚妮第一次坦然面对考试，并感到，考试可以成为她的好帮手。

学段结束后，亚妮的父母收到一份"学习报告单"，报告单详细说明：①亚妮从本学段开始到结束以来积极的变化；②亚妮哪些方面做得好，有哪些优势；③下一步学习建议。亚妮的父母很是骄傲，他们被邀请与孩子一起上台领取"学习进步奖"，并就"如何帮助孩子完成家庭作业"做经验介绍。从孩子上学到现在，亚妮的父母第一次迫切期盼家长会的到来。

自然，对亚妮而言，类似的故事还有很多。可以想象，如果持续下去，众多的"亚妮们"会有怎样快乐、积极而健康的成长。需要说明的是，这并非杜撰的故事，这是我与我的同伴进行了多年的尝试，我们将其称为"支持学习的评价"。这是一次由"无生命的评价"转向"有生命的评价"的尝试，无论是评价者还是被评价者，都是鲜活的、有情感、有价值取向的生命体，他们的个性、情感和尊严都得到了承认和重视，迄今为止，我们仍然在积极的探索与尝试之中。

英国学者劳拉·克林斯坦（Laura Greenstein）指出，评价的拉丁文词根意思是"to sit beside another"（"坐在某人身边"）。她说，"最好的评价体验，是老师坐在身边，收集关于我们进步的信息，并支持我们的学习"（Our best assessment experiences… are the times a teacher sits beside us to gather information about our progress and support our learning）。她还说，"最好的评价，帮助我们向前"（The best assessments help us move forward）[1]。在十余年的探索中，我们认识到，评价本身是中性的，任何类型的评价，无论形成性评价，还是终结性评价，都有其作用和价值，只要运用得当，都可以成为"最好的评价"，都可以对学生产生积极、正向的影响。我们所要做的，就是使这些不同的评价都具备"在学生身边"积极支持学生的作用，点亮学生心灵，将学生载往幸福的彼岸，而不是相反。

王玉萍

2022 年 7 月

---

① Laura Greenstein，*What Teachers Really Need to Know About Formative Assessment*，Alexandria，ASCD，2010，pp. 1-2.

目 录

1

第三章　教学前的评价 /76

第四章　教学中的评价 /104

第一章　评价概述

第一节　评价的困局

评价就似泥潭，稍不留意就会深陷其中。

课堂教学看似短暂简单，但越是深入其中，越可以感受到它的复杂与丰富。作为这个复杂系统的构成之一，评价时隐时现，让人时喜时忧。我们不断学习、尝试、突破，又不断跌入困局。如果不能跳出评价，从更为系统的角度，尤其从全面发展的角度看评价，我们只会陷入愈发细密、烦琐的评价幻境而不能自拔。

目前，对评价的误解、误用甚至滥用比比皆是。这就关乎人们对一些基本问题的思考与回答。

一、谁有权评价？

尽管我们一直强调要以学生为中心，学生学习主体的地位也逐渐得到认同，但在评价方面仍有差距，以下一些现象仍然存在。

(一)教师是教室里唯一有权评价的人，对评价有绝对控制权

有些教师以专家和权威自居，认为只有自己才有能力、有资格评价学生，他们手握评价标尺，居高临下地审评学生。在他们看来，学生"无能""幼稚""认知有限"且"需要矫正"，他们就应该被评价"敲打"。教师需要与学生保持一定的距离，学生应该对评价一无所知，以确保评价客观公正。所以，他们不会征询学生意见、告知学生或邀请学生参与评价。

(二)学生处于"被评价"地位，对评价毫无影响力

教师是规则的制定者，是最终的裁判员。学生只是被教师牵引着，服从教师单方面的决策，无可奈何地破解一个又一个"评价之谜"。所谓学生参与评价，不过是帮助教师改作业、评试卷，或为某项活动评分，仍是教师说了算，评价出现偏差也无人(敢)纠正，学生参与感不强。

(三)师生评价"一头沉"，严重影响师生关系

很多学生甚至从来没有意识到，自己也可以参与评价、影响评价、决定评价。相当一部分学生对评价极为怀疑、排斥、抗拒，他们认为评价是"教师的菜",甚至认为教师"心存恶意",并没有心悦诚服地认同评价。成绩发布之日,往往是师生关系最为紧张之时,评价反馈常常导致师生关系降温、恶化,甚至引发师生冲突。遗憾的是,其危害与危险,并没有引起教师足够的重视。

二、应该评价什么?

詹姆斯·波帕姆(W. James Popham)认为,教育评价是一种正式的方法,旨在判定学生在一些教师关注的教育变量上的状况,这些教育变量可以是学生的知识变量、技能变量,也可以是态度变量或者情感变量;教师关注什么,就会评价什么。[①]《绩效考评革命》也提到两个非常重要的考评原则,一个是"得了奖励的人会继续努力",另一个同样重要的原则是"你考评,你拥有"。[②]教师选择关注什么,就会评价什么,最终就会拥有什么。教师能否关注"对的事情"至关重要。但是,目前许多教师的关注重点令人担忧。

(一)关注符合文本规制的内容

很多教师喜欢课堂有序规整、学生循规蹈矩、学习成果统一规范。他们意识不到课堂的混沌、模糊与复杂,不希望被学生的独特之处和个人情感所干扰,更不愿意把复杂纷乱的生活世界带入"干净整齐"的课堂。越是"学问大"的教师,越不能容忍学术问题与尘世发生纠葛、"拖泥带水",他们希望带学生守住教育的"最后一片纯净",却忘记了,教育看似来自书本,其实源自尘嚣。

(二)关注"考试会考的"内容

对于那些案头堆满试题汇编和考试攻略的教师来说,考试大纲的重要性远远超过课程标准,他们对课程标准含糊其词,对考试大纲却如数家珍。他们将大量时间花在研究备考上,某一内容哪年考过、考了多少次、分值多少、考题变化等,都是他们的必备功课。他们围绕"考点和得分点"使用教材、选取内容、设定重点、评判教学、检测学习,"不考的"内容则被缩减、被放弃。更有甚者,这些已经"缩水"的教学内容还会"二次缩水",教师更重视的是它的"非知识特质",而不是真正的知识获得,怎么更能拿分就怎么教,有的教师甚至让学生大声朗读、背诵"考试宝典"——不管黑猫白猫,"拿分"才是好猫。

(三)关注容易评价的内容

应该评价的内容有很多,但许多项目实在不好评价,比如勤奋度、学习态度等,不好定统一标准,也实在费时费力。趋利避害,忽略和回避这些"费力

---

① [美]詹姆斯·波帕姆:《教师课堂教学评价指南》(第 5 版),王本陆、赵婧等译,6~7 页,重庆,重庆大学出版社,2010。

② [美]迪恩·R.斯彼德:《绩效考评革命》,龚艺蕾译,6~7 页,北京,东方出版社,2007。

不讨好"的内容也是可以理解的。但问题是，目前这种现象已经趋于极端，许多教师对容易评价、效果显而易见的学习内容过于津津乐道，评价起来得心应手，甚至已成"套路"。但对于真正需要评价的、对成长起着关键作用的，如创造力、想象力等更复杂、更费时、更难评分或判断的项目，却缺乏应有的思考和实践，实在令人担忧。

(四)关注期望看到的内容

课堂事件的多样性和不可预知性远远超出想象，面对多样的眼神、纷乱的回应、繁杂的呈现，仓促间，教师会选择关注什么呢？当教师"听到"某个优秀生又一次完美的回答，或"看见"某个落后生一脸的茫然，或"觉得"某个捣蛋鬼又在跃跃欲试，他已经做出了选择。他将自己关注到的个别事件放大，作为全班同学所共有的特征，作为自己教学决策的理由，却对没有关注到的、"不太重要的"其他事件视而不见。如果教师一直关注自己想关注的、忽略自己想忽略的，他所获得的数据可能是真实的，却未必是全面的。正如一个学生所说，"好想告诉你，我只希望你能像对待一个有灵魂的人一样对待我，而不是把我当成一块沉默的石头。"教室里，因为教师的疏漏，有多少学生已经成为"沉默的石头"？

(五)关注与"眼前利益"挂钩的内容

这种情况比较复杂，政策倡导的、领导要求的、专家认可的、奖惩限定的、晋级规定的、同行约定的，等等，都有可能使教师放弃"初心"，只关注眼前立竿见影的"好处"，而不关注与学生长远发展息息相关的"大事件"。

三、评价应如何进行？

评价过程极为复杂，牵动教学系统中的各种因素，目前，很多教师在实际操作中还存在一些问题。

(一)缺乏对评价的设计

目前教师的教学设计大致可以分为三类：第一，对"教"的设计；第二，有"教"有"学"的设计；第三，有"教"有"学"还有"评"的设计。其中，只含"教"的设计占大多数，有"教"有"学"的设计占一少部分，有"教"有"学"还有"评"的设计则凤毛麟角，以评导教、导学的教学设计更是罕见。

也就是说，教师潜意识里最看重的还是如何"教"（教师教学设计），其次才是学生怎么"学"（学生学习设计），至于自己"教"得如何（教学效果评价设计）、学生"学"得如何（学习效果评价设计），却很少考虑。可以看出，教师并没有真正重视学生的课堂有效获得，学生利益并没有得到切实的尊重和考虑。

(二)缺乏对教学效果的评价

在大多数教师看来，我讲你就应该听（见），我教你就应该学（会），教师教的行为必然会导致学生学的结果，这是理所当然的事，没有考评的必要。然而，评价教学效果，意味着要揭开教学真相，发现教学期望与教学真实之间的差距；意味着要拷问教学能力和教学成效；意味着会有许多"计划外事件"，应对"多余"的挑战、付出"不该付出"的心力。对很多教师而言，这纯属没事找事，他们更愿意以不变应万变、以逸待劳，他们看似勤勉，实则懒惰。

这种只问耕耘、不问收获的教学，教师省心省力，学生也很舒服、很"安全"。教师在讲台上的独角戏，学生可听、可不听。只要有少部分学生用"明白了""是"等言语为所有学生"代言"，给教师继续教学的理由，其他学生就可以毫无压力地"看戏"或"走思"。当然这也怪不得学生，反正他们说不说，老师都会按自己的思路行事，他们"说错了"还会干扰教学、打断教师思路，还是"别捣乱为妙"。师生各得其所，为什么非要说破真相，破坏这种"和谐"呢？

正是在这种"和谐"的假象中，学生"被告知、被听见、被支持"的权利却受到了实质性的损害，学生很难有真正的收获和真实的成长。

(三)缺乏有效支持教学的评价

目前在我们的课堂里，教学与评价分离的现象比较突出，教学就是教学，评价就是评价，教师并没有利用评价信息支持、改进教学的意识。有些教师将评价窄化为考试，他们以考代教，不停地考、练、"刷题"、讲题，对教学不仅没有帮助，反而造成极大的干扰和浪费。

其实，教师只需要换个思路，评价就可以支持教学。以提问为例，一般是"一师一生"之间的"问—答—评"，其他学生则无所事事地旁听。如果教师将其稍加调整，加入同伴互助、问答转述、结果利用等环节，就可以达到事半功倍的效果。再以课堂测验(堂测)为例，堂测一般是全班学生奋笔疾书，之后教师对答案、评优劣，再稍做讲解了事。如果教师稍做设计，堂测前请学生冥想巩固，堂测中允许部分学生查阅书本或求助于教师，堂测后表扬优秀和进步的学生，并据此调整教学，测试与学习同步发生，学生会更愿意参与。

四、评价结果怎么用？

对许多教师而言，评价或是上级用来评定教师优劣的工具，或是教师用来评定学生优劣的工具。他们并没有意识到，可以用评价支持教学。他们常常抱怨上级评价抹杀了他们许多默默无闻的努力，却不知自己也在有意无意地对学生做同样的事情。

(一)自证其好

拿到评价数据后，很多教师或自我蒙蔽，或出于主观喜好与"惯性"，只选择对自己有利的数据，对不利数据则弃之不用；或用评价数据推卸责任、指责学生。也有教师将数据进行"倾向性解读"，例如，同样是65％的合格率，可以解释成"有 35％的学生学习不努力，没有达标"，也可以解释成"教学效果较好，达标率提升到 65％"；前一种解释承认教学效果不理想，但责任在学生，后一种解释认为达标率有提升，以证明教师教学有成效。

（二）"成王败寇"论

"一考定终身"在日常教学中也有体现。如果考试成绩好，教师之前所有的举措都是成功要素；如果成绩不好，之前的所有努力就是没有价值的，都是失败因素。例如，同样是"检查默写"，如果学生成绩理想，"检查默写"就是成功要素，以后要继续坚持；如果学生"考砸了"，"检查默写"就是失败原因，不可再用。

（三）数据决定论

很多教师既不相信自己的教育直觉和经验，也看不见学生的真实表现，只会"用数据说话"。这种现象在"分数出来时"最为明显，很多教师在分数出来时会瞬间"变脸"，刚刚被斥责"淘气"的学生，会因为一个好分数得到教师的拥抱夸赞；刚刚被笑脸相向的学生，会因为"没考好"而被教师蹙眉要求"好好检讨自己的问题"。学生就在对面，对他们"做过什么"，教师也最清楚，但分数当前，教师却"只见分数不见人"，用分数说明一切。

（四）消极甚至恶意解读

很多教师对数据的积极解读不够，对"失分""错误""劣势""退步"往往更为关注，却看不到学生的优势、进步、潜在的可能和那些"看不见"的努力。一个学生考 15 分和 35 分，在教师眼里没有区别，但对这个学生可能意义重大，因为他进步了 20 分。如果教师对此视而不见，仍将学生归到"最差"一类，没有任何表扬鼓励，学生就会逐渐丧失动力和信心。尽管大多数情况并不是教师有意为之，可正因为如此，才伤害更大。

（五）一评了事

一次评价从前期准备、出题、答题、评分再到得出结果，往往需要大量投入。但是，与前期轰轰烈烈的投入相比，我们对评价结果的使用却极为仓促、敷衍，给学生计分定档、稍做反馈后，便刀枪入库、马放南山，实在可惜。须知，这些评价结果是教学反思、改进和学情分析的极好资源，可以多次提取、反复利用，为更好的教学和专业提升服务。

五、评价会有哪些影响？

评价可能带来的负面影响远远超出我们的想象。

（一）对教师的影响

很多教学问题都与评价相关。有些教师受考试指挥棒左右，忘记教育的初心，急功近利，有选择地"教书育人"；有些教师过度依赖考试数据，以成绩作为评判自身教学水平的唯一标准，出现自我怀疑和倒退；有些教师只看标准、看进度、按计划行事，对学生缺乏应有的体察和关注，陷入机械的经验主义和自我中心，教学缺乏弹性、活力和创造力……在教室这个"黑匣子"中，教师拥有绝对的权利和权威，在没有外力约束和自我监管的情况下，教师的固执和偏见被无限放大，评价的低效、无效甚至负效便在情理之中。

(二)对学生的影响

对学生而言，低效、无效甚至负效学习不过是眼下的小损失而已，评价给学生带来的长远损伤更无法估量。

第一，消极的评价带来消极的学生。消极的、刻板的、以分数论成败的评价，不只影响学生情绪，还会带来心理阴影，造成消极人格，并且这种影响很难消除。在一次次负面评价的打击之下，许多学生逐渐丧失信心。他们遇到困难、挫折就会乱了分寸，恨不能因一次不如意否定所有的可能、放弃所有的希望、迁怒所有的人。比较常见的例子是学生在大考中心理失常，他们会因为一道题不会做，丢盔卸甲、放弃整张试卷；或者因为一科没有考好，放弃所有的考试。如果从容应对的话，他们未必就不行，但他们没有勇气、也没有信心尝试，稍有波折就会鸣锣收兵、弃阵而逃。

第二，规整的评价带来规整的学生。我们过于强调考试导向、强调教学与考纲的一致性，过于强调向严格、细密的测评标准看齐，致使学生凡事以考试为纲、以老师的话为准、向规定的方向努力，在学习中小心翼翼、循规蹈矩，唯恐出错。在我们为学生越来越规范、越来越接近标准答案而欣慰、而自鸣得意之时，却没有发现，这种"过度规整"却正在带来学生"千人一面"的趋同性，学生逐渐缺乏独立思考和判断力，失去灵性和个性、创造力和想象力、张力和活力。

第三，短视的评价带来短视的学生。如果学生的大部分在校时间都被用于备考，而不是真正的学习，那么，他们更容易受可见、可测量目标的驱使，更关心眼下成绩如何，而不是长远发展；他们凡事喜欢立竿见影，不耐烦看不见结果的努力和付出，更缺乏高远志向和长远目标。其实，真正的学习，需要学生没有任何功利之心的全情投入，需要学生在希望渺茫时仍然选择努力和坚持，但不恰当的评价却使学生逐渐远离这些可贵的品质。

第四，冷清的评价带来冷清的学生。如果学校拥有的评价文化具有"高控制性"，则它就是一种冷清的评价，是一种将评价视为监督、威胁和压力的文化，是一种师生明显不对等的文化，是一种缺少宽容、理解、信任和沟通的文化，是一种僵硬、冰冷而非温暖、支持的文化。学校的文化是可以传递的，受这种文化浸润、在这种文化中长大的学生，还余下多少温情和火种，还剩下多少传递爱与激情的能力，又会向未来的世界传达什么呢？

让我们来看一个发人深省的故事。

20 世纪 80 年代末，英国的拉特纳一直是世界上最大的珠宝公司，约拥有 2000 家店铺，这些店铺因出售低价珠宝而极受欢迎。1991 年，该公司首席执行官杰拉尔德·拉特纳（Gerald Ratner）就公司的成功发表讲话，他贬低公司的一款产品，开玩笑说，低价是因为质量差。因为他灾难性的发言，许多被冒犯的顾客不再光顾这家公司，公司损失了 5 亿欧元，几乎破产。这个例子表明，轻视顾客的企业会付出沉重的代价。①

同理，轻视学生也是要付出代价的，只不过这代价不是立竿见影，板子也不是打在教师身上而已。做教师似乎天然就有一种优势，我们享受为师的荣耀，却由他人为我们的过错买单。其实这更是我们要经常自我反省、自我改进的重要理由。既然评价问题已经带来了太多的困扰、混乱，也造成了太多的浪费甚至倒退，现在是时候加以解决了。

第二节　了解评价，以支持教学

当我越来越多地了解学校内以及课堂内的评价时，有件事让我百思不得其解，那就是教师对评价的认识。除了将评价与考试挂钩外，很少有教师对评价有比较系统的关注。前述种种评价问题的发生有各种各样的原因，但追根溯源，都与不明白评价"是什么"（更为确切地说，是"教师所需要的评价是什么"）有直接关系。因此，对评价的基本知识进行梳理仍有必要。只有具备基本的评价认识，我们才有可能以评价支持教学。

一、评价的含义

评价一般是指根据一定的目的、目标和标准，对某一人物、事件或者过程的性质和价值进行衡量和判断，并据此做出决策、采取行动的过程。中文"评价"一词，在英文中常对应"evaluation""assessment"。"evaluation"本意为"引出价值"，重在"价值判断"；"assessment"的词根是"assess"，本意是"坐在旁边看"，更侧重"收集相关信息"。② 结合这两种含义，可以看出，一次完整的

---

① 英国 DK 出版社：《商业百科》，彭哲、朗香香译，238 页，北京，电子工业出版社，2021。

② 王少非：《课堂评价》，4 页，上海，华东师范大学出版社，2013。

评价不仅包括提出评价问题、收集证据以回答问题、阐释问题结果[①]，还包括据此决策和采取行动。

二、教育评价及其三个视角

教育评价是指根据一定的教育目标和标准，收集、分析、解释教育信息，做出教育决策、采取教育行动的过程。

自泰勒（R. W. Tyler）之后，对教育评价的界定主要有四个方向，包括：①效果分析，强调通过评价判断教育目标的实现程度；②信息收集和决策，强调通过评价收集资料，为教育决策服务；③描述和价值判断，强调教育评价就是对教育现象进行描述和价值判断；④综合观点，如美国教育评估标准联合委员会指出，"教育评估是对教育目标达成程度、它的优缺点与价值判断的系统调查，为教育决策提供依据的过程"，该定义综合了上述三种观点。[②] 不同的定义方向，反映出教育者对评价的不同认识，也对评价实践产生了实质影响。

(一)"教育专家视角"的评价

国内比较流行的定义方向是"描述和价值判断"，即教育评价就是按照一定的价值标准，对受教育者的发展变化及构成其变化的诸种因素进行价值判断的过程。该定义包括三个基本观点：第一，教育评价的本质在于"价值判断"；第二，评价对象是教育领域中的人、事物或者活动，重点是受教育者的发展变化；第三，评价必须严格依照一个既定的、公认的价值准则进行，以克服主观随意性，提高评价的信度和效度[③]。根据该定义，评价是评价者（教师）对被评价者（学生）依据标准进行判断的过程，评价者高控制、不容置疑的形象一览无余，我们姑且将之称为"教育专家视角"的评价。受此影响，前文所述的许多问题自然不可避免。只有改变认识，才能改变行为。

(二)"测评专家视角"的评价

国外许多学者的定义更接近"综合观点"。例如，克隆巴赫（J. Cronbach）将评价定义为"为做出关于教育方案的决策，收集和使用信息"。斯塔弗尔比姆（L. Stufflebeam）也强调，"评价最重要的意图不是为了证明，而是为了改进"，

---

① 钟启泉、汪霞、王文静：《课程与教学论》，250 页，上海，华东师范大学出版社，2008。

② 赵德成：《学校评估：理论、政策与实践》，3～4 页，上海，华东师范大学出版社，2015。

③ 赵德成：《学校评估：理论、政策与实践》，4～5 页，上海，华东师范大学出版社，2015。

并认为评价是"为决策提供有用信息的过程"①。这些表述略有不同，但都认为评价应为决策提供依据、为改进服务。在这种认识的影响下，评价者"略显平和"，其评价结论可商量、可讨论、可调整、可改变，我们姑且将其看作"测评专家视角"的评价。

(三)"教师视角"的评价

前述各种定义，无论是"教育专家视角"，或是"测评专家视角"，都将评价从原本复杂、丰富、混沌的教学现实中剥离出来，与教师在教育教学实践中要用到的评价相距甚远，导致教师评价实践的摇摆不定和无所适从。

对于要完成繁重的教学任务、身处复杂多变的教学情境、要应对不同特质秉性学生的教师而言，他们的确需要通过评价获取各种信息，以支持教学判断与决策；在教师教学的每一阶段，包括确定教学目标、明确学生起点、选择有效教学策略、判断教学效果等，评价都发挥着重要作用。但是，需要注意的是，评价只是教师的众多工作手段之一，教师可以因为教学需要而选择评价，也可以因为教学需要而放弃评价。教师只需要对自己的教学有意义、为教学实践提供适切引领、利于有效决策的评价，我们可以将之称为"教师视角"的评价。本书所倡导的"支持教学的评价"，便是一种"教师视角"的评价。

三、评价设计的逻辑

威金斯(G. Wiggins)提到两种评价设计的逻辑，具体内容如下。②

(一)基于结果或"功能决定形式"的逻辑

威金斯将评价设计与建筑设计进行类比，指出建筑设计要从用地的功能或目的方面思考：这块地上将发生什么？哪些人将入住这栋房子？他们在这里将做些什么？对于这些居民及其从事的活动来说，何种感觉、活动空间和规格是合适的？哪一种设计方案适合这样的目的和对象？

与此类似，教师需要经常询问自己："什么是达到目标的证据呢？""现在做的与结果相关吗？""哪种评价能更好地测评预期结果？""根据这些证据，我们究竟能推出什么？"教师要尽量避免模糊缥缈的结果陈述，以结果为基准改进教学。

威金斯还举例说明了这一点：某教师设计了一个学生阅读能力评价任务，要求每个学生选择一本难度适度的书，大声朗读，并分享"为什么本书值得一

① 陈玉琨、沈玉顺、代蕊华、戚业国：《课程改革与课程评价》，136 页，北京，教育科学出版社，2001。

② [美] Grant Wiggins：《教育性评价》，国家基础教育课程改革"促进教师发展与学生成长的评价研究"项目组译，91 页、106～107 页，北京，中国轻工业出版社，2005。

读"。他认为，该活动固然可以培养学生对书籍的兴趣，但却无助于评价"阅读能力"，因为，教师根据诸如"书籍选择""口头表达""阐述理由"等变量，得到的关于学生"阅读能力"的评价结论是无效且不可信的。这种现象在我们的教学实践中也比较常见。很多阅读课实际上是"讨论课""活动课""表演课"，教师根据学生的课堂表现评判学生的"阅读能力"，学生完成一个个看似有趣热闹、实则杂乱无效的任务，却一直没有机会静下心来阅读，用这样的评价引导学生，培养的不过是浅薄的阅读者。

（二）行动和自我更正的逻辑

威金斯仍以类比的方式说明这一种评价设计的逻辑。他指出，出色的厨师会有菜谱，但绝不会一味地盲从菜谱，因为，菜谱可能会是霸道的，会使厨师变得不自信，也会扼杀厨师头脑中闪过的探索新知的想法……出色的厨师烹调是以其创意、味道的标准和反馈为基础的，他们不被固定公式所羁绊，相信自己的味觉，大胆尝试，在烹调过程中，他们总是不断地品尝并不断地调整其味道，这也是今天厨师长能给厨师上的最有价值的一课。

与此类似，良好的评价要遵从一定的教学计划，但没必要完全依从一套具体的固定程序。有意思的是，既然评价是用来测量想要的结果的，就像厨师一开始未必知道成菜的味道，即便我们对最终的结果还比较模糊，我们仍需要先陈述结果、再设计评价。然后，在评价设计过程中，我们对原来笼统的目标结果进行雕琢、裁剪、选择，露出最需要掌握的精华部分。评价设计如流水般，冲去浮沙，露出我们想要的"真容"。例如，可能我们一开始想要的结果是，学生在数学学习中成为批判的思维者，但是，直到我们尝试着进行批判思维评价设计时，才使得该目标更为具体而精准，也才意识到，原来的结果陈述需要重构和细化——我们必须一路进行自我评价和自我调整。

第三节　支持教学的评价

支持教学的评价是指教师收集、分析、解释教学现象和信息，描述、评判教学过程和结果，做出支持教学的判断和决策的过程。该评价符合如下要求。

第一，为有效教学服务。支持教学的评价以教学需求为前提，因支持教师实现教学目标、改进教学、促进学习而存在，是教师（和学生）不断拷问教学合理性和有效性、实现有效教学的工具。不以服务有效教学为目的的评价，设计得再精细规范，也没有应用的必要。

第二，"教—学—评"一体推进，有机融合。支持教学的评价无法置身于教学之外。在设计良好的课堂教学中，教、学、评总是相互交融，例如，一次极为常见的课堂问答，既可能是教的过程，也可能是学和（或）评的过程，更可能是三者皆有的过程，其中学是主线，教是导引，评是支持，三者彼此促动，实难拆分，当然也没有拆分的必要。

第三，对学习全程提供持续的、积极的有效干预。支持教学的评价贯穿学生学习全程，为学生有效学习提供适时有效的支持，是对学生学习的"常情陪伴"。教师可以从学生学习的任一环节介入，可以预告学生标准、了解学生起点、激发学习欲求，可以持续跟踪、诊断、提醒、强调、鞭策学生学习，可以利用评价结果调整教学、巩固教学成果等。

支持教学的评价是为学生成功学习和教师有效教学服务的，包括评价主体、评价功能、评价内容及评价过程等内容，下面逐一分析。

一、评价主体

（一）多主体平等互动

支持教学的评价是教师主导的，学生、专业人士、管理者等多主体共同参与的活动。在这个评价共同体中，教师没有绝对控制权，"没有人拥有真理而每个人都有权利要求被理解"[①]。所有参与者都是评价主体，又都是被评价的对象，是有情有义、有温度有激情的生命体，其个性、情感和尊严都得到充分的承认、体谅和尊重。每位参与者都在评价、被评价，又都在学习、成长，他们需要了解评价的目的和价值，对评价负责，为评价做出贡献，并从中汲取营养。

与要求教师"超然"中立、强调客观公正、反对学生介入、"评你没商量"的传统教育评价不同，支持教学的评价更重视学生的作用，富有"对象感"，倡导教师之间、师生之间、生生之间平等交流，相互启发，鼓励学生理性对待评价、主动参与评价，并与教师就评价结果进行协商，强调学生对评价结果的认同，也就是"评你有商量"。

（二）学生作用不可或缺

评价是"双边"活动，只有学生才能使评价"完整"起来。教师的评价行为，离开了学生的见证、进入、建构和引领，就失去了意义和价值。在支持教学的评价中，学生不再是承受评价的"无能的""沉默的石头"，而是有主动发展能力的评价主人。一方面，他们尽力遵循教师要求和评价标准；另一方面，他们的经验、状态和需求等也不断影响、修正甚至"破坏"教师的预设。他们被评价、

---

① ［美］小威廉·E. 多尔、M. 杰恩·弗利纳、唐娜·楚伊特、约翰·圣·朱利恩：《混沌、复杂性、课程与文化：一场对话》，余洁译，35 页，北京，教育科学出版社，2014。

自我评价、也评价他人，通过与教师互动，参与调控教学内容、教学进程和教学走向，成为"有影响力的参与者"。

(三)教师作用适度发挥

承认学生的评价权力不等于迁就学生，更不等于教师要放弃责任，教师仍然要发挥主要作用、承担主要责任，但要适度、恰当。理想的评价应该是逐步减少外部控制、增加自我控制和自我评估的过程。坎皮奥内（Campione）曾提出"逐渐放开责任教学法"，指出教师应该找到责任的平衡点，一开始教师以"专家行为示范"为主；随着学生获得技能增多，责任逐渐转向学生，教师则承担支持作用；最后"在学生能够独立学习时及时退出"。[①]

换言之，学生不是一下子就能担起评价责任的。起初他们只能完成教师单方面的评价任务，浅层地、被动地参与；随后他们了解标准、准备评价、参与评价，尝试自我评价，参与度逐渐加深；当他们能够建构与实施评价，如设计、自评、与教师协商评价结果、充分利用评价数据等，他们已经在深度参与。学生参与度越高、影响力越大、能力越强，教师的主导性、控制力、所承担的责任就越弱，此消彼长，逐渐降低教师干预、控制的程度，直至将"场子"完全留给学生。

二、评价功能

(一)导向功能

不论我们是否愿意、如何掩饰，评价的导向功能都是存在的，评价目标、指标体系、评价标准所肯定的，就是有价值的、值得追求和奋斗的。我们"利用"它的最好办法，就是，"想要什么，就评价什么"。那么，我们"想要什么"，能否使评价指向真正有价值的内容，也就显得尤为重要。教师要想清楚，评价是为了使学生"与现在这个世界一致"，还是"应对和引领未来"；如果是前者，学生在评价后可能就再也不想碰书本，如果是后者，学生则会终身与学习为伴。

评价的导向功能还提醒我们，可以用目标引导学生的学习。总目标设定之后，我们还可以设定分目标，以及为实现"分目标"而设定的"小步骤"。评价标准与"总目标"息息相关，一直提醒学生"是否偏离航线"，以及"离目标还有多远"。我们可以提前把标准给学生，在其中描述不同水平的"质量"表现，甚至给出不同水准的不同样本（例如教师给学生不同档次得分的范文），学生的学习会更有方向。

---

① ［美］道格拉斯·费舍、南希·弗雷：《带着目的教与学》，刘白玉、包芳、潘海会译，20页，北京，中国青年出版社，2014。

当然，导向不等于"规定"，更不是"限定"，更不能扼杀个性。在提出共性要求、统一标准导向的同时，还要鼓励学生发展个性，并要为此设定支持性评价。共同基础与个性发展，应该成为评价的两个基本导向。

(二)诊断功能

教师通过评价监控教学，判断学生是否取得令人满意的进步、是否朝着预期目标前进，发现优势、问题和不足，为问题解决、质量控制和教学改进提供依据。

第一，教学开始前，教师要了解学生所知、所能，包括知识、态度和思维层级，以及学生的优势、劣势、与众不同之处和发展潜能，确定学生的起点、目标和最佳路线。在詹姆斯·波帕姆看来，学生的薄弱点就是教学重点，学生已经掌握的知识和技能就不需要再重复施教，在教学之初进行这种诊断性的评价，对教师制订教学计划是非常有帮助的[①]。

第二，教学开始后，教师继续借助评价，了解教学与目标是否吻合、教学内容是否恰当、教学策略是否适宜以及学生学习是否顺畅、情感态度是否积极、是否达到预期进程等。如果所有学生的进步都是令人满意的，教学就不需要调整；如果只有少数学生落后，教师可帮助个别学生补救；如果大多数学生进展都不理想，教师就要大幅度修正甚至停止教学，因为显然这种教学方法是不适用的。

第三，教学结束后，教师要通过评价了解"是否到达"以及是否走了弯路、哪些做法有效或无效、可沿用的做法、需要弥补的漏洞、取得的成效等，改善尚未成功但有余地补救的教学。

第四，提升师生自我诊断的意识和能力。这是评价诊断功能得以发挥的重要体现。教师可利用评价结果反思教学，不断自我诊断和矫正，提升教学水平；学生也不仅仅是"被诊改"，他们要慢慢学会评价自身的优缺点，据此调整改进，逐渐成为成熟的学习者。

(三)激励功能

评价需要激发学生学习动机和积极性，使学生更为主动、投入地学习。然而，一些学校的现有评价看似公正，但实际上，只有少数名列前茅的学生才能从中受益，更多的学生只会遭受挫折和打击，失去学习动力和学习信心。

通过支持教学的评价，教师可以给学生提供更多的被积极、公平审视的机会，提升学生的成就感和自信心。教师既可以表扬成绩优秀的学生，也可以表

---

① ［美］詹姆斯·波帕姆：《教师课堂教学评价指南》(第 5 版)，王本陆、赵婧等译，9页，重庆，重庆大学出版社，2010。

扬有进步、有"增值"的学生；既可以奖励优异的学习结果，也可以奖励优秀的学习行为；既可以评定个人成绩，也可以评定集体成绩；既可以为最后璀璨的成功喝彩，也可以为过程中每个"小进步""小成就"叫好。学生不断地被赞赏、被肯定，就会逐渐感受到自己的价值和能力，有更大的信心和勇气面对困难，用才能和智慧弥补薄弱之处，积极理性地庆祝成功、直面失败，直至形成有关自己和他人的稳定的、积极的、正向的信念。

(四)鉴定功能

分数和等级对学生有非常重要的意义，对此教师应有足够的尊重和理解。教师可以直接给学生评分或定级，也可以根据学生的增值进步情况定级，或者根据学生优长定级，这三种做法指向各有不同，只要设计得当，都可以发挥积极作用。教师可以"利用"学生对分数和等级的重视，将"最想让学生达成的目标"加权赋分，激励学生学习。为发挥良好的鉴定功能，教师要注重收集学生信息，基于"证据"为学生评分定级。教师收集的证据越全面、越丰富，越容易对学生做出精准的判断，也越容易得到学生的认同。

三、评价内容

评价内容并不是越周密越好，追求"面面俱到"，极可能使真正重要的内容湮没于完美的表象之中。评价意在支持教学，而不是给教学增加工作量、难度或限制，更不能以牺牲师生的时间和健康为代价，因此教师要审慎确定评价内容。

(一)重视更有育人价值的内容

"训练"与"教育"不同，"训练"让人能够生产与生存，"教育"则让生存具有意义。评价首先要关注"训练"结果，对学生是否掌握生产生存技能做出直接反应，判断学生是否达到知能目标；评价更要关注"教育"结果，了解学生能否发现学习任务所蕴含的深意，能否赋"生存"以更多的意义和价值，判断学生是否达成发展素养目标。

(二)关注包含"非预期效应"的信息

教学是一个创生性过程，教师的行为可能产生预期效果，也可能带来非预期效应，且后者往往意味着新的教学良机。提出无目标评估模式(Goal-Free Evaluation Model)的斯克里文(M. Scriven)认为，各种教育活动的"非期望效应"可能是至关重要的成就，如果仅仅特别注意预期效应，无视甚至扼杀非预期效应，往往会产生误解和危害[1]。为避免主观、片面，教师不能只按预设框

---

[1] 赵德成：《学校评估：理论、政策与实践》，17～18页，上海，华东师范大学出版社，2015。

架收集信息，要关注预期效应，更要关注非预设的实际效应，使评价内容更为全面、客观。

(三)关注最具"优先级"的必备知识

威金斯和麦克泰格(McTighe)曾描述过一个确定课程优先级的框架，以便教授与评测必备知识。如图 1-1 所示，中心区域是"持久理解"(enduring understanding)，其外圈是"要知道和要做的重点"(important to know and do)，最外层的圆圈区域则是"值得熟悉的信息"(worth being familiar with)。很明显，"持久理解"根植于另外两层区域之中，应花费更多的时间，也需要来自外圈的内容帮助达成这些"大想法"(big ideas)。这个框架对教育者确定和检查内容优先级很有启发。[①]

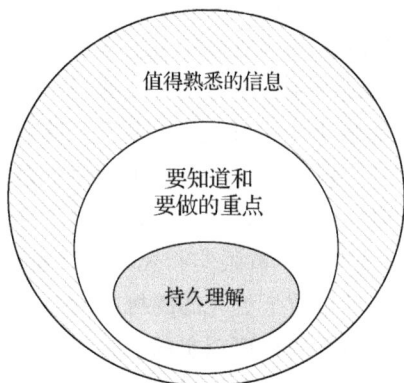

图 1-1　课程优先级框架

课堂教学的时间总是有限的，因此，"做正确的事"比"正确做事"更重要。如果教师在目标和内容设定时，已经将重心放在最外圈——"值得熟悉的信息"但不重要的内容上面，再到位的教学也是在外围打转，顶多是让学生记得更牢、更熟练而已，实际效益不大。首先教师应确定一门课的核心知识，即"持久理解"是什么。之后，将评价指向这些最具"优先级"的内容，将宝贵的教学时间应用于"持久理解"，首先做好最重要、最正确的事，若有余力，再去关注其他，不至于留下遗憾。

(四)更关注"过程与方法"信息

《混沌、复杂性、课程与文化：一场对话》一书提出，"绝对错误的论断"相较于"未能虑及各种可能性的系统性疏忽"还只是小事，因为"在后者中蕴藏着

---

① Douglas Nancy & Fisher Frey, *Checking for Understanding*：*Formative Assessment Techniques for Your Classroom*, Alexandria, ASCD, 2007, pp. 7-8.

有可能发现真理之财富的钥匙"①。换言之，学生能够"虑及各种可能性"、避免"系统性疏忽"、科学而理性地探究，比得到正确结论更为重要。再进一步说，只要学习的过程和方法是"对"的，即便结论错了，也是暂时的，学生最终仍会走向"真理之财富"；而如果方法和过程"不对"，即便结论暂时是对的，学生也终将与真理无缘。应该说，这个令人深思的观点，与我们目前对学生急功近利、只求结果的教育极为相悖。需要教师在"正确的路径"和"正确的结果"之间、在"更有价值"与"更立竿见影"之间做出正确的选择。

(五)关注开放性、创生性教学信息

人是共性和个性的统一体，真正的教育既要强调共性，也要重视个性。与之相适应，评价的内容构成也可以分为两部分，一部分以已知的"旧"事物为基准，可以用统一标准进行衡量，是每个学生都应该达到的共性要求，利于学生之间横向比较，也是衡量教师教学成绩和学生学业成就的主要依据。此外，评价还要为不太容易出现在统一标准中的、未知的"新"事物留下空间，为差异性留有余地，随时准备接纳学生个性化的"自主发展指标"，以利于学生自我评判、自我调控和自我提升。换言之，一个理想的评价系统应该是"敞口"的——"保底但上不封顶"，既要完成规定要点，又体现自主性、主观性和个体性。评价应逐渐从"规定"到"自选"，从"有限"到"无限"，"游离度"越来越大，在帮助学生打好基础的同时，为学生留下更大的腾挪空间。

最后需要注意，评价是我们认识现实的一种手段，而不是现实本身，评价可触及的内容、所能发挥的作用极为有限，有很多事件无法评价，或者无须评价。如果我们仅仅依赖评价，甚至用评价取代现实，就会出现对现实的"二度窄化"。因此，评价绝不是我们唯一的凭仗，需要考虑与付出的时间和精力相比，收效是否值得。如果不需要评价就可以做好，就不一定非要使用评价。

四、评价过程

评价本身是中性的，它的"能力"其实有限。同样的评价，在不同的情境中，会有不同的表现；同样的评价要件，以不同的次序组合，会有不同的效应。前文所涉的评价困局，问题不是出于评价本身，而是出自评价所在的情境。支持教学的评价既不是做加法，也不是做减法，而是基于积极评价理念的系统重构。

---

① [美]小威廉·E. 多尔、M. 杰恩·弗利纳、唐娜·楚伊特、约翰·圣·朱利恩：《混沌、复杂性、课程与文化：一场对话》，余洁译，91 页，北京，教育科学出版社，2014。

（一）在复杂系统中进行

教学是一个复杂系统。复杂系统"只能以系统各组成部分之间的互动为基础来进行解释"，"不能把这些组成部分相互分割开来进行分析"。[①] 任何结论只有在系统中才会有意义。作为支持这个系统运行的手段之一，评价必须将"系统各组成部分之间的互动"作为分析基础，不能把学生从其背景中"抠"出来评价，也不能仅凭学生特征推断全局。

在教学开始前，教师需要了解学生特征，如学生的知识背景、能力素质等，也可以据此预判学习成果。但学生是否能达成"教师所愿"，却要看学生所在的教学系统是否提供了这种可能。须知，同一个学生会有怎样的发展，与自身相关，更受系统质能的影响。如果系统条件适宜，能得到教师、同伴和环境的有力激发，学生的表现和成果可能会超出预期，反之，也可能让人大跌眼镜。将学生视为"系统中互动的一分子"，将系统中的各种关系，如师生关系、生生关系等考虑在内，评价才具有教学意义和价值。

（二）在师生对话中进行

真正的师生对话不可能是事先设定好的，也不可能提前准备台词（只有表演才会有台词，教学与表演有着本质的区别），这里的"师生对话"有以下几层含义。

（1）真实的对话具有多样性与不可预测性，或许可以有人开始或结束对话，有人会"适时跟进"，但谁也无法主宰对话本身——不知道对话将走向何方，也不知道最终的答案是什么。

（2）在对话的"开端"，教师还在按教学预设行事，但随着对话推进，预设的"行军路线"会有所调整，甚至会转到完全不同的方向，也可能会出现"大不一样"的"结尾"。当然，"开端"与"结尾"并非南辕北辙，而是教师与学生持续互动的结果。身处其中的每一个人都会受到触动，发生变化。

（3）在对话之中，预期与随机、确定与模糊、已知与未知、困顿纠结与豁然开朗……相互交融，知识传递和创造性实践、统一答案和各种开放性的解答有机互补。对话"将会得到的、打开的及产生的一切"都是无法预测的，师生都要做好"应变"准备。

（4）教学设计所控制和引领的师生对话并不是真正意义上的对话，仅仅是一场"排练"而已。在真正的对话中，教师和学生都有自己独特的声音，学生不

① ［美］小威廉·E. 多尔、M. 杰恩·弗利纳、唐娜·楚伊特、约翰·圣·朱利恩：《混沌、复杂性、课程与文化：一场对话》，余洁译，110 页，北京，教育科学出版社，2014。

是被动接受，而是与教师平等交流。师生都会因对话而改变、而成长。

应该说，这才是令人心驰神往的教学场景，师生都会有更为开放豁达的心态，不被眼前的小天地所束缚，身处这样的"对话"之中，是幸福，是享受。评价要为支持这样的对话而存在，支持师生共同创设拥有无限可能的学习环境，支持身处"对话"湍流之中的师生，支持学生成为有影响力的参与者。只有不再追求评价的精致、细密、规范、统一，打破僵化而机械的局限和框架，真正的对话才能产生。

(三)在"唯一情境"中进行

教学因为学生而完整。只有教师的"教"，而没有学生的"学"，教学就没有真正发生。教学也因学生而各具形态。每个学生都有自己的背景与特质，即便同一位教师使用同一个教学设计甚至照本宣科，也会因学生差异、情境变化等而走向不同结局。教学因此具有不可复制性，每一次教学都是"独一无二"的，都是在唯一情境中进行的，教师不可能再次踏入同样的意义之河，学生也是一样。

这种教学情境的唯一性，要求教师必须真正将学生纳入教学进程。那些随机发生、毫无共性和规律可言的学生现实，看似使学习情境更为纷杂模糊，其实颇具深意，值得深度挖掘，帮助教师还原复杂的学习过程，找到面对现实的有效方法。那么，与之相适应的评价，也必须是个性化的和情境化的，也具有即时性、唯一性，在不同阶段、对不同的学生，评价截然不同。此时适用的评价标准，彼时未必适用；评价结论取得时，就是失效时。按计划行事、以不变应万变、依据经验判断教学效果等做法，不过是教师一厢情愿罢了。

(四)在"动态平衡"中进行

在论及形成性评价如何实施时，劳拉·格林斯坦(Laura Greenstein)提到，汽车机械师一般有两种平衡轮胎的方法。一个是"静态平衡"，把轮胎放在一个支点上调整；另一个是"动态平衡"，在模拟道路条件下测试、调整车轮。大多数专家建议使用动态平衡的方法，因为这样可以更好地了解汽车的真实性能。[①]

这一点对我们评价教学很有启发。仅仅考查碎片化、静态的知识，了解学生知道什么并不是最重要的，只有当学生"动起来"，能够在不同的情境中应用所学，我们可能才会看到学生的"真实性能"，看到学生是否学有所成。这种"动态"评价能为学生提供更具"考验性"、挑战性的标准，也更能提升学生的

---

① Laura Greenstein, *What Teachers Really Need to Know About Formative Assessment*, Alexandria, ASCD, 2010, p. 152.

"实战经验"。因此，在不排斥必要的基础性的、"静态"评价的同时，教师对此应予以更多的关注。

第四节　嵌入评价的教学

如前所述，评价可以服务于"正在发生的教"，帮助教师随时了解学生状况和教学实效，更有效地支持教师教学；评价也可以服务于"正在发生的学"，帮助学生诊断学习，及时调整态度、行为和策略，取得更好的学习效果。

一、在课堂层面嵌入评价

一节完整的教学通常可以分为课前、课中、课后三个部分，其中"课中"可大致分为输入、吸纳、输出等环节。在"输入"环节，学生的主要任务是"复习旧知和学习新知"；在"吸纳"环节，学生的主要任务是"理解和巩固新知"；"输出"环节则更强调知识的迁移应用。

理想的状态是学生完成上一环节的任务后，再依序进入下一环节，直至课堂教学结束，但事实并非如此。经常会有教师在教学即将结束时，才"惊觉"学生一直是糊涂的，连基本概念都没有搞懂，更谈不上知识的巩固和应用，他们课堂上大部分时间原来是在做"无用功"，但此时"回头"已经来不及了。当然有的教师可能直到教学结束也没有发现有什么不妥，甚至还在为顺利"讲完了"而沾沾自喜。或许，只有到终结性考试到来时，他们才会遭到"当头一棒"，但那时谁也不记得是何时出了问题，当然，即便记得，也真的来不及了。

如果教师在每个教学环节都嵌入一定的评价手段，及时诊断学生学习进展、教学实效，为教学的"下一步"提供"靠谱的"参考，情况可能就截然不同（见图1-2）。在每个关键环节结束之前，教师都能了解到学生是否完成了本环节的任务、是否具备了进入下一环节的基本条件，即便此时需要"回头"弥补，也是来得及的。在这些评价的支持下，教师可以稳打稳扎地实施教学，确保每一步教学的质量，有效避免教学中的"浪费"现象，使教学效益最大化。

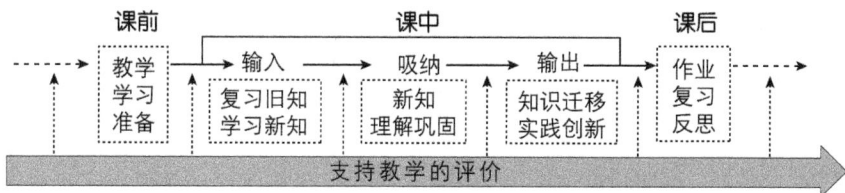

图 1-2　在课堂层面嵌入评价

二、在学段层面嵌入评价

单元、学段乃至学期层面的教学也有类似的问题。以学段①为例,一个学段一般包括学段初、学段中、学段末三部分,其中"学段中"的教学可以分为三个阶段,分别有着不同的任务要求。

(1)整体感知阶段,学生需要评估"旧我",将已有知识与即将学习的知识建立联结,把握整个学段的学习内容,明确学习任务。

(2)主题学习阶段,学生需要完成接收吸纳、理解运用、深化整合等任务,这是每个学段的重中之重。

(3)复习应用阶段,学生需要完成总结梳理、查漏补缺、迁移创新等任务,并准备迎接学段终结性测试。

每学段一般为半个学期,理想的状态自然是学生紧跟教师,顺利走完全程。然而,教师常常在拿到学段测评成绩后,才发现学生的学习漏洞百出,但此时已经难以补救。无论教师自我批判,还是批判学生,都毫无意义。

同样,如果教师能够将评价嵌入学段的每个关键节点(见图1-3),及时捕捉"到目前为止"的教学进展与效果,对在此之前出现的教学漏洞尽可能加以补救,步步为营、稳打稳扎,就会少一些遗憾,取得更为理想的教学效果。

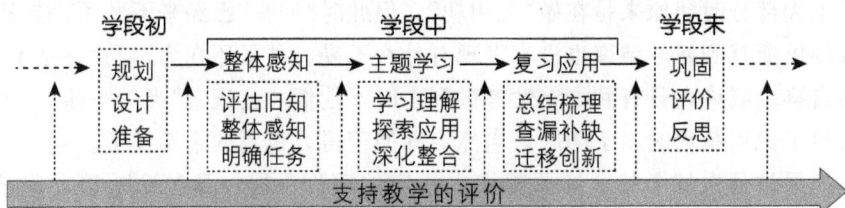

图1-3　在学段层面嵌入评价

将上述两种情形结合,我们便可以获得"嵌入评价的教学"的基本框架(见图1-4)。其系列一(横轴)是学段(或单元,或学期),包括前、中、后三个阶段,每一阶段都有支持性评价有机融入,学段初以信息收集(前测)为主,学段中以形成性与过程性评价为主,学段末以终结性测评为主;其系列二(纵轴)是在学段中的每一次教学活动,包括学前、学中、学后三个基本环节,主要采用安置性、形成性等测评手段。下面分别以在课堂教学内嵌入评价和在学段内嵌入评价为例加以说明。

---

① 高中教学以完成一个模块为一个学段,一般为半个学期(9周左右)。——笔者注

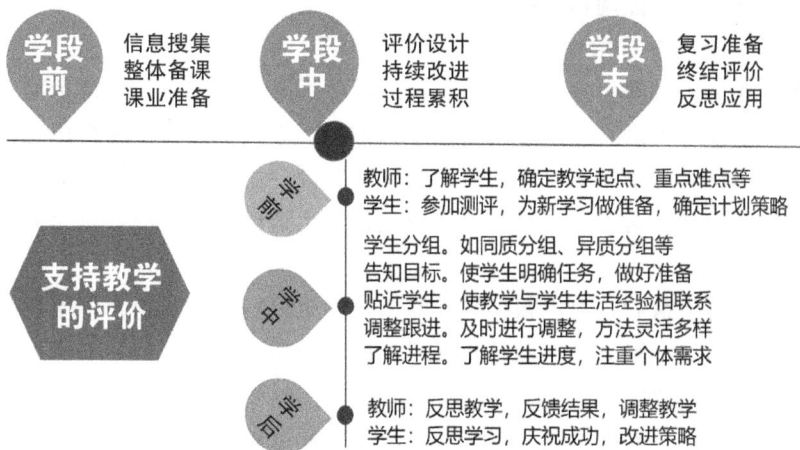

图 1-4　嵌入评价的教学框架

三、课堂层面的评价应用

教师在评价的支持下，可以有效决策，选择最为适合的教学策略，以此提高课堂教学的有效性。具体包括以下步骤。

(一)学前：了解需求，准备学习

1. 学情研究

在教学开始前，教师通过多种测评手段，如访谈、问卷、测试、观察等提取学生信息，了解学生背景知识、知识掌握、情感态度等，学生的学习基础和学习需求是教师确定教学起点、重点和难点的主要依据之一。

2. 教学设计

教师以学情为依据，结合课标、教材和教学进度要求进行教学设计，包括编制教学目标、阐明具体学习成果、列举能够证明学习成果的证据形式、设计测评项目和工具以及预测可能的教学成果等。教师还要根据调研信息，设计或选择适应学情的教学组织形式(如分组、讲授或对话)和教学策略。

3. 学生准备

学生是学习的主人，不是被动的知识接收器。对即将到来的学习，学生也要有期待(而不是抵触)、有预期(而不是一无所知)、有准备(而不是猝不及防)，将学习看作自己的事(而不是"人家的事")。因此，教师不仅自己要做教学准备，还要考虑如何帮助学生唤醒旧知、对新知产生兴趣。只要设计得当，教师的"信息提取"行为，可以同时成为"触发点"，触发学生的求知欲和学习热情。

(二)学中：监控调整，促进学习

1. 告知目标和标准

教师在第一时间告知学生学习目标、具体的学习任务以及评价标准，还可以提供一些成功范例，使学生明白向什么方向、学到什么程度才算成功，与学生"有商有量"地开始教学。学习目标和标准就像一把标尺，能够帮助学生衡量自己的学习和进步情况，因此，告知应该以学生能够理解、能够应用为最佳。

2. 学生分组

教师了解学情后，可以根据教学需求将学生以不同方式组合，使教学效益最大化。常见的分组方式有两种，同质分组和异质分组。

同质分组一般指将有相同学习基础的学生分为一组，也可以将有相同喜好、相同观点、相同态度的学生分为一组，同质分组利于学生强化观点、平等交流，也利于教师有针对性地分层指导。注意，现实中按学生成绩的好、中、差进行的分组不是同质分组，而是同类分组，这种分组本身已经等同于等级评定，不同小组的学生有着不同的"等级标签"，等级越低的小组越有挫败感。

异质分组指将有不同学习基础的学生分为一组，或将有不同喜好、不同观点、不同态度的学生分为一组。异质分组利于学生开拓视野、互通有无、平衡观点、综合看法，也利于同伴教学、互助合作，效果好的话，可以达到甚至超过小组最佳水平。异质分组能够确保各小组之间的"平等"，但也有不利之处，小组内好、中、差不平等相对严重，如果不采取措施，程度弱的学生可能永远没有"出头之日"。

从实际效果看，两种分组形式各有利弊，没有哪种分组形式有绝对优势。教师可以结合教学需要进行选择，还可以根据实际情况进行调整，例如一节课一开始是同质分组，中间又切换到异质小组，甚至再切换回来。甚至在同一节课中，教师也可以在不同分组形式之间灵活切换，只要适合就好。

3. 教学调控

教师通过适当的评价方法了解学生学习进展，收集有关学生学习的证据信息，据此判断原有教学计划是否恰当、是否需要调整等。

教师可以根据评价信息调整教学安排。教师授课不是从头讲到尾，只对重要的、难以理解的关键点等进行启发、引导、提示或点拨式的讲授。学生自己能学明白的，由学生自己解决；学生需要向同伴求教的，教师可以安排小组合作；小组合作仍无法解决的问题，可以请全班同学讨论，或者由教师讲解。对学生已经掌握的内容，教师可以不做处理，直接进入下一环节。

教师还可以根据评价信息灵活决策，使教学更紧密地贴合学生实际，比如，教师的引入正好激活了学生已有的知识图式；教师的讲解正好解决了学生的疑虑；学生遇到困难时，教师恰好提供了帮助；学生感到困惑时，教师刚好停下来、换一个方式重新讲解……一切都恰到好处，令学生感受到"教学为我而发生、对我有意义"。

此外，根据评价结果，教师可以重新分配教学时间、转移教学重心、改变教学形式、重新选择教学方法；还可以适当调整师生交往的方式，在师生与生生之间、讲授与讨论之间、个体学习和合作学习之间转换；也可以指导学生调整方法、改进行为，提高学习效率。

4. 成果评价

学生学习成果是个广义的概念，既包括最终的成果，也包括过程中的成果；既可以是成品，也可以是一个任务、项目或者行为；学生能够完整发言、能自我修正、又学会一种方法，或者有增值、进步等，都可以视为学习成果。对学习成果的评价可采取多种形式，如定性或定量、口头或书面、自评或他评等。成果评价既重视结果，更关注过程；既是前一段教学的结束，更是后一段教学的开始。

教师在评定学生学习成果的同时，还要从中发现更多的信息，以利于教学补救和调整，并为学生后续学习服务。教师还要注意学生参与、邀请学生展示成果、评价结果，努力使评价成为学生相互学习、相互影响及知识成果再巩固的过程。

5. 课堂小结

教学结束之前，教师会进行课堂小结(或小测)，这个环节包含多重任务。

(1)巩固本课所学(这是最重要的，一节课下来，总要落下一点什么)。

(2)检测学习成果，判断学生达成学习目标的程度。

(3)根据课堂观察和学习成果检测总结学与教的得失。

可能对有经验的教师而言，单凭学生下课前的反应，也可以了解学生"学得如何"。但是，越是有经验的教师，越要审慎，以免真相被经验所屏蔽。如果将此时的数据(后测数据)与前测数据进行对比，还可以判断教学效果如何、学生是否进步或哪些教学举措效果更好等。

堂测数据不仅可以帮助教师客观反思、理性决策，也可以帮助学生了解自己的学习实效，而不是凭感觉。记得一次笔者去听课，一个学生表现得很踊跃，认为自己都"听懂了"。课后笔者与他详谈，才发现，实际上这个学生连最基本的概念都没有弄明白。应该说，在学校里，这样的"误解"人人有、时时有、处处有。像这种情况，就要通过一定的评价与反馈手段帮助学生认清事实，理性行动。

(三)学后：反思、反馈及补救

教学结束后，教师应安排课后学习活动，及时了解学生落实情况，学生也

23

可以通过作业、反思本等进行自我反思，并与教师沟通。学生任何形式的学习产出，包括图画、动作、作业、作品、表演等都可以给教师提供信息，教师需要认真分析，以便采取更有针对性的后续行动。

四、学段层面的评价应用

在学段内嵌入评价，是课堂层面教学与评价尝试的延伸，同时又有其特点和要求，在一个学段内，学生在评价的督促下坚持学习，可以逐渐形成积极稳定的学习态度和良好的学习习惯。具体包括如下内容。

(一)学段前：调研预判、系统构建和评价设计等

在新一学段开始之前，教师要进行学生信息采集工作，包括学生学段初的知识基础、学习态度、行为习惯以及学习准备情况等，可以采取问卷、入门测试、访谈等方式。教师了解学情越详细，越利于对学生的个性化指导及其教学设计。需要指出的是，这些学生信息的重要性，绝不亚于教学大纲、教材及各类教学补充资料，但却常常被教师忽略。

在充分了解学情的基础上，教师通盘考虑学段内所有教学内容，系统思考，按"主题—目标—分目标—内容—任务—评价"思路整体设计学段教学，做出整个学段的教学计划。其中，学段的评价设计要与教学目标、总体要求相一致，为实现教学目标服务。教师还可以为学生提供整个学段的任务清单及目标指南等。

(二)学段初：告知任务、协商标准、计划准备等

教师要用学生能够理解的方式，告知学生学段学习目标和任务，也可以邀请学生自行了解、讨论，同时设法激活学生已有知识(含学科知识和背景知识等)，激发其学习动机和热情。教师还应该对学生进行必要的培训和指导，帮助学生进一步明确任务，为即将到来的学习做好准备。

教师还可以与学生讨论学段评价方案，与学生协商评价目标、标准和评价方式等，既可以敲定评价策略，也使学生明确学习任务和学习标准，提前了解"要学到什么程度、呈现什么学习成果"，利于学生提前规划学习，这是学生能够对学习负责的前提。通过学生的参与状况，教师也可以对学生有所判断和了解。

(三)学段中：学习评价、调整跟进、累计质变等

教师应关注学生学习过程，采取各种评价办法，如过程性积分、学习档案、成长记录袋等留存学生学习鲜活的"印记"，并对过程性资料进行梳理分析，使其成为学生成长的最有力的"证据"。

(1)教学要求明确具体。教师通过对学生学习持续的观察、准确具体的描述或解读以及为学生提供及时有效的差异性支持，使每个学生更加聚焦学习。

（2）使评价本身成为学习。恰当使用评价，使学生在评价中成长，尽量避免不必要的评价，避免增加学生负担。

（3）强调学生的主体作用。学生学习积极主动，高质量参与同伴互评，持续反思评价自己的学习，并能及时调整。

（4）评价与矫正一体。评价手段多样，关注学习改进和增值，有效服务于学生学习，强化学生学习习惯和能力。

（四）学段末：终结评价、梳理反思、补救提升等

学段末，教师可以对学生进行终结性评价，为每个学生提供客观准确的描述性反馈或总结性报告，提供调节、反思和表述自身学习的方法指导以及能够用于后续决策的客观、准确、具体的信息。同时，教师也可以进行"对评价的评价"，判断评价是否促进了学生学习以及评价的必要性、评价策略的适当性和合理性等。

第五节　评价，支持更好的实践和创新

联合国教科文组织在《反思教育：向"全球共同利益"的理念转变?》一书中谈及"知识、学习和教育"时指出，知识是"通过学习获得的信息、理解、技能、价值观和态度"，学习是"获得这种知识的过程"，教育是可以理解为"有计划、有意识、有目的和有组织的学习"，并且学生具备"批判性思维和独立判断的能力、摆脱盲从至关重要"[1]。可以看出，真正的教育不应居高临下，也不应过于强调教育者和被教育者的划分，而应基于学生的主动追求和自觉行动。真正的教育，是一项能让学生越来越有自信、有尊严、有荣耀、有主见的事业。

实现这个美好的教育目标需要全方位的变革，其中也包括评价。评价一直在影响并且改变着教师、学生、学校甚至整个社会，在有效评价的支持下，我们可以进行更好的实践和创新，恰如克鲁克斯（Terry Crooks）所言，评价"似乎是影响教育的最有力的力量之一。它值得教育工作者非常仔细地规划和大量的时间投入"[2]。

一、以评价促进学生学习

学生一直处于评价之中，并被评价所左右。我们期望学生成为什么，就可

---

[1] 联合国教科文组织：《反思教育：向"全球共同利益"的理念转变?》，联合国教科文组织中文科译，熊建辉校译，8～9页，北京，教育科学出版社，2015。

[2] Laura Greenstein, *What Teachers Really Need to Know About Formative Assessment*, Alexandria, ASCD, 2010, p. 21.

以通过评价促进什么。我们可以将教育理想融入学生日常，将我们对学生的期待纳入评价体系、转化为具体的评价标准，以评价牵引学生的学习过程，在促进学生学习的同时，提升学生终身学习的热情、动力和能力。

（一）支持更好的知识学习

知识学习并不容易，尤其是对低水平学生而言。"知识是极具黏性的，不容易传播。除非有很强的激励措施，否则它往往会留在原地"。① 作为一种"很强的激励措施"，评价可以使"极具黏性的"知识得以更好地传递，而不是"留在原地"。

1. 更好地引起学生学习

"引起学习"并不像我们想象得那么简单。教师宣布"现在开始学习"时，学生忙乱的动作、困惑的眼神、不在状态的神情，都意味着学生与"真正开始学习"相距甚远。在评价支持下，教师可以更好地引起学习。教师利用评价标准、成果范本使学习目标具象化，学生就能更为清晰地了解目标，更明白地开始学习；教师凭借评价确定适合学情的学习起点，学生就能更顺利地开始学习；学生通过学前测评明确学习基础和所需知识，就能更有准备地开始学习。好的开始是成功的一半，评价带来更好的学习开端，对学生的后续学习也会有促进作用。

2. 更好地监控学生学习

学习并非一日之功。引起学生学习不容易，但使学生坚持学习，尤其是在停滞不前、毫无建树和遇到困难挫折时仍能不逃避、不放弃、不屈服，则更为艰难。更多的学生并不是输在起跑线上，而是输在长跑过程中，越是学习困难的学生，中途"黯然离场"的可能性就越大。其实，这些学生并不需要"加速"，他们只要坚持下去，哪怕再慢，只要能坚持跑到终点，就是成功。运用妥当的话，评价可以督促更多的学生"跑完全程"。

（1）督促学生走好每一步。评价为学生的每一步学习赋予标准，使学生清楚，只要依规做好眼前之事，如掌握这些材料，获得这些知识或发展这些技能，就可以具备所期望的态度，形成好的习惯，获得好的收益。

（2）"迫使"学生面对结果。许多学生"只问耕耘、不问收获"，不敢面对自己的学习结果。"我学了""我听了""我做了"已经成为许多学生自我安慰、逃避责任的理直气壮的说辞，对诸如"我学会了吗？""我听懂了吗？""我做对了吗？"等问题，他们不敢想，也不敢去问。（我自己在学生时代，也曾每天都盯着我

---

① ［德］安德烈亚斯·施莱歇尔：《超越 PISA：如何建构 21 世纪学校体系》，徐瑾劼译，106 页，上海，上海教育出版社，2018。

的"对手"——一个漂亮女孩，只关心我比她"多学了多少时间"，总要等她结束学习后，再多撑一会儿，才认为自己"赢了"，心满意足地离开座位，却不问实际效果如何。)教师可以向学生提供持续不断的评价反馈，使学生了解到，自己究竟做得如何，有哪些好的策略可以坚持，有哪些不恰当的做法需要调整，让学生逐渐意识到，自己的行为是导致学习成败的直接原因，从而更加负责任地学习。

(3)给予学生有力支持。每个学生都是充满能量的小宇宙，一旦打开闸道，将一发不可收，评价可以帮助学生打开自己的"闸道"，找到属于自己的学习成就。教师通过评价切实了解学生，宛如"坐在学生身边"一般，在学生努力时予以关注、进步时予以肯定，在学生灰心丧气时给予激励，意欲放弃的时候注入动力，敷衍懈怠时给予鞭策，遭遇困顿时施以援手，使学生感受到教师恰逢其时、恰到好处的给力的支持。对于那些久久徘徊而不得要领的"成绩平平者"或"失败者"来说，这些支持尤为重要。

3. 更好地提升学习质量

学习涉及认知、社交和情感等众多领域，是学习者持续地吸收、内化和实践的行动，并带来学习者真善美等各个方面积极的变化。

(1)使学生学习更有效率。教师以评价作为教学支持，意味着：教师是以学生已有知能作为教学起点，而不是从头讲起；教师是针对学生需求有重点地讲解、训练和辅导，而不是面面俱到；教师是结合学生学习效果对教学内容有所取舍或者添加，而不是照本宣科。学生不必按统一步调行事，他们只需聚焦自己最需要的部分，更个性化、更有效率地学习；教师在课堂上的大部分时间不是用于统一教学，而是进行观察、跟踪以及个性化地提点和帮扶，在帮助所有学生达到底线要求的同时，尽可能使不同层次的学生受益，发挥出各自的特长和优势。

(2)更可能实现学习进阶。学生的学习是分层次的。他们要有"所知"，还应基于"所知"有所为，如拓展所知、深度学习、跨学科学习、持久性理解、创造性迁移等，更重要的是，他们还需要在情境发生变化时，不被"所知"所桎梏，创造性地解决新问题。理想的状态是，学生在哪里，教学就在哪里，同时推动学生在更高的层次建构理解和意义，"更深度"地学习；学生再进步，教学再适应，同时再提升进阶，如此循环往复，促进学生更高水平的学习。这就对教学的"适应性"提出了更高的要求。就"学生在哪里"，仅仅依靠教师的直觉和经验是不够的，评价可以提供更为客观、准确的信息，帮助教师做出"适应性"更强的教学决策，使更多的学生顺利进阶。

(3)利于学生更自主地学习。成功的学习一定是自主学习，但自主学习需要学生具备相应的能力，包括制定及调整学习目标、判断选择学习资源和内容、选择或设计学习方式、与教师或其他同学进行协商、监控学习过程、调整态度等情感因素以及评估学习效果等，具备这些能力绝非易事，更非短期可成。教师可以邀请学生参与评价，尝试将学习目标转化为评价目标，设计或选择评价办法，与教师或同伴协商、分析评价结果，进行同伴评价或自我评价，利用评价结果反思学习或者为他人提建议，根据评价结果制订学习计划或选择学习策略等。学生从被评、被导，被教师"推着走"，逐渐向"自主学习"靠拢，直至完全承担起"学习责任"，成为自主学习者。

需要强调的是，在这里我们一直提到的是"学生的学"，而不是"教师的教"。杜威曾提到"学习的逻辑"，认为"有效率学习的逻辑"与"完整知识的逻辑"是大不相同的。依"完整知识的逻辑"（或称"教师的逻辑"）而成的目标，以知识为中心，将系统呈现知识作为首要任务，按教科书设计、编制和呈现，很少考虑学生的需求；而依"有效学习的逻辑"（或称"学生的逻辑"）而成的目标，围绕"学习任务"，按学生学习规律设计、编制和呈现，学生为完成任务，从教师讲授、同伴合作、教材研习、资料收集和信息数据中提取自己想要的资源，直至达成学习目标。学生的每一步行动都是为了达到目标，而不是毫无意义的被动跟从，其与"完整知识的逻辑"的不同可见图1-5，应该说这才是真正从学生利益出发的逻辑。但遗憾的是二者往往相离甚远，很难兼容，需要教师做出抉择。

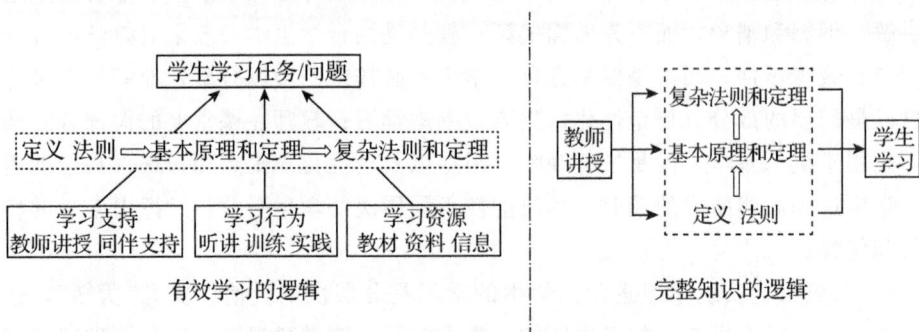

图 1-5 有效学习的逻辑和完整知识的逻辑

(二)支持更好的交往体验

学生在学校学习中与他人交往的体验，包括师生交往、同伴交往等，对学生同样意义重大。布鲁姆和布罗德的实验表明，低水平学生与成功学生结组并且应用成功学生分享的自我评估策略之后，学习成绩有显著的提高。[①]。PISA

① Douglas Fisher & Nancy Frey, *Checking for Understanding*：*Formative Assessment Techniques for Your Classroom*, Alexandria，ASCD，2007，p. 3.

报告也显示，经常参加交流密集且互动更积极和没有威胁感的活动，学生在协作解决问题上的得分更高。[①]

在评价有效介入的教学中，学生可以获得更为积极的社交体验。

第一，评价可以使师生互动更为平等、和谐。根据评价信息，教师与学生的沟通、对学生的指导和督促会更有针对性、更贴合学生实际；教师对学生可能出现的问题和可能遇到的困难也会有更为充分的估计，不会因"想不到""预料之外"而乱了分寸。教师能够以更为平和、稳定的心态应对种种突发事件，他们的温和、理性都会给学生带来安全感，使学生乐于、也敢于配合。教师的教学安排也更适合学情，使学生有更多的参与机会、更大的话语权，有更多与教师平等对话的可能，凡此种种，都给学生带来更多的积极体验。

第二，评价可以使生生互动更为充实、友善和有效。教师根据评价结果将学生结对分组，可以帮助学生建立一种更为有效的互助合作关系。精心设计的学生互评和学生自评活动，既利于学生朝向标准、有目标地学习，也利于学生之间相互了解、相互欣赏和相互学习，利于建立积极健康的学习伙伴关系，形成真正的学习共同体。

（三）支持更好的品格培育

学校学习对于学生具有多重意义，学生从中汲取知识、学会与人交往，也习得情感、态度和信念。正向的评价支持教师构建更为积极的教学生态，激发学生向善、向好，形成更好的发展态势。

1. 更为理性地评判现实

面对现实，人们有时过于乐观；但有时，人们又会过于悲观，常常感到无力、焦虑甚至恐惧，甚至走向悲观主义。学生要学有所成，既需要适度的乐观精神，也需要适度的悲观心态，前者可以使学生看到希望，以积极的心态坚持前行；后者则可以帮助学生避免盲目乐观，遇见问题、困难或危险时，能有效应对。作为一种更直接、更理性认识世界的工具，评价可以帮助学生在二者之间找到恰当的平衡点，既不心灰意冷，也不踌躇满志，更为稳健地学习。

2. 更为积极地认识自己

心理学家艾伯特·班杜拉（Albert Bandura）提出了自我效能（self-efficacy）理论[②]。它是应对生活的适当感、效能感和胜任感，是决定成败的重要因素。自我效能感比较高的学生，更相信自己的能力，能制定更有挑战性的目

---

① ［德］安德烈亚斯·施莱歇尔：《超越PISA：如何建构21世纪学校体系》，徐瑾劼译，236～237页，上海，上海教育出版社，2018。

② ［美］戴维·迈尔斯：《社会心理学》，侯玉波等译，56页，北京，人民邮电出版社，2016。

标，更有韧性和毅力，更健康，也会有更高的学业成就。

学校环境对学生自我效能感有重要影响，其中，教师评价对学生的影响最大，不恰当的评价，如按能力、按成绩分班等，有可能损害学生的自我效能感。学习成功会增强自我效能感，学习失败，尤其反复失败，会降低自我效能感；被同伴认可或高于同伴水平会增强自我效能感，反之会降低自我效能感。

恰当的评价利于学生自我效能感的提升。教师可以借助多种评价手段，为学生提供个人进步的积极反馈，使学生获得更多的成功体验；增强同伴之间的积极评价，使学生被更多的同伴所接纳、认同；向学生传达"相信你有能力"等反馈信息，帮助学生形成更为积极正向的自我认同。总之，通过评价，教师可以创建良好的支持环境，帮助学生更积极地认识自己、接纳自己。

3. 更为勇敢地面对逆境、挑战

PISA 之父安德烈亚斯·施莱歇尔曾说，"在一个不断失衡的世界中，抗逆力（resilience）是应对之道。""抗逆力不是一种人格特质，而是一个可以学习和培养的过程。""教育可以帮助人们、社会群体和组织在不可预见的破坏下持久存在，甚至可以茁壮成长。"[①]一个人是否有抗逆力，生活会截然不同。一如人们在面对突如其来的灾难，有人沉溺于伤悲与毁灭，也有人坚守信念和希望，更好地生长。

积极的评价促成积极的情感、带来积极的行动。培养学生的适应力和抗逆力，既是教育的目标，也是教育的手段。在智力、能力相当的情况下，与遇事习惯说"不"、不敢与困难"死磕"的学生相比，遇挫弥坚、笃信"I can make it"（"我能行"）的学生，显然更有可能走向成功。

教师将学生的情感纳入评价范畴，规定态度标准（如积极的学习态度和自我态度、对学生角色的积极看法、对他人的恰当态度等）、兴趣标准（如对学科的兴趣、对阅读的兴趣、对新兴技术的兴趣等），切实了解学生的情感状态，在学生遭遇挫败、困难时及时伸出援手，鼓励和帮助学生走出一个又一个"困难时段"，使学生逐渐形成积极向上的思考习惯，不断提高"逆境商数"。

二、以评价促进教师发展

教育是天赋、热情和经验的结合，具有无限的可能。教师有何种样貌，教育就有何种风光。但教师不是生来就会做教师的。教师并不是披挂上阵，而是在从业过程中逐渐成长起来的，评价可以支持学生学习，也可以支持教师发展。

———————————

① ［德］安德烈亚斯·施莱歇尔：《超越 PISA：如何建构 21 世纪学校体系》，徐瑾劼译，221 页，上海，上海教育出版社，2018。

（一）尊重教师经验

真知在一线，智慧在一线，高手在一线。不深入教学一线，我们就无法了解教师实际上有多了不起。这些普通而高尚的教师付出了无数心力，培养了无数有用之才，他们的经验和智慧值得尊重，他们更需"挖宝人"，更需要认可和称赞，而不是一味地被指导、被培训、被改变。

1. 应用教师经验

每位教师都有自己独特的教学经验、直觉和智慧。在有限的教学时间里，教师不可能总是用评价工具评估学生学习，而是需要快速对学生的回答、表现、身体语言等做出判断。教师会凭直觉发现教学问题，并迅速调整，以适应当时的教学实际。教师的经验越丰富，教学判断和决策就越准确，对评价工具的依赖就越小。即便使用评价工具，也需要教师个人解读数据、做出价值判断和应用评价结果，教师直觉仍是重要决定因素。因此，评价是在教师经验不能发挥作用（或不能更好发挥作用）时的一种补充和支持。评价并不否定教师经验，而是使其得以更好地应用。

2. 提升教师经验

评价可以使教师经验"增值"。对于有经验的教师而言，评价能够分析鲜活的教育故事、评判教学策略和方法效果，不断给教师"验证"教学直觉的机会，随着一次次地验证、修正、调整，教师的直觉会愈发敏锐、准确。对于教学经验不足、尚未形成良好教学的教师，尤其是年轻教师，评价可以给他们提供辅助，帮助他们逐渐建立起有效的教育直觉。因此，评价不是一种新方法，也不是一种改革或者创新，而是教师将已有的经验、直觉、智慧"提纯"，加以重组、重构或在内部构建（reform and inform），从而更好地支持教学实践。

（二）助力教师突破

教师的实践智慧无疑是宝贵的，但似乎并没有得到应有的重视，原因固然有很多，其中之一，就是有太多的教师将自己的经验视为"唯一可行的方法"，不再寻求突破和变革。

詹巴蒂斯塔·维科（Giambattista Vico）指出："人类思想的特性之一是，在对遥远的陌生事物一无所知时，用自己所熟悉的就近事物来判断未知事物。"对新事物人们可以固守成规、拒绝变化、随波逐流，甚至批评反抗；也可以用心而留意地参与[①]。教师经验就是这些熟悉的就近事物，极有可能阻碍教师

---

① ［美］小威廉·E. 多尔、M. 杰恩·弗利纳、唐娜·楚伊特、约翰·圣·朱利恩：《混沌、复杂性、课程与文化：一场对话》，余洁译，205 页，北京，教育科学出版社，2014。

看清事物本质。越是经验丰富、教学成功的教师，越容易用已有经验替代真实、复杂、未知的教学现象，他们会认为眼前之事与之前并无不同，用"老办法"仍可以成功。

评价使教师有更多的反思和质疑自身教学的可能，支持教师无穷无尽地探究、突破，直至找到真正的教育。

我曾经做过一次教学后评价，至今记忆犹新。一节课后，我请学生写出"本课印象最深的三件事"，却发现学生印象最深的是"课件好看""游戏好玩""聊得开心"等，与教学目标毫无关联，这令我大为沮丧，也让我警醒。如果没有这次诊评，恐怕我永远无法知晓自己真实的"掌控力"和教学效果，也会一直自我感觉良好下去。也就是说，评价可以成为教师直面真实、切实改进的一剂良药，借助多种评价工具、利用多种观察手段，教师可以从更客观的角度审视"未知事物"，不断推动可能会限制自己的"思维边界"，发现自己的局限，找到更多更好的"其他方式"，获得认识上的突飞猛进。

(三)支持教与学更有意义的勾连

教学不是简单灌输就能实现的。教与学之间的勾连不是必然发生的，师生沟通也不是必定畅通无阻。在教学场中，教师只管教，学生只管学，教师和学生都只是呈现了自己的信息，同时有选择地感知对方的信息。学生对教师信息的理解和感知、教师对学生信息的理解和感知都是选择和建构的结果，理解和学习在发生，疏漏与曲解都是不可避免的。

评价可以"逼迫"师生再次审视自己。学生需要关注自己是否真正理解和学会"教师所教"，教师则需要关注学生是否真正理解、真正学会。只有把对方"看明白"，教师不至于"用错力"，学生不至于"会错了意""下错了功夫"，教学收益才能最大化。当这种彼此关注成为习惯、成为常态，教师和学生都会有很大的长进。评价促进教与学真正的、实质的联结，实现教学相长。

(四)支持教师"反思性"的实践

杜威曾提出"反思性思考"的概念，他认为在"问题"和"问题解决"之间存在"反思性思考的五步"，包括揭示(快速搜寻可能的解决方法)、理智分析(将困难分解，转化为问题)、形成假设(指导观察与数据收集)、理性推导(合乎逻辑地检验与思考)以及用外在行为进行检验(其间确证实效、纠正错误)阶段，并且这些阶段的顺序"绝不是固定的"，而是不断地相互交织。他还指出，这些步骤与"反思性活动的习惯"的优势在于"真正思考了的人从错误里所得的收获会与从成功里所得的一样多"。① 据此我们可以得出如下"反思性"问题解决行动

---

① ［美］小威廉·E.多尔、M.杰恩·弗利纳、唐娜·楚伊特、约翰·圣·朱利恩：《混沌、复杂性、课程与文化：一场对话》，余洁译，40～41页，北京，教育科学出版社，2014。

框架(见图 1-6)。

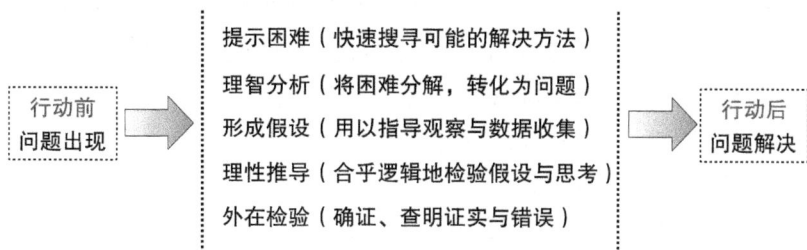

图 1-6　"反思性"问题解决行动框架

教师的教学实践也应该符合类似的行为逻辑,具体包括如下内容。

(1)揭示(并聚焦)。了解课程标准,明确课程目标,设定教学目标和教学内容,揭示并聚焦关键内容。

(2)分析(并设计)。分析本次教学"教什么""怎么教"与"怎么评",进行与学生关键知识和核心能力相关联的"教—学—评"一体化设计。

(3)假设(并验证)。教学活动围绕教学目标展开,进行有针对性的讲授、互动、训练、反馈,同时验证教学假设和学习效果。

(4)推导(并跟进)。推导学生学习数据并及时跟进,如改变教学要求、方式、教学资源或调整授课速度、顺序等。

(5)检验(并矫正)。检验学生学习成果并加以必要的矫正。

可以看出,在这个过程中,评价自始至终可以发挥作用,为教师提供科学的工具与方法,促成教师有理有据、切中要害的反思行动,使教学成为"揭示—分析—假设—推导—检验"的反思性实践过程。教师能更理性地从实践中"挖宝",从自己成功经验或失败教训中汲取营养,在解决实际问题的同时,逐渐形成良好的反思性的教学习惯,成为反思性的教育实践家。

三、以评价引发学校变革

教育变革是持续的、必然的,学校唯有变革,才能满足社会发展需求,不至于成为"过去式"。但是,作为培育后代的重要机构,学校的变革又必须慎重、务实,确保其效果和质量。评价可以成为一个"集结点",即以"支持所有学生有效学习"为目的,综合考察、合理选择作为"可选项"的多种变革方略,寻求学生培养的有效路径和最佳实践。

(一)评价与部分教育变革"可选项"

当前许多研究成果或学说都利于学校变革,并且都与评价产生一定的关联,启发我们更好地以评价支持教学。下面对部分"可选项"加以说明。

1．脑科学研究

作为将认知和脑科学研究转化为教育应用的先驱，雷娜特·凯恩和杰弗里·凯恩(Renate Caine and Jeffrey Caine)提出了如下三个原则。

(1)当大脑为学习做好准备时，它学习得最好。

(2)大脑通过建立关联学习，包括与先前知识和经验建立联系、在已有知识和经验的基础上构建新知等。

(3)当特定的情绪条件和社会条件得到满足时，大脑学习得最好，尤其当学习内容具有个人意义、适合的挑战性、有意义的反馈、涉及社会互动、具有持续的积极条件时。[①]

设计良好的评价可以协助教师遵循上述原则，使"大脑学得更好"。其中，预评估既调查学生已有知识，又通过学生参与、激发兴趣、吸引注意力以及引发学习期待等举措开启新的一课；教学中让学生"动起来"的评估活动，如让学生站起来、举手、挥舞拳头或移动某个身体部位来表示答案，既能使教师了解学生情况，又能让学生的大脑兴奋起来，专注学习；学生可以通过多种形式处理学习信息、展示学习成效，如绘画、演讲、表演和写作等，而不仅仅是纸笔测验，这与两位学者"大脑需要以不同方式处理信息的机会"的观点恰好一致。

2．目标分类学

为对学习结果进行科学描述和测评，布卢姆教育目标分类学将教育目标分为认知、情感和动作技能三个领域。2001 年，经由安德森(Anderson)修订的《布卢姆教育目标分类学》，提出"知识与认知过程的二维结构"，一个是知识维度，包括事实性、概念性、程序性和元认知四种由具体到抽象的知识；另一个是认知过程维度，包括记忆、理解、应用、分析、评价、创造六种认知过程，其复杂度由低到高。

目标分类法对学与教均有指导作用，借助评价，可以将目标分类法更好地应用于教学一线。

在教学前，教师可进行任务分析，包括：①根据目标分类法分析教学任务，确定评价指标及学生的终点目标；②通过前测确定学生的起点(即学生在"知识维度""认知维度"各处于哪个层级)；③分析从起点到终点需要的策略和条件。

在教学中，教师可以参照目标分类进行测评，并注意：①测评应高于学生起点，如果学生已经达到理解与运用水平，就没有必要测量记忆水平；②测评

---

① Laura Greenstein, *What Teachers Really Need to Know About Formative Assessment*, Alexandria, ASCD, 2010, pp. 134-135.

应等于或略低于教学目标，如某概念性知识要达到"运用"水平，测评可以是"理解"或"运用"水平的，但不应该是"分析"水平的；③不仅要评价学生每一层级完成情况，还要看学生是否被"唤醒"和"照耀"，"指向"下一层级。确保教学从知识和理解水平转向更高的综合、分析和应用水平，稳打稳扎、逐渐深入。

在教学后，教师可以将测评与前测数据对比，分析学生不同类型知识的"层级推进"情况，以判断教学目标达成度和教学有效性。

3. 最近发展区理论

心理学家维果茨基（Lev Vygotsky）认为，最近发展区是"由独立解决问题决定的实际发展水平与在成人指导下或与更有能力的同龄人合作解决问题决定的潜在发展水平之间的距离"①。维果茨基非常看好"他人"在教育中的作用，"我们通过他人成为自己"，学生只有通过人际交往才能体验和内化文化技能，教师应该发挥指导作用，持续不断地了解和培育学生，以改善学生的注意力广度（Attention Span）和学习技能，进而提升素养。②

最近发展区的概念对于落实"以学生为本"具有启发意义。有效测评可以帮助教师找到学生的"最近发展区"，为教师恰当发挥作用提供数据支持。教学开始前，教师可以评测学生自主学习情况，确定学生"独立解决问题"的实际水平，设计适合学生"最近发展区"的合作学习任务；教学开始后，学生在"成人"（教师）指导下，与"更有能力的同龄人"（学生）合作解决问题，有效学习。

4. 多元智能理论

霍华德·加德纳（Howard Gardner）提出，每个人都有八种不同类型的智力：语言、逻辑、数学、音乐、身体动觉、空间、人际和内省。但是，大多数标准化测试仅仅衡量语言、逻辑和数学智能，于是大多数教学都侧重于这些能力。③但长于其他智能类型的学生却没有这么幸运，他们会因为智能的"不匹配"而无法获得最好的学习，或无法呈现学习成果。

教师可以通过测评了解学生的智能类型，根据测评结果，教师可以进行如下尝试。

（1）调整教学方式，以符合相应的智能，促进不同智能学生的学习，而不是仅有"学术型"学生受益。

（2）尽量采用多种方式授课，在符合大多数学生智能类型的同时，使其智

---

① Laura Greenstein, *What Teachers Really Need to Know About Formative Assessment*, Alexandria, ASCD, 2010, p.140.

② DK Publishing, *The Psychology Book*, London, DK Publishing, 2019, p.270.

③ Laura Greenstein, *What Teachers Really Need to Know About Formative Assessment*, Alexandria, ASCD, 2010, pp.144-145.

能多元均衡发展，避免学生过于偏重某种智能。

（3）选择最符合学生智能的评估方式，邀请学生采用与其智能优势相适应的测评方式，使不同类型的学生都可以将自己的所知表达出来。如语言智能较强的学生可以把答案写下来，或告诉其他同学；空间智能较好的学生可以将知识结构化；身体动觉智能较好的学生可以使用动作示范；有音乐智能的学生可以创作有节奏的诗歌；人际智能强的学生可以参与小组合作；内省感强的学生更长于自我评价，或以写日记描述自己的学习进步。

5. 差异化教学

差异化教学的领军人物卡罗尔·安·汤姆林森（Carol Ann Tomlinson）认为，差异化不是一个策略，而是在同一间教室里，教师为满足个别学习者的需要而选择和使用的一系列策略。汤姆林森用四个词定义差异化教学：回应、意向、公平和尊重。回应是指所有的学生都不同，老师需要回应每个人的需求；意向是指有目的地计划教学，确保每个学生的最大成长；公平意味着每个学生都有需要学习的东西；尊重表示个体需求得到理解及教学策略的支持。赫里蒂奇（Heritage）也强调了教师认识到学生不是"同时以同样的方式和同样的进度（学习）"的重要性。[①]

学生常常运用已有知识、已有方法建构意义，其"成品"与书本知识或教师意欲传达的知识可能大相径庭，这正是差异化教学的意义所在。差异化教学遵循聚焦任务、灵活分组、持续评估和调整的一般原则，其中，持续评估是差异化教学能否落实的关键所在。通过持续不断的评价，教师可以清楚地了解每一个学生的学习进程，确保教学内容、过程和成果与学生的优势和需求最大限度保持一致，使每个学习者在最佳学习环境中学习。

类似的理念、观点我们还可以举出很多，上述五例足以说明，很多先进的理念和策略，都需要评价的支持才能落地，并得以优化。

（二）利用评价应用"可选项"的一般步骤

不是所有的"可选项"都是适合的，我们需要理性选择。

1. 选取

评析教学现实，即"我所在的教学场景"的真实样态，以此为中心，以"是否适合当下情境"为标准，提取"我"最需要的教育方略。要想清楚"我的学校""我的教室"里发生了什么，"我和我的学生"需要改进什么；之后要对"可选项"进行认真筛选比对，衡量哪种理念或策略对"我的实践"最为有效，找到最适合

---

① Alexandra Beatty & Rapporteur. *State Assessment Systems*：*Exploring Best Practices and Innovations*，Washington，The National Academies Press，2010，p. 87.

"我"的方法。注意，不是最好的，而是最适合的。

2．导向

选定某种方法或策略后，对其优劣之处及可能带来的影响进行分析，并将其纳入评价指标体系，注意强化其优长、淡化其不足，同时添加部分指标作为补充，以评价导引学生参与、投入。如多元智能理论的应用，其评价指标可鼓励学生运用智能优势学习和展示成果，但也要激励学生勇于发展自己的弱势智能，例如，不善言辞的学生选择口头展示可以加分表扬，以弥补片面强调多元智能可能带来的不利影响。

3．监控

在教学过程中，将评价作为促进性的手段；以评价督促，时时提醒师生对标行动，及时反馈调整，确保改革方向。

4．效果评估

以评价检测其是否有效。评价教学全过程并及时反馈，决定这种方法是否适当，之后，再实践，再评估，旨在提升教育教学（及变革）的有效性。

（三）以评价支持改革政策实施

教育改革的效果很难在短期显现，通过形成性评价、过程性评价和终结性评价等手段，监控改革前—中—后全过程并及时调适，可以确保改革实效，避免改革预期与改革实践之间的巨大落差。

1．改革政策出台前

需要自上而下和自下而上相结合，征询意见，了解利益相关者对改革的期望，邀请利益相关者，尤其是教师参与改革政策的制定与实施，明确需要通过改革解决的问题，使教师对改革有清醒的认识和积极的预期。此外，改革的设计与改革评价的设计要同时进行，将改革愿景和目标、要求和期望通过评价构建和传达出来，为改革落地服务。

2．改革及其评价方案出台后

为达成共识、避免沟通不畅所造成的障碍，需要给出一定的"准备时间"以获得广泛支持。需要明确传达改革宗旨和原则，采取多种方式对公众进行"告知"和"说服"工作，使人们"设身处地"理解改革及其评价的意义和要求，打消顾虑、消除抗拒心理。要致力于参与人员发展和能力建设，考虑到不同参与者的责任，尤其要对教师进行必要的解读和培训，使其理解改革、建立信任、发展能力，为改革做好准备。教师参与越早、越深入，越能增强主人翁意识和对改革的信心，越能减少敷衍塞责的行为，更加平和、理性，专注于改革在日常教学中的落实。

3．在改革过程中

需要通过持续不断地评价，及时获取、解读能体现改革实际成效的数据，如变革是否有效、是否解决了原来不能解决的问题、是否扎实到位、有哪些疏漏等，随时了解改革进展。还可以采取必要的措施，包括过程资料积累和记录、自适应机制的逐渐形成以及教师激励措施、能力建设工具、用于变革的工具包（如评价工具包）等的建设。其中，教师是当仁不让的参与者，包括参照标准实践改革并进行自我分析评价，进行阶段性的诊断反馈，与同行讨论互动、共享改革推进的经验和影响等，这也是充分利用教师专业能力、认可教师技能和经验以及明确教师责任范围的好方法。

总之，领导者们在进行改革时对教师要有足够的了解、尊重和信任，尤其要相信教师的境界和能力，不能将一己之言强加给教师；要充分发挥教师在改革实践和评价中的作用，吸收其研究和实践成果，与教师进行沟通互动，达成共识，创设支持、信任、和谐的氛围。

本章结语

数百年前，夸美纽斯提出一种"适用于所有情境"的、专门为教师教授"中等智商"学生而设计的教学方法，这种方法包括一位教员和多名学习者以及学监、辅导员或低等级的教师。"教员"授课时，这些"学监、辅导员或是低等级的教师"要"帮助学生以正确的方式掌握正确的知识"[①]。数百年之后，至少从形式上看，今天我们只做到了夸美纽斯的部分要求，有"一名教员和多名学习者"，但我们没有区别学生的智商水平，也没有"帮助学生"的其他教员。我们只是在"教书"而已，至于向谁教、谁来学、是否学好了，却不在我们考虑之内。

于是，在"教"与"学"之间——在教师判断与学生实际之间，在教师准备与学生需求之间，在教师关注与学生聚焦之间，在教师传达与学生吸纳之间，在教师投入与学生获得之间，鸿沟似乎无处不在，成为教学成功的最大障碍。它平静地横亘在那儿，提醒我们对自身实践和学生成长，保持一份谨慎与敬畏。如果深究的话，我们会发现，我们仿佛一直生活在"自以为是"的状态之下，远远没有触及"教学的真实"，我们不是无所不能，而是有所局限，并且有可能永远都无法穷尽真相。

应该有许多方法可以缩小甚至填平这"鸿沟"，评价便是其中之一。当评

---

① ［美］小威廉·E. 多尔、M. 杰恩·弗利纳、唐娜·楚伊特、约翰·圣·朱利恩：《混沌、复杂性、课程与文化：一场对话》，余洁译，13～14 页，北京，教育科学出版社，2014。

价成为学生自主学习、有效学习、积极进取的动力，成为教师自主发展、有效教学、自我改进的动力，当评价使教学之间、师生之间的联结更为紧密，"鸿沟"即便仍然没有消失，也不会像原来那么刺目。我们将自己有限的思考与实践记录下来，算是作为这"填沟"行动的一次试验。

当然，在这个越来越崇尚教育的自主、自然、自在的时候，我们关注评价、强调评价，似乎是在自讨苦吃。但是，既然评价必须发生，标准必须存在，那么，什么可以使评价的效果更好？我们可以有很多选择。至少，我们可以使评价摆脱已有的生硬、冷清和孤僻，变得更为温软，逐渐与我们精心营造的、越来越柔和的学习情境融为一体——既然评价可能会让我们做出一些有意义的改变，那么，为什么不去试一试呢？

本章是必要的理念阐述，从下一章开始，我们进入实操层面。

第二章　嵌入评价的教学设计

教学的主要目的是帮助学生达到一系列既定的学习目标，促成学生在智力、情感和生理等方面的积极变化。[①] 要实现这个目的并不容易，因为，学生最终的学习收获并不是教师或学生的一己所为，而是教学系统中多种因素共同作用的结果。

回忆一下你使用手机地图软件导航的过程。首先你得设定终点，地图则会根据起点（你在哪里）、需求种类（步行、开车、打车、公交）、环境条件（是否高峰、交通设施、交通状况、多少个红绿灯）等，为你提供多种行动路线。选定路线后，你随时可以接收到路况信息；在可能出错的路段，你会看到鲜明易懂的提示；在关键节点你会收到提醒、预警和时间预告。有些手机地图软件还会应对途中计划外事件，包括偏离方向时的及时提醒和建议以及出现不可预料情况（如事故、修路、走错路）时的反馈和调整（如重新规划路段、回到原定路线、改变交通工具等）。路途结束后，它会告诉使用者已经到达，还希望使用者做出一些反馈。

课堂教学与这个过程极为类似，若要到达终点，单凭教师一厢情愿的行动是不够的，需要综合考虑从起点到终点的各种"沿途因素"，例如：

◇学生预期学习成果——目的地是哪里？

◇学生起点——当前位置在哪里？

◇恰当合理的标准——怎么去最好？

◇学生应该具备哪些技能——会使用哪些交通工具？

◇应该有哪些教学活动——路上会经历什么？

◇授课计划调整的可能性——偏离方向、堵车、有事故怎么办？

◇如何确保学生有更好的表现——有更短、更快的路径吗？

◇可作为有效证据的学习成果——到了吗？怎么看出来的？

…………

教师进行嵌入评价的教学设计，更像是完成这样一个"地图导航"。教师要

---

① ［美］Robert L. Linn & Norman E. Gronlund：《教学中的测验与评价》，国家基础教育课程改革"促进教师发展与学生成长的评价研究"项目组译，28 页，北京，中国轻工业出版社，2003。

将对上述问题的思考与回答，显性地（或隐性）"糅合"在教学设计之中，并随时准备接收反馈、进行调整和做出选择，使教学始终保持弹性、灵性和适切性。当然，这需要教师投入更大的心力，并敢于自我否定和自我突破。

第一节 评价嵌入的基本思路

教学的核心事件是"学生学习达标"，而不是"教师完成教学"，评价就是检测学生是否达标的手段，帮助教师对"教学完成"与"学习达标"之间的匹配情况做出判断。教师需要改变原有的教学设计思路，从学生立场出发，根据学生的预期学习成果计划教学，设计能够描述目标的评价标准、能够体现标准的证据形式、能够找到证据的评价任务，力争使教学与评价相交互融、共生共长。总体而言，教师可按如下思路计划教学（见图 2-1）。

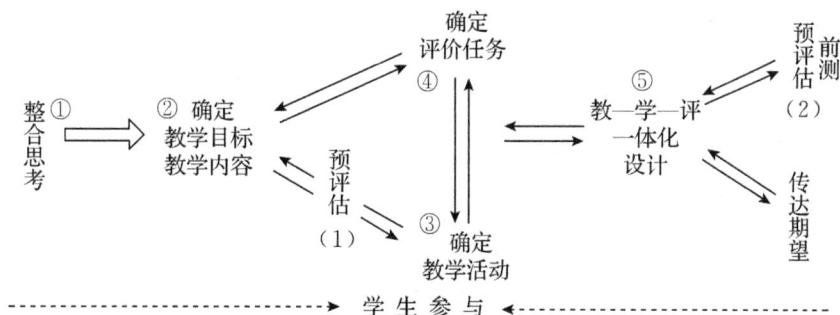

图 2-1 嵌入评价的教学计划流程图

一、整合思考，确定教学任务

一节课能完成的教学内容实在有限，但课标、考纲、教材、教辅、专家、同行、网络……总会给教师提供更多的选择，远远超出课堂容量和学生所能承受的范围。教师需要根据课程要求，结合学情、师情和教学发生的具体情境，统筹思考先前教学经验、教学任务的内容和价值、学生所具备的技能条件、所应达到层次或水平以及可能遇到的问题和困难等，做出恰当取舍、整合，确定本节课教学任务。

二、清晰表述预期成果和学习内容

对即将完成的学习任务，教师需要清晰表述对学生学习的期望。一方面，教师需要确定教学目标（预期学习成果），参照标准，对学生在学习结束时，应该"理解什么""知道什么""能做什么"做出回答。当然，教师也可以规定，学习结束后，学生应该发生怎样的增量变化。另一方面，教师需要规定与目标相对应的内容标准，更加详细的说明，为获得预期结果、完成特定任务，学生需要具备怎样的知识技能、怎样的理解和思考能力，经历怎样的认知和理解过程，又该采用何种步骤、策略和方法。这些规定是教学目标的具体化，是教学目标得以实现的基础。

预期学习成果表述得越清晰，越能够避免各种误解和干扰。这一步对教学至关重要，但并没有引起教师足够的重视。教学中的很多误解看似来自学生，其实与教师自己没有想明白、没有明确规定或没有表述清楚，有很大的关系。

三、确定实现目标的教学活动

设计与期望的学习成果相匹配的教学活动，教师需要决定以下几项内容。

(1)教什么以及按照什么顺序教。从规定范围中选择最有价值的核心知能，并按学生认知能力排序，帮助学生有价值地、有条理地学习。

(2)怎么教。安排教学时间和教学环节，选择恰当的教学策略和方法，设计适当的教学活动，使学生掌握必备知能，完成任务、达成目标。

(3)提供何种资源。教学材料应与所要达到的学习成果相一致，避免提供繁复或相关度不高的材料，或者重复性劳动，帮助学生有效率地学习。

(4)学习成果如何展示以及如何指导或帮助学生有质量地学习等。

四、确定支持教学的评价

评价设计包含确定证据形式和编制评价工具等。教师必须以"支持教学"作为评价设计的基本要求，不能抛开教学进行评价设计。首先，教师要依据界定清晰的预期学习成果规定证据形式，确定什么样的证据可以证明学生的学习进展。其次，根据证据形式要求，设计相应的评价工具。教师可以自己编制，也可以使用他人编制的评价工具。此时教师也有可能以评价设计"反推"教学设计，以评价审视教学，退回教学设计环节再行调整。也就是说，教学与评价之间的关系是双向的，二者相互依赖，又相互制约(如图 2-1 所示)。

五、进行"教—学—评"一体化设计[①]

在明确与课程目标相对应的教学内容、教学活动以及支持教学的评价任务之后，教师就可以进行"教—学—评"一体化设计了。与原有的教学设计相比，教师需要考虑更多的内容。

首先，将评价有机纳入教学系统。教师要根据实际教学需要，将评价有机嵌入课堂教学的各个环节，或是努力挖掘原有教学活动的评价元素。相应地，每个课堂任务都是一个"多面体"，教、学、评等多种功用很难拆分，又相互影

---

① "教—学—评"一体化设计具体步骤与操作见本章第三节。

响和制约。例如，一个阅读任务可以是教与学的过程，同时又可以成为评价任务，教师在进行教学设计时，要充分考虑到每个教学活动的多种可能。

其次，为评价可能引发的变化留有空间。评价会带来联动效应，促使教师调整、修改甚至放弃原有的教学设计，教师提高或降低教学要求、增加或减少教学内容、调整教学策略和方法、更换教学活动、调整教学顺序、改变学生分组形式，等等，都是非常正常的事情。只要评价显示有必要，教师就要进行相应的调整与改变。这就要求教师在进行设计时，就要将评价结果纳入考虑范围，对不同的评价结果要有不同的解决方案，使教学有更大的灵活度，而不是无论评价结果如何，仍刻板地执行原计划——若是这样，评价也就没有了存在的意义。

在有效完成上述步骤的过程中，有以下两个因素不可或缺。

第一，对学习者的预评估①。教师要借助一些评价手段，如测验、问卷、座谈等了解"学生特征和需要"是什么，以对症下药。预评估有两种情况，一是在教学内容确定后，在教学设计前进行，也就是介于环节 2 与环节 3 之间（见图 2-1 中"预评估（1）"），了解学生起点，作为评价学生进步的基础，也利于教师进行更为精准的教学设计；二是上述五个步骤完成后，在教学实施开始前进行预估（也称前测，见图 2-1 中"预评估（2）"），以便教师更精准地实施教学。无论哪种预估，都需要了解对学生相对于预期学习成果的学习基础、准备状况和态度需求，完成确定学习起点、诊断学习困难、分析心智类型、评判情绪态度等任务，使教学设计、实施与学情相匹配。

第二，学习者参与②。在充分了解学情的基础上，在教学的不同阶段，教师通过向学生解读目标与标准、邀请学生参与标准讨论和制定等，向学生传达明确的学习期待，使学生知晓"学成"后应有怎样的表现，有计划、有目标、有标准地、明明白白地学习。当然，由于学习者程度的不同（包括知识技能情况，更包括其主动学习的意识和能力），学生的参与程度也会有所不同，教师可以从最适合学生的地方开始，引领学生由浅层参与走向深层参与，最终能够完全掌控自己的学习。

---

① 具体内容分析见本书第三章"教学前的评价"。
② 具体内容分析见本书第五章"教学后的评价"。

第二节　教学目标及其评价

教学目标指教师期望通过教学达成的知识、技能、态度和情感标准。清晰适切的教学目标是有效评价的前提，前者关注的是"我（教学）要去哪里"，后者则关注"我（教学）到了没有"，二者缺一不可。

一、教学目标

教学目标蕴含着诸多背景元素，这些元素不见得一定出现在教学目标中，但它们"就在那里"，体现教学目标的实质，也深层次地影响着教学的走向。现实中有一些教师甚至从未写出过像样的教学目标（目标专家会对他们的目标嗤之以鼻），但他们的教学却有着清晰的走向，教学效果也好得出奇，不得不说，他们是幸运的，因为他们恰好"get"了（得到、懂得、明白）真相，看到了表层教学背后的意义。无论身处哪个阶段，我们都有必要对教学目标多加挖掘与思考。

（一）整体目标、教育目标和教学目标

阿来萨（Peter W. Airasian）将目标分为以下三种类型[①]。

1. 整体性目标

整体性目标通常被称为"目的"，是比较宽泛的、复杂的学习成果，需要大量的时间和投入才能实现。"整体目标主要提供了一种集体呼吁，这种呼吁反映教育政策中那些重要的内容"。以下都属于整体目标。

A 学生将掌握全球地球知识

B 学生将明确知道美国国民的角色和政府的角色

C 学生将知道如何解决各种家庭的常见问题

可以看出，这些目标极具概括性，在教学目标里通常没有体现。除非被拆分为更为具体、狭窄的目标，否则它们无法被用于课堂评估。

2. 教育目标

教育目标代表中等抽象水平，具有一定的宽泛性，可以表明目标的丰富性；但又比整体性目标狭窄具体，表明学生学习结果与目标相关联，利于教师制订教学计划和聚焦教学。与上述 A、B、C 相对的三个教育目标如下。

A_1 学生将掌握地图、图表中的设置和符号

B_1 学生将能解释各种类型的社会数据

---

① ［美］Peter W. Airasian：《课堂评估：理论与实践》（第四版），徐士强等译，81 页，上海，华东师范大学出版社，2008。

C_1 学生将能运用恰当的程序找到解决家电问题的办法

3. **教学目标**

教学目标是最具体的目标，将教学聚焦于相对狭窄的学习主题上。课堂教学适用的是教育目标和教学目标，制订教学单元计划时会用到教育目标，而制订日常教学计划时常用教学目标。与上述序列相对的三个教学目标如下。

A_a 给予一幅地图，在 8 个设置和符号中，学生能够准确解释 6 个

B_b 学生能够解释描述人口密度的条形图

C_c 呈现一个家庭用多功能桌灯的修理问题，学生能够修理它

需要注意的是，整体性目标虽然很难被应用在具体教学评估中，却是课堂教学的统领与灵魂，是具体教学及其评估背后的"大方向"，是置于每一节课后的"大背景"，每一节课要在该"主题框架"之下，与其保持同一色调和风格。以上述例子中的 A 序列为例，教师在教学实践中具体落实的是 A_1 和 A_a，但"学生将掌握全球地球知识"却是教师需要牢牢记住的"大概念"。学科教学的最终育人效果如何，取决于教师对目标认识的高度。教师要从更高层面构建教学目标，教师太过"具体、务实"，会限制学生的眼界和发展空间。

（二）教学目标背后的本质问题

威金斯在《教育性评价》一书中提出"本质问题"的概念，他认为，一个学科的本质问题（或中心问题）应符合如下标准[①]。

第一，本质问题是学科的心脏，是该学科最重要的（最有争议的）问题或主题。例如，"我们的社会比以前的社会更高级吗？""历史必须讲述故事还是通过讲述故事伪造历史？"学科教学中的每节课都可以用来探讨这些问题，教科书、练习等资源，各种教学活动或任务也都可以作为探究这些问题的工具。

第二，本质问题一般没有明显的正确答案。学生目前学习的原理、事实和法则可能只是"更好的、更正当的解释"，除此之外还可能有其他的解释和假设。有着正确答案的问题——无论多重要——都不是本质问题。

第三，本质问题总是和分析、假设和价值判断有关，会"自然产生、反复出现"，其答案也会变得越来越复杂和综合，要求学生"超越给出的信息"，连续地、反复地思考。例如"故事必须有寓意吗？必须有开头、中间和结尾吗？"每当学生读故事都可能会想到这个问题，都可能会有不同的回答和理解，需要学生"连续地思考"，并且不会有唯一正确的答案。

第四，本质问题应该是开放式的，发人深省的，可以激发和维持兴趣，让

① ［美］Grant Wiggins：《教育性评价》，国家基础教育课程改革"促进教师发展与学生成长的评价研究"项目组译，189～190 页，北京，中国轻工业出版社，2005。

人萌生有胆识的、有创造性的问题和方法，而不是以简单的"是"或"否"来回答，并且具有一定的相对性和阶段性。相较于"什么是动物细胞？""不同生物的共同结构和功能是什么？"这些更像是本质问题。并且，一个中心问题连接着其他的本质问题，好的问题会引起其他的好问题。

威金斯还列举了本质问题的一些例子，如"我们的历史是一部进步的历史吗？""人的发展是受先天还是后天影响？""几何学定理是被发明的还是被发现的？""小说能毫不虚构地揭示人的内心世界吗？""'战争是另一种形式的外交'此话当真吗？即使我们认为此话当真，此话是不是不道德的呢？"等，这些问题都没有明显的正确答案，都会自然发生、反复出现，并需要学生连续思考。这些本质问题不必体现在具体教学目标中，但又是每一节课的具体目标背后的"深层原因"或者"隐性追求"，它们是约定俗成的师生心照不宣、应该共同遵守的基准和底线要求。

(三)有效的教学目标

在威金斯看来，任何课程都必须解决以下问题：真实但无意义，有意义但不严谨，严谨但不有趣，有趣但不连贯，连贯但不灵活，灵活但不有效，有效但不可行。[①] 反过来想就是，任何教学都应该真实、有意义、严谨、有趣、连贯、灵活、有效且可行。基于此，有效的教学目标应具有如下性质。

第一，全面性。学生能够综合认识和解决问题，全面收获该课程所有重要成果，包括：形成整体知识结构框架；提升理解、应用和思维能力；改变态度或者喜好；丰富人际交往和社会经验等。

第二，适切性。目标设定应从学生学习起点出发，符合学生认知规律和能力水平，贴近学生最近发展区。教师还要随时准备调整，当实际教学与目标不一致时，没有必要非按计划行事，要根据学生实际进展调整，避免过度"牵引"学生。

第三，可行性。教学目标要：可陈述，明确定义和规定目标表现，利于学生理解目标，并能据此进行自我评判；可完成，能够在规定时间内完成，且不会限制学生有更好的表现；可奏效，学前能激发动机、引起学习，学中能使学习状态得以保持，学后学习成果能实现、能迁移，能应用于其他情境；可评量，能有相应的"证据形式"，并可采用一定方法加以评量。

第四，层级性。围绕总目标设计不同层次的分目标，或对某一特定知识结构做必要的层级划分，由浅层到深层、由外围到核心、由低级到高级。允许学

---

① ［美］Grant Wiggins：《教育性评价》，国家基础教育课程改革"促进教师发展与学生成长的评价研究"项目组译，204 页，北京，中国轻工业出版社，2005。

生从离自己最近的点开始，通过尝试(尤其是试错)，慢慢地、连续地接近终点目标。教师的目标设计可包括不同的层次，所有层次都能实现是最为理想的，但要考虑到"不能实现"或"进展过快"的可能，并为此留有余地。

二、教学目标的构成

教学目标不是给学生提供知识列表，而是描述学习成果的具象，使学生能够预想自己"学成"之后的模样。一个表述良好的教学目标应该包含下述内容。

(一)成果：学生最终能做什么

一个预期学习成果一般包括两个基本部分，学习行为和学习结果，涉及两个重要概念，知识类型(名词)和认知过程(动词)，明确指出学生学习后"能用什么做什么"，体现学生能掌握何种知能、解决何种问题、做到何种程度。

1. 知识类型(名词)

教学目标涉及三种类型的知识，即实际知识、概念知识和程序性知识。[①]

实际知识即特定事实的知识，以单一、互不相关的"知识点"为特征，通常与记忆过程有关。比如"第一次世界大战在哪一天结束？""美国第一任总统是谁？"等问题都需要实际知识来回答。实际知识看似零散，但非常重要，以此为基础学生才能进入更深层的学习。

概念知识牵涉更大的、更系统化的、更有组织的知识形式，是在实际知识的基础上，将一个个"点知识"整合成有组织的、彼此相关的概念。例如，概念"树"包括很多类型的树，如橡树、梧桐树等。任何一个概念都可以包含一个或多个例子。

程序性知识通常与运用过程相关，关涉"如何做事"，如解方程、找最简公分母、在地图上找出首都所在地、自由投篮等。学生知道某概念知识，却不一定能把这个知识应用到具体情境或问题解决之中。以"投篮"为例，请学生说出"什么是投篮"是实际知识，仅需要学生回忆定义；请学生解释"投篮的特征"是概念知识，需要学生对概念理解；而要求学生自由投篮是程序性知识，需要学生在具体情境中采取行动。(见表2-1)

---

① ［美］Peter W. Airasian：《课堂评估：理论与实践》(第四版)，徐士强等译，89 页，上海，华东师范大学出版社，2008。

表 2-1　知识类型及其举例

知识类型	相关名词	一般表述	举例
实际知识	术语，名称，事实，定义，数据	特殊事实的知识	A 美国第一任总统是谁 B "讽刺"的定义 C "投篮"的定义
概念知识	分类，类别，概括，原理，原则	概念和分类知识	A₁ 总统需要具备哪些素质和能力 B₁ "讽刺"的特征、种类 C₁ "投篮的特征及何时投篮
程序性知识	方法，标准，序列，策略，一个过程的各个步骤	如何运用方法和程序的知识	Aₐ 查找某总统候选人的当选理由 Bₐ 如何在一篇小故事中运用"讽刺" Cₐ 在学校操场自由投篮

2. 认知过程（动词）

教师在制定目标时通常会用到行为动词，布卢姆将认知过程分成六个水平：知识、理解、应用、分析、综合、评价（此处"知识"指记忆性和识记性信息）。从简单目标"知识"开始，向复杂演进，后续每个水平的目标代表着更为复杂的认知加工过程。各认知水平的相关动词、一般表述及举例见表2-2。

表 2-2　布卢姆认知过程分类及其举例①

认知水平	相关动词	一般表述	举例
知识	记忆，回忆，鉴别，识记	记住事实	◇学生能够辨识书面作业中的矫正记号 ◇学生能确定、完成、理解一本书的参考书目格式
理解	翻译，分段，重述，描述，解释	用个人的语言解释	◇学生能够把法语句子翻译成英语句子 ◇学生熟悉不同的测试题型，如多项选择、填空等 ◇学生能够理解口头和书面考试指令 ◇学生能够选择合适的参考资源 ◇学生应能够确定词典里信息的种类，确定的位置 ◇学生能用自己解释二年级水平法语段落的含义

---

① ［美］Peter W. Airasian：《课堂评估：理论与实践》(第四版)，徐士强等译，84～88、106～107 页，上海，华东师范大学出版社，2008。

续表

认知水平	相关动词	一般表述	举例
应用	应用，执行，解决，实施	解决新问题	◇学生能够在书面作业中正确地使用标点符号 ◇学生能够增加一些先前没有见过的正确的细节 ◇学生能够遵循指令
分析	拆分，分类，区分，比较	分解成几个部分，找出彼此关系	◇学生能够区分报纸八个版面中的事实与观点 ◇学生能根据历史事件把图画分类 ◇学生能把相关信息记入笔记或记录卡 ◇学生能明白插图意图，运用知识组织技能完成一幅插图，为插图选择适当标题
综合	整合，组织，关联，结合，构建，设计	把一系列要素组合成一个整体	◇学生能把实验获得的信息应用到实验报告中 ◇学生能利用图书馆软件寻找信息、下载有用信息
评价	判断，评价，衡量，表扬	判断价值和质量	◇学生能够辨别各种论文的质量

前述目标分类及相应的行为表征动词反映了学习的不同种类和层次，具有可观察性和可测量性，教师可以利用这些动词更为精准地设计目标和进行评估。此外，使用前教师最好与学生就每个动词的含义（尤其是比较常用的动词）达成共识，尽量减少学生对目标理解产生歧义。

3. 将知识类型与认知过程相结合（名词＋动词）

目标首先应包括知识类型，即应该学习什么；然后才是认知过程，即应该如何学习。一般而言，将这二者结合起来考虑，对目标的理解才更为准确，但二者交互之后的组合太多，过于细致烦琐，也给教师增加了许多不必要的负担和压力。阿来萨对此进行了一定的简化，他提出尽管交互的领域很多，但对于大多数教师和课堂而言，三类领域是基础，包括：①记忆性的实际知识，如"能记住 10 件事实""能回忆国内战争的重要数据"；②理解性的概念知识，如"能把德语句子译成英语""能用自己的语言描述相对论原理"；③应用性的程序性知识，如"能按步骤解二元方程组"等。[①]（见表 2-3）

---

① ［美］Peter W. Airasian：《课堂评估：理论与实践》（第四版），徐士强等译，91 页，上海，华东师范大学出版社，2008。

表 2-3　把认知过程与各类知识相结合

知识类型	认知过程					
	知识：记忆事实	理解：个人的语言解释	应用：用程序解决问题	分析：分解，探明各部分关系	综合：把分散要素组成机整体	评价：判断质量价值
实际知识：特定事实的知识	记忆性的、事实性的知识					
概念知识：概念和分类的知识		理解性和概念性的知识				
程序性知识：应用方法和程序的知识			应用性和程序性的知识			

这种办法对教学实践很有启发，因为这三类基本型知识是个比较"保险"的选择，能让教师（尤其是在没有把握时）聚焦最为基本的部分，在此基础上设计教学。例如，教师可以将这三类基本型作为前测内容（毕竟前测题量不宜过大，以此为基础比较妥当），而不是覆盖所有类型。当然，当教师掌握了一定的技巧方法、对学生有更为透彻的了解之后，除这三种基本型外，教师还可以有其他选择，甚至这三种类型一个都不选。

（二）标准：学生的哪些表现/行为是可接受的

1. 标准

标准将预期成果具体化，描述任务完成后应达到的状态或者程度。例如，某位快递员的预期成果是"成功送达某物"，其具体标准可能是：①接货顺利；②没走弯路、岔路；③无意外事故；④在预计时间内到达；⑤报酬理想；⑥顾客点赞。对大多数快递员而言，符合这六条标准就意味着实现预期成果，这六条标准是对预期成果"成功送达某物"的具体化。

2. 教育标准

威金斯认为，教育标准表现着一个"有价值的目标"，"它规范着某一水平，而这一水平是我们相信大多数的教师或学生能够也应该达到的"。教育标准大致分为三类：①内容标准，即学生应该知道什么、能做什么；②表现标准，即学生的功课必须完成得怎么样；③任务（作业）标准，即什么是有价值、严谨的作业，或学生应该能完成哪些任务等。[①]除将预期成果具体化外，教育标准更强调层级性，与学生发展的不同阶段相适应，例如，预期成果"跳高成功"对所有学生的要求都是"跳过横杆"，但不同年龄的学生有不同的高度标准。再有，对"可接受行为"的标准，有些是可以量化的，如知识汲取就可以回答"多少""多快"这样的问题；有些可能无法量化，如情感、态度与价值观等，不能因为后者无法量化就泛泛而谈或者避而不谈，应设法使其可观察、可检测。

（三）技能：学生需要具备何种层级的技能

不同预期成果对学生技能层级的要求不同。《综合学习设计》一书中提出与学业目标有关的五类技能，即：①创生性组成技能；②不需要熟练的再生性组成技能；③需要熟练的再生性组成技能；④双重分类的组成技能；⑤不需要讲解指导的组成技能（见表2-4）。[②] 下面分别加以说明。

表 2-4　组成技能的类别和相关学业目标的主要特征

需要讲解指导的组成技能				不需要讲解指导的组成技能
创生性组成技能	再生性组成技能		双重分类的组成技能	
	不需要熟练	需要熟练		
学业目标涉及基于图式的问题解决与推理	学业目标涉及应用规则和程序	学业目标涉及能够熟练运用常规的套路	学业目标涉及能识别常规套路什么情况下不管用，并能转换成问题解决与推理方式	学业目标涉及能根据需求将不同技能组合应用

1. 创生性组成技能

创生性组成技能指处于层级顶端的终点目标，是不可能再生的、最高级别的技能。学习结束后，在新环境中，在问题情境发生改变的情况下，学习者没有固定的"套路"可以应用，需要创生性组成技能，综合使用认知策略，基于自身认知图式做出推理和决策，灵活有效地解决问题。比如，"戊戌变法运动"学习结束后，教师提出如下问题。

有学者认为，现在有关戊戌变法的材料许多来自当事人编著的著作，如《康南海自编年谱》（自述作于1895年）就有修改的嫌疑，而"公车上书"的记载即出自本书，其他记载也有与档案不一致的地方，对此你怎么看？请查找相关

---

①　［美］Grant Wiggins：《教育性评价》，国家基础教育课程改革"促进教师发展与学生成长的评价研究"项目组译，92～93页，北京，中国轻工业出版社，2005。

②　［荷兰］杰罗姆·范梅里恩伯尔、保罗·基尔希纳：《综合学习设计》（第四版），盛群力等译，91～95页，福州，福建教育出版社，2015。

资料，史论结合，完成小论文。①

学生在完成小论文时，查找资料、做出选择，进行判断和推理，并完成写作任务，都需要特定的"执行行为"，即创生性组成技能。

2. 不需要熟练的再生性组成技能

再生性组成技能指出现在较低的技能层级中，相对"固定"的，可以再次利用的技能。学习结束后，在新环境中，在问题情境发生改变的情况下，学习者仍有"套路"可用，能够结合问题情境的具体特点，快速无误地或者较少失误地找出问题解决方案，做出高度相似的"执行行为"。例如，习题

若角 α 终边经过点 $P(-\sqrt{3}, y)$，且 $\sin\alpha = \frac{\sqrt{3}}{4}y(y \neq 0)$，

则 $\cos\alpha =$ _____.②

要求学生"把三角函数的定义应用于求解具体的问题"，就属于再生性技能，因为，不论求解什么样的三角函数值，学生都可以有一定的程式可以遵循。

3. 需要熟练的再生性组成技能

这些技能需要很高熟练水平和专项操练，便于今后能作为一种"套路"毫不费力地使用，包括：①作为更高层级技能的基础，如音乐家不断练习音阶以熟练演奏，学生练习乘法表以使算数技能娴熟于心；②必须和其他技能同时执行，如学生做笔记和倾听同时进行；③对资金损失、威胁生命或损坏设备有影响，例如有经验的司机能在快速行进中识别危险状况。

4. 双重分类的组成技能

双重分类的组成技能即采用双重标准，根据不同问题情境确定所需技能的性质。一般有两种情况。

一种情况是，本来不需要达到熟练程度的技能或者创生性技能，在某种特殊情境下，为避免因速度跟不上或错误太多带来重大损失、危险或损伤，需要达到熟练程度。例如"军用飞机维修"，和平时期"诊断且纠正问题"为创生性技能，但假设战争时期维修军用飞机，又没有可供替换的部件，维修人员就需要在有限时间内快而准地诊断并排除故障，否则会导致重大损失，此时"诊断且纠正问题"就被归为需要达到熟练程度的再生性技能，需要大量训练才能胜任。

另一种情况是，在有些情境下，即便经过大量的分析和训练，任务执行者仍有可能面临意料以外的情况和故障，此时现成的"套路"已经不管用，需要兼

---

① 本例由北京市海淀实验中学周志华老师提供。

② 本例由北京市海淀实验中学郑常艳老师提供。

有"创生性"和"要达到熟练程度的再生性"性质的技能。学习者需要学会何时、如何从"熟练模式"转换到"问题解决和推理模式"，完成路易斯和萨顿(1991)所称的"认知换挡"，具备范梅里恩伯尔等人(1992)所提倡的"反思性专长"。

5. 不需要讲解指导的组成技能

这类技能要求教师要根据学习任务的类型与层次，选择与其相适应的技能，既不能在需要反复操练时鼓励学生自由创作，也不能在需要灵活弹性时要求学生必须遵循"套路"，在"扶与放""稳与变""循规蹈矩和迁移生成"之间求得平衡。

(四)学科内容：如何做出适当的选择

多尔(Doll，R. C.)提出学科内容的七条指标，可归为以下三个方面。

第一，考虑学生需求。教师要：①精准诊断学生需求，满足学生适当需要与兴趣；②考虑知识的"可学性"，不要尝试去教学生学不会的知识，或把相同的基本内容教给几乎所有孩子。

第二，厘清需要关注的知识，包括：①关注主要观点，摒弃与主要观点不相关的内容；②跨越学科界线，考虑其他学科/领域知识迁移的可能性；③保持知识深度和宽度之间的适当平衡，使学生在有较宽知识面的基础上深入学习。

第三，确保学习内容的质量。教师要：①以"有效用、有意义(validity and significance)"为基本原则选择学科内容，剔除无用和无意义的内容；②关注有时效性(耐久性或持久性)的重点知识。多尔认为，一个知识内容与学科主要观点及概念联系越紧密，它的持久性也就越大。

教师可以充分考虑学生完成学习的条件，如时间限制、设备设施、任务量、环境因素、人际交往等，结合上述要求，恰当选择学科内容。

三、基于目标的评价设计

(一)评价设计的基本要求

1. 评价必须包含教学考虑、与预期学习成果相一致

教师要根据教学目标进行评价设计，将"支持教学"作为评价设计的基本要求。教师通过评价获得的信息，是为判断学生学习状况服务的，这些信息包括：①涉及学生学习背景的，如哪些学生缺乏自我了解？学生有哪类学习困难？学生是否为下一阶段学习做好了准备？②涉及学生学习进程的，如学生距离学习目标多远？学生的进步达到何种程度？③涉及教师反思的，如教学是否适合学生？什么时候(对哪个知识点)进行复习最为有效？我的教学效率如何？④涉及教师决策的，如哪种分组方式更有效？哪些学生需要额外关注？哪种评分方法更能激励学生？如果评价不能带来这些支持、启发教学的有用信息，就

不要使用评价。

2. 要体现评价的反复性和纵向持续性

威金斯指出："最好的评价具有反复性，它纵向运行，即随着时间的流逝起作用。"①。很多如"好好写字""独立思考""建构知识网""注意逻辑"等标准或要求，不论是否被罗列在具体目标中，都是学生不能回避的基本要求，教师都会反复强调、想方设法加以落实。当然，因学习主题和学习阶段不同，教师强调和评价的重点会有变化，但大多数重要的内容会被反复强化，恰是在这不断地重复强调与反馈纠正中，"随着时间的流逝"，学生逐渐达到要求标准。

(二)设计评价应注意的问题

1. 不是所有学习内容都要评价

教师没有可能(也没有必要)评价所有内容，只需聚焦最为核心的目标成果。从某种意义上说，课堂评价仅仅是一种"抽样"检查，当然，教师应根据目标要求进行"代表性抽样"，尽可能"有代表性地"体现学生的学习情况。

2. 即便需要评价，也不是所有的评价都是考试、都是做题

教师通过一些活动或行为，同样可以实现检查学习的目的，如学生举手表示"是"，不举手则表示"否"；或者学生"用脚投票"，选择同一答案的学生走到同一个角落或结成同一个组等。至于"分值"，也只是说明完成这个行为"价值几何"，不见得一定要给学生"积分记账"。

3. 尽量避免使用测验题，以免给学生带来不必要的干扰和压力

教师在编制题目时，可以问自己一个问题：

一定要通过测验题来评估学生吗？还有没有其他的方法？

实际上，非纸笔测试如演讲、描述、展示、对话、游戏、陈述、讨论、制作思维导图等都可以用来检查学习，都可采取成为教学决策的依据，效果可能会好过测试题。以阅读理解评价为例，教师可采取许多方式替代测验。

(1)通过提问评价学生是否理解语篇深层含义、是否具备批判性思维。

(2)通过观察学生表现，评价态度、发现学习障碍。

(3)鼓励学生提问，通过学生提问的层次，判断学生思维处于浅层次(学生仅关注"是否""A 或 B"问题，或"what""where"和"when"问题)还是较深层次(学生能问出"how"甚至"why"问题，涉及写作逻辑、写作意图，甚至对文章进行批判性评价)。

---

① [美] Grant Wiggins：《教育性评价》，国家基础教育课程改革"促进教师发展与学生成长的评价研究"项目组译，61 页，北京，中国轻工业出版社，2005。

(4)分析学生作品、作业、课堂笔记、思维图示等，尤其是学生的错误和问题。例如，学生课堂笔记是很好的评析材料，学生的书写习惯(线性或者图示)，是照抄记录还是"边记边议"，都可以看出学生的学习能力和思维深度。

最后，评价要随着教学推进有所调整。尽管评价在教学前、中、后都有可能发生，但评价类型、任务取样、程度要求都会有所不同。

(1)学前评价用来确定学生处于何种"准备状态"以及相对于目标的位置，用时不宜过长(三分钟左右为好)，范围相对较小，难度相对较低，方式也不必复杂。当然，前测也可以同时作为后测使用(但最好是变式，而不是原题)。

(2)学中评价旨在检测学习进步，为学生和教师提供反馈。学中检测样本尽管有限，但应尽可能与目标成果对应，涵盖所有关键目标。对难以评价但又重要的目标，需要慎重选择测评种类，可以选择更为复杂的表现型任务。在设计时还要考虑学生会遇到的问题及应对措施，要考虑到，如果所有/少部分学生不会，应该如何应对；如果教师采取措施后，学习困难现象仍持续存在，应如何诊断(可能需要设计诊断型测验)等。

(3)教学结束时的评价兼具形成性评价和总结性评价功能，目的在于检测学生学习目标达成的程度。教师可据此为学生提供反馈、激励学生面对更具挑战性的任务，或对个别学生进行必要补偿；也可以据此评价自身教学的有效性，反思并调整教学；还可以把它作为下一个教学单元的预备性测验。

(三)基于目标反观教学评价

有效的评价应该：①友好且有益，成为"学生身边的挚友"，能给学生有力的反馈与支持；②严格且灵动，既要求学生必须"过关"，又能激发学生兴趣，激励学生主动学习；③可行且有效，教师须从学生"可接受程度"出发，对评价工具和技术加以选择、应用、改造、整合和创新，使评价具备成果样本的代表性、目标要求的透明性、任务题目的指向性、教学和评价的贴合性以及反馈提示的友善性等，有效促进教与学。如下反思性问题可以帮助教师做出理性评判。

本次评价

◇是必要的吗？非用不可吗？不用测评能否看出学生状况？

◇是否利于差别对待学优生、学困生？

◇对所有学生都有促进激励作用吗？

◇题目和任务类型与想要的结论相匹配吗？

◇题目所涵盖的内容准确吗？是否有遗漏？是否均衡？

◇题目是否限制了学生有效表达？

◇学生能看懂这些题目吗？会有歧义或者暗示吗？

◇评价是否反映了教师教学中的成功与不足？
············

第三节 "教—学—评"一体化设计

"教—学—评"一体化设计强调教、学、评的目标、内容、关注重点的一致性和三者之间的相互作用和交汇融通，是评价能够有效支持教学的关键。教师要以教学目标为基准，在设计教、学的同时也设计评价，使三者相融相通。威金斯曾提出"反向设计"的思路以及反向设计逻辑的"五个步骤"，要求教师"从作为目标的具体标准和基本标准中得到适当的评价证据"，包括"根据需要的证据"设计任务以及"根据目标"找到证据等。[①] 这看上去有点像数学中的"倒推法"，为了说明最终结果（预期的学习成果），须得说明具体标准；为说明具体标准，须得规定证据形式；为得到需要的证据，须得设计相应的任务……步步倒推至"源于目标和评价"的教学设计。受此启发，我们可以（注意是"可以"，而不是"必须"）按如下步骤进行"教—学—评"一体化设计。

一、步骤 1：基于"总目标"确定"一般目标"

目标制定始于最高层次的总目标，总目标的下一层级是一般目标。一般目标是实现总目标的前提条件，所有的一般目标达成了，总目标也就实现了。一般目标回答的问题是："为达成最终目标，需要完成哪几个分目标或阶段性目标？"

一般目标应包括一节课（或一个教学单元，以下同）所有重要的学习成果（如知识、技能、态度、情感等）。每节课一般有 3～5 个概括性较强的一般目标，每个一般目标只包括一个学习成果。一般目标以动词（如理解、应用、分析）开头，描述学生学习后的表现，应尽量避免一般目标的涵盖范围有重叠。

例如，高中政治模块 2"法律与生活"中，教学单元"民事权利与义务"要求学生"了解我国民法的基本原则，识别我国公民的民事权利和民事责任（总目标）"[②]。其一般目标可以做如下设定。

（1）了解民法的基本原则。

（2）理解民事权利和民事义务。

---

① ［美］Grant Wiggins：《教育性评价》，国家基础教育课程改革"促进教师发展与学生成长的评价研究"项目组译，182 页，北京，中国轻工业出版社，2005。

② 中华人民共和国教育部：《普通高中思想政治课程标准》（2017 年版），26 页，北京，人民教育出版社，2017。

（3）识别民事权利和民事责任。

（4）阐释依法维权和依法担责的必要性。（如评述日常矛盾和纠纷）

由表 2-5 可以看到，为完成总目标，学生须达成期望的四个一般目标，即四个期望的学习结果。其中，一般目标 1（了解民法的基本原则）涉及认知，一般目标 2（理解民事权利和民事义务）涉及认知和情感，而一般目标 3（识别民事权利和民事责任）和一般目标 4（阐释依法维权和依法担责的必要性）则涉及认知和技能。[①]

表 2-5　根据总目标设定一般目标

课题（总目标）	期望的学习结果（一般目标）	备注
了解民法基本原则，识别民事权利和民事责任	1. 了解民法的基本原则	认知
	2. 理解民事权利和民事义务	认知 情感
	3. 识别民事权利和民事责任	认知 技能
	4. 阐释依法维权和依法担责的必要性	认知 技能

需要注意的是，这些一般目标具有一定的概括性，以一般目标 1"了解民法的基本原则"为例进行说明。首先，为实现该目标，教师可以采用讲授、阅读、案例分析、小组合作等方法，可以选择不同的教材版本，可以选择各种教学资源，可以有不同的考查方式。其次，这种较为概括的目标为教学提供了重心，却不会将教师束缚在给定的方法或教学材料上。最后，其概括性还体现在，学生达到"了解民法的基本原则"的标准后的行为表现可能是罗列不尽的，如果教师目标规定过于详细，就有可能束缚教师手脚；概括性强一些，则可以给教师发挥的空间。

二、步骤 2：基于"一般目标"阐明"具体学习成果"

在每个一般教学目标之下，教师可以列出更为详细的具体学习成果，说明学生不同侧面的、具体的达标表现。每个一般目标下可列 4～5 个学习成果，每项具体学习成果反映一般目标的一个部分或是一个侧面，以一个可观察的行为动词作为开头（如识别、描述），具体学习成果之间应避免交叉或重叠。

仍以如上"民事权利与义务"教学为例，一般目标 1（了解民法的基本原则）之下可列举如下具体成果（1.1—1.5）：

1. 了解民法的基本原则

---

① 图示表示法参见［荷兰］杰罗姆·范梅里恩伯尔、保罗·基尔希纳：《综合学习设计》（第二版），盛群力等译，14 页，福州，福建教育出版社，2015。

1.1 解释"自愿、平等、诚信"等民法原则

1.2 在具体情境中确定基本原则

1.3 根据含义分析三者之间的关系

1.4 区分与基本原则相符或不符的生活实例

1.5 结合生活经验应用民法原则

一般目标2(理解民事权利和民事义务)之下可列举如下具体成果(2.1—2.4):

2. 理解民事权利和民事义务

2.1 转述民事权利与民事义务的概念

2.2 判断某一公民是否具备民事权利能力和民事行为能力

2.3 分析民事权利与民事义务之间的关系

2.4 理解如何依法行使民事权利、履行民事义务

由此,我们在第一层次得到的表2-5便可以进一步细化为表2-6。如表2-6所示,每个一般目标下具体成果之间可能是:①顺序关系,即前一个任务(技能)是后一个任务的前提;②转换关系,即多个任务先完成哪一个都可以;③同步关系,即几个任务同时进行。按照表2-6所示,成果1需"顺序"完成,具体成果1.1到具体成果1.4按顺序推进效果最好;成果2则需"转换",指具体成果2.1—2.4哪一个先实现都可以;成果3是"同步",表示具体成果3.1与具体成果3.2可同时发生。教师要了解学生知识掌握规律,不能只遵循教科书的逻辑顺序。

表2-6 基于"一般目标"阐明"具体学习成果"

课题 总目标	期望的学习结果 (一般目标)	学成后的行为表现 具体的学习成果	备注
了解民法基本原则,识别民事权利和民事责任	1. 了解民法的基本原则	1.1 解释"自愿、平等、诚信"等民法原则	顺序 (从1.1到1.5按顺序推进,前一个任务/技能是后一个任务/技能的前提)
		1.2 在具体情境中确定基本原则	
		1.3 根据含义分析三者之间的关系	
		1.4 区分与基本原则相符或不符的生活实例	
		1.5 结合生活经验应用民法原则	

课题 总目标	期望的学习结果 （一般目标）	学成后的行为表现 具体的学习成果	备注
	2. 理解民事权利和民事义务	2.1 转述民事权利与民事义务的概念	转换 （从 2.1 到 2.4 哪个先实现都可以）
		2.2 判断某公民是否具备民事权利能力和民事行为能力	
		2.3 分析民事权利与民事义务之间的关系	
		2.4 理解如何依法行使民事权利、履行民事义务	
	3. 识别民事权利和民事责任	3.1……	同步 （几个任务/技能可同时发生）
		3.2……	
		……　……	
	4. 阐释依法维权和担责的必要性	（略）	顺序＋同步 （后两个任务同步）

这里需要注意以下几个问题。

第一，注意目标分析从概括性到具体化的层级变化。詹姆斯·波帕姆认为，教学目标应该概念化，而"为数众多的特别具体的课程目标"却价值不大，且容易被忽视。教师要尽可能为学生制定"数量较少的""非常有代表性的""有利于合理安排教学的""宽泛的、可测量的"目标，在此基础上，再把这些宽泛的目标分解为许多更小的、更具体的教学目标，如"提高学生的写作能力"就是"宽泛的、可测量的"教学目标，可以分解为一些具体目标，如能采用适当语法、能选择恰当词汇、能保证拼写准确等。[①]《教学中的测验与评价》也认为教学目标"应有一定的概括性"，应"相对地独立于课程内容"。陈述教学目标的步骤也有类似之处：第一，将一般目标陈述为所期望的学习成果；第二，用一个具体学习成果列表来定义一般目标，描述一般目标实现时学习者能够做出的可观察的反应。[②] 我们可以据此逐层构建一节课（或一个教学单元）的教学目标。

---

①　［美］詹姆斯·波帕姆：《教师课堂教学评价指南》（第 5 版），王本陆、赵婧等译，102 页，重庆，重庆大学出版社，2010。

②　［美］Robert L. Linn & Norman E. Gronlund：《教学中的测验与评价》，国家基础教育课程改革"促进教师发展与学生成长的评价研究"项目组译，55～57 页，北京，中国轻工业出版社，2003。

第二，注意区别具体学习成果与教学活动(学习任务)。以 2.2 为例，"学习民事权利能力和民事行为能力的概念"指的是学习任务，而"判断某公民是否具备民事权利能力和民事行为能力"指的则是成果。当然完全做到这一点并不容易，但只要教师将关注点放在"学生学成后的表现"，而不是关注"我要教给学生什么"，情况总会好些。再如，学生的学习任务是"正方形和长方形、圆和椭圆、梯形或平行四边形"，但学生学成后的具体表现可能是"区分各种几何图形(如正方形和长方形、圆和椭圆、梯形或平行四边形)"。

此外，对预期成果进行拆分，并不等于对教学活动进行拆分。教学活动/学习任务具有整合性，一个学习任务可以涵盖多个目标分项，并且涵盖的程度也是不一样的。当然，再周详的学习任务也很难涵盖所有的分项成果，教师需要做出取舍，找出相对恰当的学习任务。从这个意义上讲，一节课从目标到过程，再到结果，均具有"抽样性"，不见得都能得到落实和评价，只能尽可能包含。

第三，注意复杂学习成果的呈现。按如上分析逻辑，每个预期学习成果都要有对应的不止一种的体现(证明)形式，但有些成果(尤其当涉及情感、态度或综合性较强时)过于复杂抽象、难以定义，对这样的预期成果，教师不能忽略或者回避，要设法使其"具体可见"。例如，"(阅读文章后)提升理解力"是个复杂成果，学生能够完成需要理解力的任务，就是与"理解力"对应的成果或表现，是对"理解力提升"的一种证明。于是教师可做如下设计：

1. (阅读文章后)学生提升理解力

1.1 写一段话概括文章的中心思想

1.2 口头表达阅读感受

1.3 完成一篇读后感

1.4 评价其他同学的读书感受

要注意的是，教师要做的是使复杂学习成果"具体可见"，而不是将其简单化，要给学生在复杂情境中真实表现和试错的机会。不要因怕学生出错而只给学生简单的操练，简单的操练重复再多，学生也只是在原地打转，不可能提升。"熟能生巧"并不适用于深度学习，也很难促成复杂的学习成果。

三、步骤 3：基于"具体学习成果"列举"证明胜任"的行为

在每个具体学习成果之下，教师可以加入更为具体的第三个层次，列举学生在取得该具体成果时能够胜任的任务，或者是"学生证明自己'学成'的方式"，进一步细化每个具体学习成果。第三个层次可以作为具体学习成果与相应测验之间的过渡(是桥梁)，教师要注意第三个层次的可操作、可测性和过渡性。仍以如上"民事权利与义务"教学为例，具体学习成果 1(解释"自愿、平

等、诚信"等民法原则)之下可列举如下学生"能够胜任的任务"(1.1.1—1.1.4):

1.1 解释"自愿、平等、诚信"等民法原则

1.1.1 找出定义中的重点词

1.1.2 陈述"自愿、平等、诚信"的定义

1.1.3 判断对基本原则解释的正误

1.1.4 用自己的话简述"自愿、平等、诚信"的基本含义

具体学习成果2(在具体情境中确定基本原则)之下可列举如下学生"能够胜任的任务"(1.2.1—1.2.4):

1.2 在具体情境中确定基本原则

1.2.1 选择某一原则为给定情境"贴标签"

1.2.2 将基本原则与一组情境匹配

1.2.3 根据基本原则将一组情境分类

1.2.4 列举适用某一基本原则的情境

具体学习成果5(结合生活经验应用民法原则)之下可列举如下学生"能够胜任的任务"(1.5.1—1.5.4):

1.5 结合生活经验应用民法原则

1.5.1 举例说明某一(或更多)民法原则

1.5.2 分析某一日常现象中所蕴含的民法原则

1.5.3 就某一民法原则展开辩论(讨论)

1.5.4 应用民法原则解决日常争议或纠纷

完成这个层次后,我们在上一层次得到的表2-6可以再一次细化为表2-7,教师和学生都更加明确"学成后能够做到什么"。

表2-7　基于"具体学习成果"列举"证明行为"

预期学习结果 (一般目标)	学成后的行为表现 (具体学习成果)	学生证明自己能够"如何"的方式 (能够胜任的任务)
1. 了解民法的基本原则	1.1 解释"自愿、平等、诚信"等民法原则	1.1.1 找出定义中的重点词
		1.1.2 陈述"自愿、平等、诚信"的定义
		1.1.3 判断对基本原则解释的正误
		1.1.4 用自己的话简述"自愿、平等、诚信"的基本含义

续表

预期学习结果 （一般目标）	学成后的行为表现 （具体学习成果）	学生证明自己能够"如何"的方式 （能够胜任的任务）
	1.2 在具体情境中确定基本原则	1.2.1 选择某一原则为给定情境"贴标签"
		1.2.2 将基本原则与一组情境匹配
		1.2.3 根据基本原则将一组情境分类
		1.2.4 列举适用某一基本原则的情境
	1.3 分析……	（略）
	1.4 区分……	（略）
	1.5 结合生活经验应用民法原则	1.5.1 举例说明某一（或更多）民法原则
		1.5.2 分析某一日常现象中所蕴含的民法原则
		1.5.3 就某一民法原则展开辩论（或讨论）
		1.5.4 应用民法原则解决日常争议或纠纷

备注："学生能够胜任的任务"不是目标的一部分，可以按实际需求更换，学生也可自行提出

要注意第三个层次并不是教学目标的构成部分，而是学生"能够证明自己的方式"。以 1.5 为例，"结合生活经验应用民法原则"作为具体学习成果，是教学目标的一部分，而这四种方式（1.5.1—1.5.4）不过是对该学习成果的几种证明方式，除此以外还可以有其他"证明方式"，我们甚至可以无限制地列举下去：

1.5.5 判断某一日常行为是否符合民法原则

1.5.6 评价同伴民事冲突解决方案的优劣

1.5.7 自我评估处事方式是否符合民法原则

1.5.8 ……

换一种说法，某位教师之所以只列出这几种方式（1.5.1—1.5.4），而没有选择其他"证明方式"，可能是基于对教学条件、学情等的考虑，也可能是因为教师水平和眼界所限，认为这几种方式可能是最好的"证明方式"。同样是要为"结合生活经验应用民法原则"列出"可证明胜任"的方式，其他教师可能会有截然不同的其他列表；甚至学生也可以不受该列表限制，如果学生能用其他方式，例如用模拟辩护或小论文的形式，证明自己能够胜任"结合生活经验应用民法原则"这个任务，教师也应该是可以接受的。这其实也是在提醒教师和学生，可以通过往复式学习，从不同角度不断接近某一特定学习成果，而不拘泥于规定动作。

需要指出的是，步骤 3 是教学目标与教学评价产生联结的关键环节，教师要注意以下问题：

(1)具体学习成果具有一定的概括性和包容性，而"证明行为"则更为具体，并可以被其他方式替代。

(2)无论教师思虑如何周到，"证明行为"也具有局限性，有可能限制了学生更多的学习可能，限制学生的创造力、想象力和"迂回前行"的能力，据此得出的评价结论可能也是有局限的。

(3)具体学习成果相对固定，而"证明行为"在实际教学开始之后，是可以调整、扩大、缩小，甚至被更换的(假如教师发现一个学生因嗓子发炎不能发声，原定的口头表达可能就要换成书面表达)。

(4)对所有学生而言，具体学习成果是一致的，但证明行为可以截然不同，对具体学习成果"结合生活经验应用民法原则"，学生可以用口头或书面、文字或图画、动作或媒体材料来"证明"自己达标。

完成上述三个步骤后，一节课(或教学单位)的教学目标基本设计完成。应该说，对教师而言，这个过程的抽象意义大于实际价值，教师按这个行动逻辑思考教学目标，既能明晰任务、提高效率，又能提高分析思辨能力，提升教学水平。

四、步骤 4：将"能够胜任的任务"转化为测评项目

编制精准的目标可以使学习指向更加明确，利于师生更清晰地了解所要完成的任务，但预期成果能否出现还需要进一步判断。因此，一节课(或者一个教学单位)的目标设计完成后，教师可以再进一步，以"能够胜任的任务"为桥梁，将部分"具体学习成果"转化为测评项目。

仍以"民事权利与义务"教学为例，对任务 1.1.1(找出定义中的重点词)，教师可以设计限制作答的问答、选择、填空等测试题目，其中：① 问答题可以用在教学前和教学中，教学前学生知识掌握有限，可以多设计些"是/否"类型的问题；教学中后期，学生口答的难度可以增加，回答更为具体、更有挑战的内容。② 选择题放在教学中，利于教师快速了解学情(括号表示两种检测形式选其一)。③填空题放在教学后则要求精准作答，以检测学生是否准确掌握定义。

具体到任务 1.1.4(用自己的话简述"自愿、平等、诚信"的基本含义)，教师可以在教学前设置一道是非题，学生只需回答"是/否"，题目分值为 1；教学中设置口述题，难度增加，题目分值为 2；教学后是简答题或默写检测，难度更大，分值为 4；此外，任务 1.1.2 和任务 1.1.3 因为某种原因可能没有必要设置前测、中测或者后测题目。于是，待 1.1 部分的评价设计结束后，我们

就可以得到本部分前、中、后所需要的各种类型的测试题，从表 2-8 中可以看出，本部分需要 3 次前测、3 次中测、2～4 次后测。

表 2-8　将"能够胜任的任务"转化为测评项目

一般目标	具体学习成果	能够胜任的任务	测评类型	题目/分值		
				前	中	后
1. 了解民法的基本原则	1.1 解释"自愿、平等、诚信"等民法原则	1.1.1 找出定义中的重点词	1.1.1－1 填空			(1)
			1.1.1－2 口答	1		(1)
			1.1.1－3 选择		1	
		1.1.2 陈述……	（略）	0	1	0
		1.1.3 判断……	（略）	1	0	1
		1.1.4 用自己的话简述"自愿、平等、诚信"的基本含义	1.1.4－1 口述		1×2	
			1.1.4－2 是非	1		
			1.1.4－3 简答			1×4
	1.2 确定……	（略）				
	1.3 分析……	（略）				
	1.4 区分……	（略）				
	1.5 应用……	（略）				

这个步骤需要教师对课堂测评有"专业"的了解，包括以下方面。

1. 可能用到的评测方法

课堂测评的主要目的在于获得学生学习进展的有效信息，这就要求测验题目与教学目标、重点、难点的高度匹配。《学业成就评测》列举了四种主要的评测方法，包括选择作答测验、提供作答测验、限制型表现评测、扩展型表现评测等。我们可以综合使用各种评测方法，用最高效的方法评测相应学习成果，并且，不要因为费时和评价困难而忽略复杂的学习成果。[1] 对这几种方法，我们可以做如下比较(见表 2-9)。

---

① [美]诺曼·E. 格伦隆德、C. 基思·沃：《学业成就评测》，杨涛、边玉芳译，16 页，北京，教育科学出版社，2011。

表 2-9 四种主要的测评方法

评测方法	描述/类型	成果举例	优势	不足
选择作答测验	选择题、是非题和配对题等	√ 能判断确定反应类型的方法是否正确 √ 能将实验仪器与用途匹配	可综合考查某领域，容易实施，评分、解释客观，效率较高	牺牲现实度与复杂度，有猜题嫌疑
提供作答测验	用词、短语或完整短文作答	√ 写出每一术语的定义 √ 列出特定天气状况的特征	有效测量事实性知识防止欺骗，信度较高鼓励细节掌握 奠定基础	限制学生反应类型，现实度、复杂度较低
限制性表现评测	执行高度结构化的有限任务，如问题解决	√ 使用实验室设备解决问题 √ 用知网查找课题信息	能测量较复杂学习成果，发展创造力，鼓励关注更大的单元，强调组织、综合和有效表达	样本有限，评分主观，信度较低，比较耗时
扩展性表现评测	更综合的、结构化程度较低的表现性任务	写篇短故事，做实验、查资料解决问题，如设计方案减缓某地交通压力	多个学习成果，多重解决方法，多重标准评测，满足了现实度与复杂度	需要大量时间，且涉及大量主观判断。样本数过低，易误导学生

教师应该基于"想要的结果"选择合适的题目和评价任务，而不应该计较是否容易评价。下面分别就四类测评方法加以说明。

(1)选择作答测验

选择作答测验包括选择题、是非题和配对题等，对应的是知识性学习成果，回答类似"……的名字/位置/特征是什么?"的问题。选择作答测验一般结构比较严谨，答案具有唯一性，利于快捷、准确地客观评分，需要学生根据特定知识、理解或者技能，从诸多选项中挑出正确答案。如要考查学生诗歌创作情况，教师可以给出诗歌前三句，请学生从备选项中选出第四句;也可以请学生判断给出的第四句是否合适;还可以将诗句分成两列，由学生匹配;或者给诗句编号，请学生按照理解排序(见表 2-10)。

(2)提供作答测验

提供作答测验给学生提供结构性任务，对应的是知识性和理解性的知识成果，可能要求学生回答如"……的原因""……与……的关系""对……恰当的例子/概括"等，要求学生用词、短语或完整短文作答，学生不能自由定义或无限制地创作，必须写出正确的数字、符号或简述。同样是考查学生诗歌创作，教师可以给出诗歌的前三句，请学生续写结尾；或要求学生给一首诗歌命名；或要求学生列出写诗的基本步骤或要素等(见表2-10)。

仍以"民事权利与义务"教学为例，如果"能够胜任的任务"是找出"定义中的重点词"，教师就可以设计简答题，"民事权利概念中的重点词是什么?"如果学生"能够胜任的任务"是"陈述'自愿、平等、诚信'的定义"，教师就可以设计题目，"请用一句话为下列术语写出定义：①自愿；②平等；③诚信。"

(3)限制性表现评测

限制性表现测评一般考评应用性学习成果，其答案具有一定的开放性，学生可以进行有一定限制和要求的建构反应，或按给定条件执行特定任务，如找出"对……最适合/正确的方法"，列出"……的设计步骤"等。如果用限制性表现评测考查学生诗歌创作，教师可能会给出题目和格式要求，请学生创作一首有关"家国情怀"的诗(见表2-10)。若要考查上述"民事权利与义务"教学案例中学生"能够胜任的任务"之"分析某一日常现象中所蕴含的民法原则"(1.5.2)，教师可以设计限制性论述题，先给出一个生活现象，请学生分析列举其所蕴含的民法原则。

(4)扩展性表现评测

扩展性表现评测要求学生完成更综合的、结构化程度和限定程度更低的任务。若以扩展性表现评测考查学生诗歌创作的话，教师可能会请学生围绕"家国情怀"创作诗歌(见表2-10)；为考查上述"民事权利与义务"教学案例中学生"能够胜任的任务"之"应用民法原则解决日常争议或纠纷"(1.5.4)，教师可以设计题目："有居民住在一层，认为自己不用电梯，就可以不交电梯费。请谈谈你的看法。"

表 2-10　考查"诗歌创作"不同测评方法举例

评测方法	描述/类型	考查"诗歌创作"试题举例
选择作答测验	选择题、是非题和配对题等	√选择题。给出前三句，学生从 A、B、C、D 选项选出第四句 √判断题。给出诗歌前三句，学生判断第四句是否合适 √匹配题。将诗句分成两列，由学生匹配 √排序题。给诗句编号，请学生按照理解排序
提供作答测验	用词、短语或完整短文作答	√续写。给出诗歌前三句，请学生续写结尾 √命名。要求学生给一首诗歌命名 √列举。要求学生列出写诗的基本步骤或要素

评测方法	描述/类型	考查"诗歌创作"试题举例
限制性表现评测	执行高度结构化的有限任务，如问题解决	√ 给出题目和格式要求，学生创作一首有关"家国情怀"的诗
扩展性表现评测	更综合的、结构化程度较低的表现性任务	√ 请学生围绕"家国情怀"创作诗歌

当然扩展性表现测评可以设计得更为复杂，情境性、应用性更强。例如，美国一个学校用表现性评测考查学生数学分析和建模以及对比例和比率的理解情况。为完成该测试任务，学生需要：①上网查资料；②计算保暖层的成本效益；③写出书面报告；④设计使用固定公式的一般的比较方法；⑤为天然气公司的客户创建一个解释这个工具的小册子。[①]

《美国语文》中也有一些非常好的设计，例如在介绍哥伦布发现新大陆的文章之后，学生被要求完成写作日志："有些人认为（哥伦布）环游世界的航行不值得资助，得不到足够的回报，你怎样才能让他们接受这个想法，进行资助呢？就这个题目，在你的日志里写一篇有说服力的文章。"[②]这个题目会触发学生许多思考，教师既能考查学生表达观点、评价观点、发现观点间联系的能力，也可以看到个体在态度、观念和创造能力上的差异。这样的题目在《美国语文》中还有许多，值得借鉴。

上述四种方法限制逐渐减小，复杂度逐渐加深，需要的测评时间也逐渐拉长。这些方法侧重点各有不同，没有哪种方法能单独挑起评价的重担，要想完整描述学生情况，最好综合使用，如此一来，一种方法的不足就可以被另一种方法的优势所弥补。

2. 编制试题应注意的问题

在确定使用测验的必要性之后，教师可以编制试题，也可以使用成题。编制试题需要很强的专业性与技术性，在教师没有把握之前，最好借助其他专业技术力量。这里仅谈几点注意事项。

---

① Alexandra Beatty, Rapporteur. *State Assessment Systems：Exploring Best Practices and Innovations*, Washington, The National Academies Press, 2010, pp. 84-85.

② ［美］本杰明·富兰克林、马克·吐温等：《美国语文》，马浩岚编译，19页，北京，中国妇女出版社，2008。

（1）减少无关因素

许多学生"做错题目"，不是"不会"，而是有些无关因素干扰或妨碍了学生正常表现和水平发挥。例如，教师要检测学生解三角形能力，却用大段文字描述题目，学生不能正确完成题目不是因为不会解三角形，却是因为没读懂文字，或是这段文字将简单问题复杂化了；再如，教师要求学生用图示表示文章框架，不善绘图的学生就无法"达标"。因此，教师要尽力控制或减小无关因素，不添加没有必要的障碍，以免节外生枝。

（2）避免线索或暗示

许多学生得出正确答案，不是因为"学会了"，而是因为"猜对了"。恰恰是出题者无意中提供了线索和暗示，使题目泄露玄机，无法发挥预期作用，有些学生甚至会想方设法通过线索或者暗示推出正确答案。假设有这样一道选择题：

《教师课堂教学评价指南》的作者是_____。

A. 马克·吐温　　B. 鲁迅　　C. 林语堂　　D. 詹姆斯·波帕姆

想来大部分读者都能猜出正确答案是 D（詹姆斯·波帕姆）。这道题虽然有些夸张，但却很能说明问题。许多学生在高考前会得到一些"应考绝技"，比如，含有"有时""通常""一般""可能"等词的陈述往往比含有"总是""从不""无一""只有"等词的陈述"靠谱"；再如，英语试卷完形填空的 A、B、C、D 答案数应该均等，分别占四分之一左右。

学生口答时，类似情况更多。教师为了让学生"答对"，会不断抛出线索"引导"学生，在教师千方百计、不断诱导之后，学生终于"找到了"正确答案，其实学生并没有"学会"，只是"猜对了"而已。记得一位颇有经验的教师在公开课之前信心满满地说，"我的学生不会答不出问题的"。果然，在公开课中他"层层铺垫"，不断抛出暗示和线索，学生表现踊跃，都"答对了"。这节课获得一致好评，却很少有人注意到背后的玄机。要注意，这些"无意线索"与问题支架有着本质区别，这些"无意线索"是为应急，使教师得到教学继续进行的理由；而"问题支架"则真正致力于学生"学会"，随着学生掌握程度越来越高，"问题支架"会逐渐被拆除。

（3）逐渐形成题目命制"技能清单"

对某些特定领域的测验，教师可以进行单项归纳，列出这一类题目所需要的技能清单。例如，陈康等高考研究专家将英语科阅读理解能力归纳为理解词汇、理解具体信息、理解主旨要义、理解观点和态度、理解目的、推断、理解文章结构和类型等具体能力①，指出阅读任何文本材料都需要这些能力。不论阅读材料如何变化，要考查的技能都应稳定地包含在这七个方面之内，只不过会根据材料不同有层次深浅或技能增减的变化。教师可以据此列出阅读技能清单及试题标准框架，用于学生阅读技能的教学与考查，这对提升备课效率和教学稳定性、形成学生良好习惯等都有益处。

(4)确保测评与预期成果的一致性，包括深度和广度的一致性

"只有当题目和任务是用来测量定义学习表现的具体学习成果时，课堂测验和评价才有可能为教学目标提供有效测量。"②例如，对学习成果"能够识别出特定的身体结构的功能"，教师设计的题目是：

肾的功能是什么？_____。

A. 消除废物　B. 促进血液循环　C. 保持呼吸　D. 刺激消化

只要学生能够选对答案，就说明学生"能够识别……的功能"。如果具体学习成果不是"识别"，而是"应用"，教师就应该设计问题解决层面的任务。

五、步骤 5：取舍整合，将"教—学—评"融为一体

教师在明确了目标要求和相应测评要求后，开始进行具体教学任务（活动）的设计，将教、学、评三者融合，既利于教师教，又利于学生学，同时又兼有效果评价功能。教师需要注意评价活动、教学活动与预期成果的匹配，理想的状态是，每一个预期学习成果都能与合适的"教—学—评"活动相对应。例如：

预期成果：学生能利用推导计算公式解题

教学（评价）活动 1：学生小组活动，编制能运用该推导计算公式的题目

教学（评价）活动 2：学生运用该公式解三道题，然后小组讨论

比较上例中两个教学（评价）活动，可以看出，两个设计都很好地将教学活动与评价活动融为一体，但显然教学（评价）活动 2 与预期成果的内容更为匹配。

需要注意的是，预期成果与"教—学—评"活动之间很难形成完全的一对一关系。实际的情况会比较复杂。

首先，一个成果可能对应多个教学活动。在如上"民事权利与义务"教学案例中，与成果行为"分析某一日常现象中所蕴含的民法原则（1.5.2）"所对应的

---

① 陈康等：《基于高考评价体系的英语科考试内容改革实施路径》，载《中国考试》，2019(12)。

② ［美］Robert L. Linn & Norman E. Gronlund：《教学中的测验与评价》，国家基础教育课程改革"促进教师发展与学生成长的评价研究"项目组译，77 页，北京，中国轻工业出版社，2003。

教学活动环节包含：①理解相应民法原则；②分析日常现象(与民法原则的联系)；③选择相关度最高的民法原则；④结合民法原则对该现象加以说明。

当然，反过来说也是成立的。一个教学活动有可能达成多重教学成果。例如，教师设计教学活动，请学生小组讨论民事案例。这个教学活动可以同时达成"了解民法基本原则""理解民事权利和民事义务""识别民事权利和民事责任""阐释依法维权和依法担责的必要性"四项预期成果。

在这个步骤中，教师要注意处理好教学评价与教学决策之间的关系。

(一)以评价促成有效决策

首先，评价可以促成更有效的教学设计。在评价设计过程中，教师会更加清晰地预测教学结束之后会实现哪些目标，并反观自己的教学设计是否合理，是否具有可操作性，并进一步明确自己真正想要什么。

其次，评价可以促成更有效的教学举措。通过前测，教师可以决定"教什么"以及是否对特定目标提供指导；通过对学生学习持续性的形成性评价，教师可以确定对特定目标应该教授多长时间以及对谁教(个人还是集体)、是否继续(或停止)某个目标；通过前测与后测对比，可以看出教学效果，决定今后是否使用同样的教学策略。

(二)根据决策需要设计评价

决策需要影响教师对测评方法的选择。例如，教师在进行高三语法复习教学时，需要决定"从哪个从句(名词、形容词、副词)开始，学生提升最为明显"。根据这个需要，教师设计含有六个小题的学前测验，诊断学生三类从句的掌握情况。测试显示学生名词性从句掌握最为薄弱，因此，教师决定先复习名词性从句。

根据决策需要设计评价还意味着评价的重心应与教学重点一致。以英语阅读教学为例，教师对不同内容的"重视度"做出不同规定(见表2-11)，其中"阅读技能"教学和测评的重视度都是60%，说明在"阅读技能"的教学和测评上，教师都要投入60%的力量。再以"识别细节"为例，不论是测试题，还是提问或观察，教师要投入15%的时间或题量，当然测评形式可以多样。

表2-11 教学内容与测评项目的"重视度"

内容范围	教学/测评项目	重视度	合计
语言知识	词汇	10%	20%
	语言点	5%	
	语法	5%	

续表

内容范围	教学/测评项目	重视度	合计
阅读技能	概括中心思想	10%	60%
	识别细节	15%	
	判断事件先后顺序	10%	
	辨别文中所表述的关系	10%	
	判断写作意图和作者观点	10%	
	对内容进行推论	5%	
语言应用	表达观点	10%	20%
	扩展写作	10%	

（三）教学设计与评价设计同步发生

"评价什么"和"如何评价"必须放在教学设计之前，或至少二者同时进行。也就是说，教师在考虑教和学时，同时就要考虑如何检查教与学的效果（评）；反过来，教师如果想取得好的评价结果，就要使教和学朝着评价的方向努力。只要设计合理、使用得当，"教—学—评"是一个良性互动的上升的循环，评价可以改善教学、监控过程、促进学习、完善课程，最终提升质量。这便是"教—学—评"一体化的意义所在。

第四节　需要回答的问题

一、每一个教学目标都要这样编制吗？

教师不可能（也没有必要）把每一个目标都制定得如此精致。

詹姆斯·波帕姆认为，在从模糊的、模棱两可的目标转向非常明确的目标的过程中，倡导者们又犯了非常严重的错误："如果我们鼓励教师（总是）使用非常具体的教学目标，其后果会是大量琐碎的行为目标充斥课堂。这些琐碎目标将使教师们不知所措，最终对教学目标不再持有任何兴趣。"[①]所以，凡事不能走极端，再好的模式如果过于强化，也会走到反面。上述编制教学目标的三个步骤（也是三个层次）有助于教师更为审慎地思考，但它绝不是唯一正确的路径，也不是万能良方，教师还可以有其他更多、更好的选择。有以下建议供教

---

① ［美］詹姆斯·波帕姆：《教师课堂教学评价指南》（第 5 版），王本陆、赵婧等译，101 页，重庆，重庆大学出版社，2010。

师参考。

第一，尽力为之。尽可能多做一些类似的拆分，当然教师还可以按照其他逻辑进行分析，如按学科核心素养的构架进行分析，都会有不错的效果，关键是要建立一种与学科特质相吻合的分析逻辑。

第二，据实取舍。决定哪些课程需要设计，并设计到什么程度。许多教学设计工作并非要从零开始，很多具有代表性的课程设计可以"重复使用"，这也是教师在进行设计时要考虑的原则，要更多地关注那些有代表性、"重复率"高、可以推广的典型课例，毕竟这样可以使自己的付出获得最大效益。

第三，团队合作。可以邀请同事一起做，每个教师负责自己最擅长的部分，然后大家互通有无，一起来做"大拼盘"，这样可以避免重复劳动，凝聚集体智慧。

第四，寻求外援。可以求助专家、专业人员或参考其他资料。比如，当定义像批判思维、文学鉴赏等专业性较强的复杂成果时，浏览文献常常令人触类旁通。

二、教学目标与预期学习成果是什么关系?

如前所述，教学目标是指教师期望学生达到的程度，预期学习成果则是指学生通过教学能够掌握的知识、态度和情感。前者重点陈述教师希望，更关注教师能否完成授课任务；后者从学生立场出发，更关注学生达到了什么程度或发生了哪些有意义的变化。教师将关注重点从"教学目标"转向"预期学习成果"，具有非常重要的意义。

(一)切实关注学生学习

预期学习成果指向学生的"出口表现"以及变化增值，相应地，教师也会有所调整。教师要了解学生的"入口状态"，对学生学习之初的学习基础、困难障碍、兴趣动机等就会更为敏感和重视；教师还需要及时把握学生在"入口"和"出口"之间的状态，如迷惑和顿悟、停滞和顺畅、挫败和愉悦等；对学生可能遇到的干扰、束缚或阻滞也会有更多的预期和准备。

(二)切实关注对学生有价值的知识内容

课堂时间总是有限，我们在教学时总是没有足够的时间涵盖所有知识内容，需要做出取舍。看重教学目标的教师会更关注"知识覆盖面"，热衷于学生尽可能多地占有教材里的知识，哪个地方没有"覆盖到"，教师就会心存不安；而看重"预期学习成果"的教师则会从学生学习的完整性出发选择教学内容，学生的起点和有效获得、最应获得的核心知能和关键品质、可持续发展等才是教师关注的重点。

(三)确保师生行动的一致性

首先，教师通过澄清预期学习成果，向学生传达"目的"(教师为某个目的而教，学生为同样的目的而学)和"价值"(学生值得学的内容)，引起学生的关注和重视，使教师和学生对学习内容达成共识。其次，预期学习成果可以为教师和学生提供清晰的任务标准，使得师生双方的目标更为一致。学生学习更具一贯性，学习体验、推测争论、问题解决、知能提升、应用创新等学习过程和活动均指向预期学习成果，避免目标偏离和时间浪费。教师的教学和调整则是为帮助学生达到预定目标，教学环境、内容方法和活动安排等均要为"学生达标"服务。最后，预期学习成果描述预期的行为表现，成为教师和学生的行动指南，为教师构建学生学习评价提供依据。预期成果表述越清晰，"教—学—评"的一致性也就越强。

三、编制教学目标需要考虑"学生利益"吗?

几乎所有的教师都会回答"需要"，但能够做到的教师却屈指可数。在实践中，很多教师会有诸如"只要我完成了教学计划，教学就成功了""只要我讲完了，学生就会了""该讲的都讲了，所以我尽力了"等想法。他们会认为，只要完成了"自己该干的事"，如讲课、作业、辅导、测试，就不该为"学生没有学好"承担责任。他们常会责备学生表现很差，例如，"我都讲了 N 遍了，你们怎么还不会?""怎么又错了，我都无语了"等。上述想法或者做法，或多或少说明教师并没有摆脱"自我中心主义"的惯性。

所以，恰如前文所言，"教学目标"和"预期学习成果"不仅是表述的不同，而是体现了不同的出发点。"预期学习成果"更能体现"学生利益"，意味着教师要更加关注"学生有效获得"和"学习的完整性"，更符合"学生的逻辑"，围绕学生学习的逻辑顺序组织核心内容；而不是从教师的逻辑出发，只关注"知识覆盖面"和"教学的完整性"。教师需要考虑的是在教学结束后，学生应取得哪些进步、做到哪些原来不能做到的事情，而不是希望自己能"教完什么"。因此，教师在制定教学目标时需要考虑如下问题：

(1)我是在体现学生的学习成果吗?

(2)这是学生学习的有效构架，还是教师教学的有效构架?

(3)学生知道自己学成后应该做到什么吗?

(4)什么最能证明学生从"不知"到"知"、从"不熟"到"熟"、从"不爱"到"爱"的转变?

(5)我的目标要求会给学生什么影响?能使学生学习效果最大化吗?

…………

既然我们要求学生成为"有责任心的学习者"，对自己的学习结果负责，教师就更应该成为"有责任心的教育者",对自己的教学设计、实施和结果负责。

四、教学目标必须要完全照搬执行吗？

但凡理性一些的教师都会回答"不是"，但大多数教师的实际表现却不尽如人意，要么僵硬地"非得完成目标"（哪怕是图心理安慰"过完所有的内容"），要么置目标于不顾，走到哪儿算哪儿。教师要平衡目标遵循和目标调整，既不能按图索骥、无视学生实际，也不能过于随性松散，甚至完全偏离目标。

首先，再精致设计的教学目标也可能是有瑕疵和局限的。教学目标关注了一些内容，同时就放弃或省略了另外一些内容，学生可能因此受到影响和限制，看不到其他可能性和机会。因此，教师在"保底"的同时切不可"封顶"，要给"计划外"和"预料外"事件和成果留有空间，不可限制学生的"向外伸展"。

其次，"预料外"情况应在教师预料之中。学生不会完全按要求学习，教学推进应由学生实际进展决定，而不是由教学目标来规定，学生只有在学会（掌握）本阶段学习任务后，才可以进入下一阶段的学习。此外，总会有一些预料之外的积极的或是消极的结果出现，尤其更难控制的情感类成果，学生可能变得更独立或更依赖，更具创造力或更加因循守旧，更具批判的眼光或更无决断力，更积极或更消极，更感兴趣或更无兴趣。教师必须要有足够的灵活性，处理和接纳计划外的事件和意料外的学习成果。

五、评价与学习任务之间是什么关系？

在教学实践中，我们很难把评价和学习截然分开，学习过程、设计过程、评价过程……交织在一起，难分彼此。如果将课堂想象成运动场，我们会发现，评价不仅要做"裁判"，还要做"运动员"，参与到比赛之中。评估工具可以同时成为学习任务的一种"输入"，甚至可以根据每个学习者的学习需求，为每个学生提供一种独特的任务序列；教师收集评价数据的同时，也可以使学生更加聚焦目标要求；评价反馈在使学生意识到得分和优劣的同时，也可以成为再次巩固学习成果、弄清知识疑点的过程。也就是说，评价本身也可以成为教学，成为学习任务的一部分。教师厘清目标、阐释标准、收集数据、提供反馈的评价过程，同时又是向学习者进行学习任务的输入、唤醒、催化和强化的过程；学习者理解、比对标准和自我评估的过程，同时又是学习者通过标准学习、内化、巩固和创生的过程。如此，重要的学习任务会被多次循环强化，更容易接近预期成果。

本章结语

合理融入评价的教学系统更像是一个"自支持系统"。在这个系统中，教学设计就是被用来调整和改变的。教师不仅要设计如何"教"、如何"评"，还要为师生的"自调整"和"相互作用"留有余地和空间。这可能会使教师没有确定感和安全感，但好处也是显而易见的。

第一，澄清认识。良好的评价设计实质上是一种"认识上的澄清"，将评价方法与期望的学习成果建立联系，带来教师对教学目标、学习成果、教学内容和教学方法，以及测评方式的再思考、再认识，更为重视学生的有效学习。

第二，聚焦问题。评价设计将需要解决的问题转化为评价指标，达成评价导向和问题导向的一致性，使学与教直指问题解决。评价成为落实教学目标、指导和改善学习的基础。

第三，影响学习。评价的广度影响学习的广度，使学生关注所有相关内容；评价有深度，学生也会追求更有深度的学习结果，包括深刻理解概念、提出假设并对假设进行重组、判断因果关系、解决有意义的问题、学会得出结论等；评价对特别强调的目标给予更高的权重，学生就会在这些"最重要的目标"上多下功夫。简言之，精心的评价总会直接或间接地影响和改善学生的学习。

第四，改进实践。再了不起的教师，在瞬间所能发挥的作用、所能应对的学生都是有限的，事先考虑越充分，越可以弥补这种不足。通过设计评价，教师可以对本节课的目标、标准和内容有更为清醒的把握，对学生可能出现的问题和结果有更多的考虑，对课堂的复杂性、混沌性和不可预测性也更为包容，更为稳健、从容地实践教学。

第五，改善师生关系。能够带来良好师生关系的评价文化，源自良好的评价设计和每一次良好的评价实践。如果评价设计质量很高，学与教的趋同性会越来越强，教师会向学生靠拢，学生也会向教师靠拢，双方都会更加积极地猜想"对方的意图"，也会为实现"对方的意图"而努力。双方越来越"合拍"，师生关系会有实质性的改善。

如此，每一次教学与评价设计都会成为一次研究学生的机会、一次审视学生假设的机会、一次拷问教学实践的机会、一次感受教学责任的机会和一次自我提升的机会，教师最终的成长、成熟和成功，也便水到渠成。

第三章　教学前的评价

为使学生从教学中获得预期收益，教师需要遵从三个相互支持的基本步骤，也就是教学计划、教学实施和教学评价。这三个基本步骤看似老生常谈，但并不像许多教师想象的那样——先计划，然后实施，然后再评价——简单地依序推进，而是有效关联、互为因果，甚至会有反复、倒退和重构。在一定的"背景限制"下，教学计划与教学实施之间相互影响和制约，依赖于学生的"各种不同特征"而展开[①]；教学评价被用来评判教学设计和实施的效果，更承担着找到学生的"背景限制"和"不同特征"的关键任务，为有效的教学设计与实施提供有用信息，三者之间的关系如图 3-1 所示。

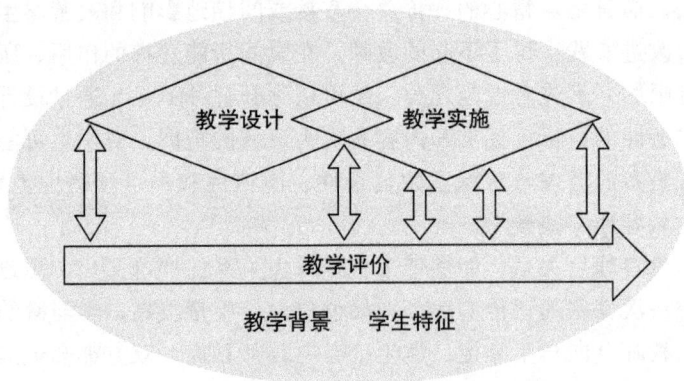

图 3-1　教学设计、教学实施与教学评价关系

从图 3-1 中可以看出，教学评价不仅发生在教学实施之后，在教学设计之前和教学实施之前，教师也需要通过评价了解学生的基本特征，我们称其为教学前的评价，简称预评估。具体而言，预评估是指在教学设计或教学开始之前，教师采取某种方式评估学生学习水平，判断学生是否具备学习本课所需要的条件(既包括知识方面的，也包括其他方面的)，以及具备到何种程度，帮助教师更为准确地判断"教学起点"，做出更为有效的教学设计和教学决策。

---

① ［美］Peter W. Airasian：《课堂评估：理论与实践》(第四版)，徐士强等译，31 页，上海，华东师范大学出版社，2008。

第一节　了解预评估

预评估可以帮助教师基于学生实际做出更为客观的学情分析，做出更为理性的决策和诊断；也可以帮助学生做出客观的自我评判，给学生带来适当的压力和挑战，还可以改善学生的思维方式和应对未知事物的态度。因此，预评估如何设计、实施以及如何反馈，是个精细活，需要认真考虑。

预评估一般可以分为两种情况。一种发生在教学设计之前，教师对学生进行包括知识与技能、过程与方法、情感态度与价值观方面的"摸底"调查，利于教师基于学情进行更为精准的教学设计；另一种发生在教学设计完成之后、正式教学开始之前，教师再次了解学情，一方面启动学生的"预备状态"，同时回看教学设计，做必要的调整和准备。两种预评估在目的、时间和结果使用上有所不同，但都需要了解学生的学习基础、准备状况和态度需求，以确定起点、诊断困难、分析心智、评判情感，使教与学相匹配（见表3-1），本章第三节和第四节将分别对两类预评估加以说明。

表 3-1　两种预评估比较

项目	教学设计预评估	教学实施预评估	备注
目的	更精准的教学设计	更有效的教学实施	后者更具体
内容	教学任务指向的内容	预期的学习成果	后者更精简
时间	教学设计前	教学设计后、正式上课前	后者要求迅速应对
工具	问答、问卷、访谈、测试、作业、观察……	小测、问答、观察……	后者更便捷
结果	修改教学设计	教学前的调整和准备	后者学生同时行动

一、预评估的应用领域

阿来萨将所有可用于评估的信息归结为三个领域：认知领域、情感领域、精神运动领域。[1]

（一）认知领域

绝大多数评估最常涉及的是认知领域，如记忆、解释、运用、问题解决、推理、分析、深思熟虑等一系列智力活动。

---

[1] ［美］Peter W. Airasian：《课堂评估：理论与实践》（第四版），徐士强等译，38 页，上海，华东师范大学出版社，2008。

（二）情感领域

情感领域包括感情、态度、兴趣、偏爱、价值观和情绪等情感行为。例如，教师对下列问题的回答可以成为学生情绪的稳定性、动机、可信度、自我控制、个性等情感特征等的例证：

(1)谁对科学感兴趣而对社会学习没兴趣？（兴趣或偏好）

(2)谁值得信赖、无需监督也能完成工作，而谁不能这样？（可信度）

(3)谁在教师不在的时候可以很好地自我控制，而谁不行？（自制力）

(4)谁重视教育而谁不重视教育？（态度）

(5)谁需要鼓励在课堂发言，而谁不需要？（个性）

(6)学生如何应对考试、压力、失败以及其他打击？（情绪稳定性）

…………

对此教师可以予以非正式的评估，并建立起每个学生的信息库，内有学生的兴趣、动机、价值观、学习伦理观、自我控制以及个性等特征的记录。

（三）精神运动领域

精神运动领域包括身体运动和操作性运动行为，如做运动、搭建实验室设备、建一个书橱、在校剧中承担一个角色、打字、握铅笔、弹奏乐器等。影响学生精神运动机能发挥的身体缺陷有很多，如视力缺陷、行走能力缺陷、手眼配合能力缺陷、语言缺陷等。此外，有些科目，如体操、艺术、音乐、科学实验等也特别依赖学生的精神运动行为。

二、预评估的方法

预评估主要包括纸笔评估、观察和问答等方法。

（一）纸笔评估

教师常用的纸笔评估有如下形式。

1. 书面测验

书面测验考查的内容一般以知识记忆与理解为主，但教师还是要力争通过测试来考查更加复杂、丰富的学习内容。例如，关于英语课 Charity（慈善机构）的前测，教师出题考查学生：①语言知识与技能知识，如相关词汇掌握情况；②背景知识，如相关经历体验；③态度或倾向，如对学科、话题喜欢/不喜欢；④观念、价值取向、信仰等，如对慈善事业是否认同。注意题目不要太多，利于学生作答和教师统计。

此外，测验形式可灵活多样，尽可能使测验成为一种学习。如教师在对学生进行单词考查时，除要求学生正确拼写外，可随机拿出其中一到两个词，请学生进行词性扩展（如从 amuse 到 amusement）、前后搭配练习（如 dream，前搭 have a dream，后搭 dream up）、造句（用一句话尽可能用到更多的单词）、造故事(以一个词开头写故事或者由一个词扩展出一个故事)等。

再有，测验题目来源也可以多样化，任课教师可参考他人题目或自己编题，也可组织学生编题、测试。

2. 评价问卷或量表

在问卷或量表中，根据新课内容教师可以提一些问题请学生作答，教师可以提开放性的问题，如"对……你了解多少"；也可以提理解记忆性问题，如"……与……的区别是什么"，看学生是否了解和掌握的程度。例如，语文教师在《三峡》第二课时前发放小问卷，请学生回忆第一课时内容，总结：

(1)文章哪些是正面(或侧面)写山？写出了山的哪些特征？

(2)作者是按什么顺序写的？为什么先写山，后写水？

(3)如果是你来写这篇文章，你会怎样谋篇布局？

学生对这些问题的回答可以帮助教师调整第二课时教学设计，更有针对性地引导学生深入阅读文章。当然，学生也会更有准备地学习新课。

再如，在进行《边城》阅读教学之前，教师请学生初读作品，完成问卷：

(1)你是否喜欢这部作品？是/否　因为 1. _____　　2. _____
3. _____

(2)你在初读过程中的主要印象是_____。1. _____　　2. _____
3. _____

(3)如果编排课本剧，你最想演绎的部分是_____。因为 1. _____
2. _____　　3. _____

(4)你最愿意出演其中的哪个角色？_____。因为 1. _____
2. _____　　3. _____

(5)你希望怎样继续阅读《边城》？

通过调查，教师发现大多数学生比较喜欢这部作品，但关注的章节和人物不尽一致，对文章的理解有深有浅。这个调查结果开拓了教师思路，教师放弃原有教学设计，根据学生需求开展了微写作、课本剧、课堂辩论等教学活动。学生尤其喜爱课本剧形式，自选角色，边读、边编、边演。这对于师生来说，都是令人兴奋的尝试。

3. 学生按要求完成的作品、作业(包括预习作业、学案)

教师不见得非要专门设计前测问卷或者试卷，学生的学案、预习作业、学习任务清单以及学生课堂行为、测试表现等，都可以帮助教师获得极好的预评估信息。

以学生的学案和预习作业为例，教师可以只是督促学生完成，并做例行检查、评改；或是据此对学生进行反馈，表扬、批评或鼓励学生；也可以再进一步，重视其中所反映的学生实情，并将其作为教师备课、讲课的重要依据。并且，这些来自学生的"证据"表达方式可以丰富一些，书写、图画、录音等均可。

(二)教师观察

相对于纸笔测验，教师更常用的预评估方法其实是观察，并且以非正式观察居多。可观察的对象主要包括以下几方面。

(1)学生的语言，来自口头报告、班级讨论、对问题的回答、与他人的交流互动等，主要关注学生口头反应、流利程度、礼貌性、对语言的选择等，学生语言的选择和使用尤其能够体现学生的思维品质和能力水平。

(2)学生的行为，涉及任务参与和完成、听讲与回应、表现与成绩、专注力与耐力、师生交往、说话方式(声音大小、语调高低等)以及眼神表情等。姿势说明态度，学生的非语言行为(或称身体语言)往往比语言行为更能透露学生的真实想法，相较于懒散就座的学生，端坐听讲的学生学习态度更为郑重。

(3)学生的文字，例如学生的家庭作业、试卷、笔记以及学习档案等。字如其人，学生的笔迹反映出学生的习惯、态度和情绪，一贯字迹工整、卷面干净漂亮的学生如果突然字迹凌乱，一定是哪里"不对劲"；反之，学生字迹、作业有趋向整洁、美观的变化，也说明学生态度上的转变，这些契机稍纵即逝，教师敏锐的观察就显得尤为关键。

需要指出的是，即便是没有任何预评估意识的教师，在备课时也会自然联想到学生可能的表现和应对，这种联想主要是基于教师经验和对学生的非正式观察。但是，从预评估的信度、效度考虑，教师更需要以正式观察取代非正式观察，从对个别学生的随机观察，到有计划、有组织地对更多学生的观察；从主观解释，到尽可能根据证据客观评判；从非正式的、口头的或描述性的语言阐述，到正式的、书面的数字记录和结果描述。

(三)师生问答

所有的教学和评价似乎都与问答相关，精心设计的问题可以帮助教师更好地了解学生的学习水平，从学生的回答中提取指导教学的信息，也为学生提供确证、巩固和运用知识的机会。教师要用心设计与教学相关、学生水平相当的问题，利用问题诊断学生的"学前水平"。

例如，"在新课结束时，你最想得到的2～3条信息是什么?"就是很好的预测问题。学生可以根据新课主题提出自己的猜测。这个猜测一开始可能很不"靠谱"，但只要教师应对得当，学生的预测与新课内容的吻合度会越来越高，学生的学习能力也会逐渐提升。

再如，生物陈老师在进行《细胞的生活需要物质和能量》新课教学前请学生思考并回答下列问题。

(1)细胞的生活需要哪些物质?

(2)这些物质是如何进入细胞的?

(3)细胞的生活是否需要能量?如果需要,能量从何而来?

学生对这些问题的回答使得他们的所长和所短(如知识漏洞、错误信息和对知识的误用等)变得明显,教师则可以采取有针对性的措施扬长补短,尤其是可以在这些错误被永久性地固化下来之前,教师可以采取措施补充遗漏信息或修正错误,并在新课结束时再次使用这三个问题,以比对学生学习的"增量"。

关于预评估方法,需要注意的是,每个班和每一个教师都是独一无二的,在一个地方有效的办法在另一个地方却未必管用。此外,同一个策略可以在不同的点有不同的应用。一些预先评估的策略也可以用于教学之中和之后。

三、预评估结果的应用

教师应根据预评估数据做出合理的应对,调整教学以改进学习成果,主要包括三个步骤的行动。

(一)第一步 聚焦数据本身的分析和解读

教师需要思考以下问题。

(1)我获得了哪些信息?

(2)这些信息是否为我提供了关于学生的有用线索?

(3)我的学生目前有怎样的态度、哪种水平的知识和能力?

假若学生完成一次写作需要以一定的词汇、语法、目标语言和篇章结构为基础,教师要通过预评估,确定学生是否具备相应条件。教师可以用表格形式得到学生知识或者技能水平的概览(见表3-2)。这些信息可以帮助教师确定教学从哪里、从什么程度开始。

表 3-2 英语书面表达预评估数据登记表

百分比	没有掌握 (A)	部分掌握 (B)	基本掌握 (C)	完全掌握 (D)	熟练应用 (E)
词汇	4%	7%	10%	20%	53%
语法	8%	4%	21%	10%	47%
目标语言	19%	21%	19%	15%	26%
篇章结构	13%	8%	48%	12%	19%

再如,历史李老师经过课前问卷调查,了解学情如下(见表3-3)。

表 3-3 "新航路"预评估数据登记表

学前调查	不了解	能够说出	能够理解	能够分析
新航路开辟的原因和条件	75%	25%	0	0
新航路开辟的过程	55%	35%	8%	2%
新航路开辟的历史影响	80%	18%	2%	0
表达对开辟新航路的看法	90%	10%	0	0

教师结合上表中的预评估数据，认为需要首先解决学生知识储备问题，决定如下教学步骤：①学生记忆理解必要的知识内容；②引导学生利用表格、思维图等梳理知识，形成知识网络；③运用史料创设问题情境，加深学生的理解；④小组合作探究，分析史料。力求引导学生由浅入深掌握知识，最终使学生在时空观念、史料实证方面达到学业质量标准的相应水平。

(二)第二步 聚焦学生直接需求

教师需要考虑以下问题。

(1)这些数据与学生有什么关系？

(2)(在不同位置的)学生需要知道什么？做什么？

(3)哪个位置的学生需要更多的帮助？

仍以表 3-2 所示数据为例。依据教师判断，学生达到 C 及以上水平即可以开始进入书面表达教学，从整体上看，上表显示有 11%、12%、40% 和 21% 的学生分别在词汇、语法、目标语言和篇章结构上需要更多的帮助，其中学生在目标语言上的困难最多。相对而言，学生在词汇、语法上的困难最小。教师还可以分析学生个体情况，如学生 A 预评估四项等级分别是 B、B、A、A，说明该生需要额外帮助；B 学生四项等级分别为 B、A、C、C，说明该生需要首先解决语法缺陷；C 学生四项等级分别为 D、D、E、C，则说明该生已经具备书面写作的基本条件。

需要注意的是，学生需要达到何种等级才算"达标"，或者有多少学生达到相应级别才可以启动下一个教学行动，不仅取决于教师，更与学科和具体情境相关。不论学生预评估数据如何，教师都可以开始新的教学行动，只不过启动方式要随学生起点差异而有所不同而已。例如，在讲授阅读课 My favorite comedy 时，教师可以从如下角度引入(lead-in)。

(1)Vocabulary related to the reading(相关词汇)。

(2)Background knowledge(背景知识)。

(3)Current news or events(当下新闻或事件)。

(4)Pictures or videos(图片或视频)。

(5)Conversation or discussion（对话或讨论）。

(6)Interesting games（有趣的游戏）。

············

上述方法没有对错之说，对甲教师（甲班学生）"对"的，对乙教师（乙班学生）可能就是"不对"的。通过前测，如果教师了解到 A 班学生词汇掌握较好，对主人公的生平也有一定的了解，就可以直接由 current news or events（相关新闻和事件）引入；B 班学生词汇基础较弱，对主人公了解不多，学科兴趣也相对薄弱，面对较长的文章可能会有畏惧心理，教师就可以选择由 interesting games（有趣的游戏）引入，先请学生猜测讨论熟悉的实物（也是课文中学生需要掌握的单词）、各种人物表情，再逐渐进入课文学习。

此外，有些学科或者课型却要求学生具备较高水平的知识和技能才可以进行，比如我们一直强调的实验室安全操作流程，就要求学生完全掌握才可以进行，否则会造成难以弥补的严重后果。因此，在化学实验课前，如果一个预评估显示仍有部分学生不具备实验室安全操作知识、不能准确掌握操作流程，实验课就不能开始，此时只有当所有学生达标时，教学才可以进行。

（三）第三步 聚焦于教学决策和行动

教师需要思考如下问题。

(1)我该如何使用这些数据？

(2)哪些数据更值得我关注？

(3)我该如何进行教学？照旧、延期、选择……还是调整？

确定"关键数据"后，教师可以进行如下处理。

(1)将测评情况反馈给学生，帮助学生自我定位评估；指导学生提前有针对性地学习；指导学生逐步学会使用前测数据，自主进行课前准备。

(2)再次备课，以调整或改变教学计划、时间安排和进度；重新确定目标、内容、重难点；选择或使用不同的教学资源、教学策略；采用更为灵活的教学组织形式，如同质分组以进行分层教学或者异质分组以进行合作学习；确定需要辅导的特殊学生，及其他必要的干预与支持手段；定制个性化标准，改变评价手段等。

仍以表 3-2 为例，教师决定更加关注 C 线周边的数据，安排以目标语言为主，语篇架构、语法、词汇为辅的全班复习，增加目标语言讲解和操练的内容，讲解语法过程中刻意关注 A 类学生和 B 类学生，并对 A 类学生（即基础较弱的学生）采取专门辅导（分成小组进行关于基础的"小课"教学）、同伴导师等办法干预支持。教师还可以设计过程中的评价引导学生学习、评估学生进步（与前测数据对比）。此外，继续保持灵活、开放和乐观的态度，接收更多的关于学习过程中的教学应对是否有效的信息，并进行"微调"。

第二节　预评估的作用和价值

对学生的预先评估是有效教学的首要的、非常关键的一步。詹姆斯·波帕姆认为，教学结束之后的课堂评价对于教学的影响是微乎其微的。教师的教学，或者至少是大部分教学，在测验时已经成为定局。既然评价可以影响教学，就应该在制订教学计划之前就进行评价，从而使教学更加有效地吻合测验结果。[①] 预评估的作用和价值主要体现在以下方面。

一、了解学生知识背景

教师可以通过预评估确定学生当前的知识和技能水平，确认学生与所需达成水平之间的差距，进一步明确教学重心。

(一)明确学生先前知能

预评估可以帮助教师快速确定学生的背景知识，了解学生是否具备新课所需的知识和技能，解决教学起点问题。根据收集到的信息，教师可以调整教学设计，删减或补充教学内容。如果数据显示学生对新课了解有限，教师就应该从学习和巩固基础知识开始，并在基础知识学习环节结束之后，再设计一个评价的环节，待学生知识掌握情况达到预期后，再安排高水平思维的知识应用、拓展等。如果评估显示大部分学生对新课很自信、很了解，基础知识掌握得也很好，教师就可以略过基础知识，把重点放在知识加深和应用上面。

例如，历史教师皮特森夫人在开始艺术史教学单元之前，运用前测了解学生相关知识背景[②]，她分发了下列测试题。

(1)列出三个著名画家及其作品风格，如抽象派、印象主义或流行艺术等。

(2)影响一个艺术家工作的三个因素是什么？

(3)描述水彩、丙烯画和油画的区别。

根据测试所得数据，皮特森夫人可以确定学生相关知识的掌握情况，决定如何调整教学的内容和深度，以及如何给班级和学生个人设定学习目标。

(二)了解学生知识掌握的程度

预评估不仅可以帮助教师了解学生知道什么，还可以告诉教师学生理解到

---

① ［美］詹姆斯·波帕姆：《教师课堂教学评价指南》(第5版)，王本陆、赵婧等译，259页，重庆，重庆大学出版社，2010。

② Laura Greenstein, *What Teachers Really Need to Know About Formative Assessment*, Alexandria, ASCD, 2010, pp.46-62.

什么程度，距离预期目标有多远。对于教师而言，这个信息同样重要，可以帮助教师确定教学的重点和难点，决定每个学生所需挑战的水平，以及每个学生的学习目标。如果学生的理解力和熟练程度已经很高，就表明可以跳过某些教学步骤或以更高级的目标代替。例如，某历史教师关于辛亥革命的前测试题如下。

(1)我了解辛亥革命的背景、过程和影响。

A. 非常符合　B. 符合　　C. 不确定　　D. 不符合　　E. 很不符合

(2)下列哪个历史事件与辛亥革命关系最为密切？

A. 黄花岗武装起义　　B. 南昌起义　　　C. 中国共产党成立

(3)列举辛亥革命所带来的历史影响。(3～5条)

(4)如果你能决定历史走向，你是否希望辛亥革命的发生？为什么？

其中第三题要求学生列举辛亥革命所带来的历史影响。如果教师发现，大部分学生都能列出辛亥革命三条以上的影响，并且逻辑清晰、分类明确、表述清楚，说明学生对辛亥革命的基础知识理解概括较好，已经形成较好的知识结构，此时将教学重点放在知识运用和迁移上即可，否则，教师可能要带着学生梳理构建知识网络，然后再行加深、拓展。

再如，一位高二英语教师请学生完成阅读训练，教师原计划训练结束后进行全班讲解。但是，教师观察发现，学生阅读答案比较分散，说明学生在认识上有很大差异。教师就临时改变计划，先由学生分组讨论、教师巡视答疑，然后再集中讲解，教学效果较好。

(三)了解学生的学习优势和知识漏洞

预评估可以帮助教师更为详细地了解学生的长处和短处，准确诊断学生需求，做出"详略得当"的教学决策，聚焦解决学生尚未掌握的教学重点问题，避免造成浪费。仍以如前辛亥革命的前测试题为例，教师通过学生答题情况的总体分析，发现该班学生长于对历史事件影响的分析，但在史实记忆方面不够精准，有一定的缺陷，教师就可以在"史实识记"方面分配更多的时间，而在"历史影响"方面少花一些时间和精力。

预评估还可以帮助判断学生学业发展是否均衡，是否具备了相应的实力。例如，高中语文课程标准规定核心素养包括"语言建构与表达""思维发展与提升""审美鉴赏与创造""文化传承与理解"等方面，每个方面的素养都包含五个层级，且每一层级都是下一层级发展的基础。理想的情况是学生各方面素养均处于同一层级，但实际上这种"正正好"的情况并不多见。下表3-4中某学生语文学科核心素养层级水平并没有处于同一层级。当然，比这更不均衡的现象也很常见，如某学生文化传承理解水平极高，但"语言建构与表达"水平非常低，也就是我们常说的"眼高手低"现象。

表 3-4　某学生语文学科核心素养层级水平

学科素养	标准描述	水平层级
语言建构与表达	能借助已有的语言知识和语感，结合具体语境分辨词语语义和情感上的细微差别	水平 3
思维发展与提升	在理解语言时，能提取和概括主要信息，能区分事实和观点，分析各部分内容之间的关系，发现观点和材料之间的联系	水平 2
审美鉴赏与创造	喜欢欣赏文学作品，能整体感受作品的语言、形象和情感，展开合理的联想和想象	水平 3
文化传承与理解	有通过语言学习深入理解、探究文化问题的浓厚兴趣和意愿，能在阅读和表达交流中探析有关文化现象	水平 4

换言之，学生的"年级"与学生的"素质水平"并不是一一对应的关系，也不会都是均衡发展。如果教师想当然地认为学生已经具备了相应的水平，就会遭遇很强的挫败感。通过预评估，教师可以了解学生中哪方面更有优势，哪方面需要尽快提升，形成恰当的心理预期，并能对症下药。

(四)识别学习资源，确定信息来源

现在的学生拥有非常丰富的学习资源，可以说这是一把双刃剑，在享有诸多便利的同时，学生也更容易被干扰、被误导。了解到学生从哪里得到学习资源，可以帮助教师找到并纠正错误信息，确保教学效果。例如，一位初中生物教师在"营养膳食"课前请学生调查周边人群早餐情况。教师发现，一组学生判断食品是否适于早餐的依据来自某家谷物公司网站，其他小组也有类似情况，换言之，学生不够理性，不能批判性地分析网络信息的可靠性。教师便在教学中增加了一个环节，引导学生如何在网络中搜索可信、有效的食品信息。教师的应对不仅可以纠正学生的错误认知，还可以提升学生的信息素养，可谓一举多得。

二、明确学生的思维、态度和情感

学生的思维、态度和情感等因素影响着他们的学习，教师应该对此有一定的了解，通过更为正式的情感评价，给予学生更多的情感关注。例如，在开始高中英语 Hero(英雄)新课之前，教师请学生填写问卷，以了解学生的英雄观。

• Mark each statement as true or false(判断正误)：

(1)I feel confident in my ability to read about the stories of Heroes or

Heroines of different culture. T F （我自信有能力阅读不同文化背景下的英雄故事。对/错）

（2）Once I had a chance，I would like to be a hero in my life. T F （只要有机会，我也愿意成为生活中的英雄。对/错）

• Write about three heroes or heroines you like best.（写出你最喜爱的三个英雄。）

（1）_____ because of his/her _____。（____因为他/她的____）

（2）_____ because of his/her _____。（____因为他/她的____）

（3）_____ because of his/her _____。（____因为他/她的____）

通过前测，教师发现，大多数学生心目中的英雄是一些体育明星、歌星和影星，对爱国英雄、科技精英等基本没有涉足，针对学生这种态度倾向，教师在设计教学时，首先从学生喜爱的英雄入手，再以学生能够接受的方式引入更多英雄人物的故事，进而带学生讨论英雄的含义和价值，有效地引领和纠正了学生的态度和观念。

当然，要想通过预评估得到这些不太好量化的、更为模糊的"软信息"，教师需要更为慎重地思考与设计。例如，在进一步学习立体几何前，教师设计了如下预评估量表①。

1. 我能够弄清楚立体几何的基本概念。　　　　A□ B□ C□ D□ E□

2. 我喜欢立体几何。　　　　　　　　　　　　A□ B□ C□ D□ E□

3. 我会认真听讲，努力抓取信息，听不懂也不放弃。

　　　　　　　　　　　　　　　　　　　　　A□ B□ C□ D□ E□

4. 当我有空余时间时我可能会做点立体几何的练习题。

　　　　　　　　　　　　　　　　　　　　　A□ B□ C□ D□ E□

5. 我愿意与同学探讨几何习题。　　　　　　　A□ B□ C□ D□ E□

6. 我会在必要时寻求老师的帮助和指导。　　　A□ B□ C□ D□ E□

7. 我会在周边环境中寻找几何图形，想象其构造和关系。

　　　　　　　　　　　　　　　　　　　　　A□ B□ C□ D□ E□

8. 我会尝试老师介绍的所有方式，并想出新办法解题。

　　　　　　　　　　　　　　　　　　　　　A□ B□ C□ D□ E□

9. 我能够坚持完成老师布置的全部任务。　　　A□ B□ C□ D□ E□

10. 立体几何有些难，但我有信心克服困难。　A□ B□ C□ D□ E□

---

① 该量表在前测和后测中均可以应用，并且，前测数据与后测数据对比，还可以看出学生在习惯、行为和情感态度方面的变化。——笔者注

（A. 非常符合　B. 符合　C. 一般　D. 不符合　E. 完全不符合）

该量表可以帮助教师完成如下任务。

（一）诊断和矫正学生的思维模式

卡罗尔·德维克（Carol Dweck）认为，人的思维模式处于僵固式思维模式和成长式思维模式之间。思维模式僵硬固化的人在遭遇困难时可能会轻易放弃，而成长式思维模式的人即使遇到挫折，也会愈挫愈勇，继续努力。[1] 学习水平相同的学生，会因为思维模式的不同，在应对同样的任务时有截然不同的表现。量表中的题目3"我会认真听讲，努力抓取信息，听不懂也不放弃"、题目9"我能够坚持完成老师布置的全部任务"、题目10"立体几何有些难，但我有信心克服困难"均对学生的思维模式做出判断，利于教师采取有针对性的策略。教师尤其要注意，不能只看结果、打击学生斗志，避免强化学生的僵固式思维模式；要注重过程、认可学生的努力和增值，激发学生斗志，培养学生的成长式思维模式。

（二）识别和引导学生的兴趣和态度倾向

学生的兴趣、态度及其个性特征等的重要性不言而喻，也在很大程度上决定了为什么某一种教学模式比另一种更合适。教师有必要拿出更多的时间和精力致力于学生情绪状态的识别与引导。题目2"我喜欢立体几何"、题目4"当我有空余时间时我可能会做点立体几何的练习题"关注学生的学习兴趣和态度倾向；题目5"我愿意与同学探讨几何习题"、题目6"我会在必要时寻求老师的帮助和指导"显示学生的学习方式和人际交往模式；题目7"我会在周边环境中寻找几何图形，想象其构造和关系"、题目8"我会尝试老师介绍的所有方式，并想出新办法解题"体现学生的学习能力、毅力和创新精神。

了解学生情绪态度也利于师生交流。课堂上学生的积极有效应答无疑是教师的福音，但即便是有经验的老教师也并不能总是如愿。如果同样的学生在A教师面前"沉闷""不吭气"，在B教师的课堂上却表现活跃、有问必答，甚至主动发问，我们可以说责任主要在A教师。但如果一贯顺风顺水的B教师课堂上也出现了学生"沉闷""不吭气"的尴尬，我们是否就该把责任归咎于学生呢？其实不尽然，可能恰好在本次课、本主题上面，B教师没有摸准学生的"脉"，没有照顾到学生的情绪状态，B教师也是有责任的。

（三）明确和提升学生的自我效能感

自我效能感较高的学生会认为，自己有能力克服困难、走向成功。他们会

---

① ［美］道格拉斯·费舍、南希·弗雷：《带着目的教与学》，刘白玉、包芳、潘海会译，北京，中国青年出版社，2014。

认为，困难、挫折并不是他们的无能所致，而是正常现象，他们坚信只要付出就会收获，只要坚持就能成功。相对的，自我效能感低的学生会习惯性地觉得，只有他们才会有学习困难，学习好的同学会比他们顺利，他们从来不认为自己有本事克服困难，他们相信"付出也不会有结果"，因而不愿付出。题目9"我能够坚持完成老师布置的全部任务"、题目10"立体几何有些难，但我有信心克服困难"帮助教师看清学生的自我效能感如何，也提醒教师，学生的斗志是第一位的，如果没有斗志，即便前面是一片坦途，他们也会懒洋洋地不肯走，别人帮忙他还会嫌烦。还是那句话，要摸准学生的"脉"，对症下药。

三、利于教师为教学做好准备

教师可以参考学生评价结果，做出恰当的教学决策，包括以下几方面内容。

(一)教什么?

更为精准地确定教学目标和内容，对学生要获得的知识和技能有更为精确的定位。很多教师主要根据自己的观察和感觉决定"应当教什么"，难免会出现判断失误。当然这不是说教师的经验和直觉就一无用处，也不是说预评估就万无一失，将经验智慧和预评估相结合，教师会做出更为精准的决策，为学生提供更好的帮助。

(二)如何教?

更清楚地知道需要达成的教学结果，教师就能更准确地设计教学活动，知道：①如何组织、教授、激发、管理、调节、奖励学生；②如何确定教学的深度、方式、教学活动和活动次序；③是否保持、抛弃或者修正原有的教学安排；④如何帮助教师建立规则、确保日常事务正常运动、形成共同的理解；⑤如何建设适合学生合作与发展的多元的、学术化的课堂环境等。

例如，两位八年级数学教师在教授同一内容时，采用相同学案进行预评估，却根据评估结果做出了不同的教学决策。A班教师发现，大多数学生基础性错误较多，如不及时纠正会影响学习任务的解决，教师就先对学生进行集中讲解，待学生理解后再进一步教学。B班教师发现，学生基础题正确率极高，仅有个别学生有基础性错误，教师就将发现的问题直接转化成任务，学生完成任务时，同时完善自己的知识结构，找出知识漏洞，弥补自己的不足。这两种方法并无好坏之说，关键是"对路"，也就是适合学生，正是预评估帮助教师做出了恰当选择。

(三)教多久?

更精准地决定用多少时间完成相关教学内容。例如，一个预计要用三课时的教学单元可能实际上只需要两课时，原因是教师通过预评估发现，大部分学生已经掌握了相关的知识内容，教师只需帮助学生对所学知识加以巩固和应用练习即可。预评估还可以帮助教师根据学生目前的学习进度，继续或停止某个教学内容。除针对学生群体外，通过预评估，教师还可以发现少数个别学生会高于(或低于)教师的教学决策。例如，教师发现个别学生已经掌握了教学目标所指向的知识技能，学习水平明显高于其他学生，教师就可以给这个学生"吃小灶"，而不必要求他与其他同学同步；对于明显跟不上进度的学生，教师可以"提前教学"，给这些学生额外的帮助。

(四)如何检测教学效果？

大多数教师想知道他们的教学设计是否确实"管用"，评价提供了更清晰的视角，使教师在制订教学计划前对教学目标有更明确的认识，对如何检测提前思考和设计，寻找合适的评价技术和评价方法。反过来，有针对性的评价设计，也会使教师的教学更富技巧。

四、利于学生为学习做好准备

学生也会从预评估中受益。预评估会使学生制订学习计划、确定努力方向和策略，更好地为学习做准备。

(一)激活脑中已有知识，建立新旧知识间的联结

有效的预评估会唤醒学生学习记忆，促使学生主动地重拾、再认之前的学习信息，并按预评估的要求激活、提取之前的知识。这些策略会吸引学生注意力，加深学生对已有知识的理解，促进学生先期投入，使学生的大脑为学习做好准备。

(二)了解学习任务和要求，意识到自身欠缺与努力的方向，并有所行动

预评估能够为学生提供目标。学生在完成预评估时，已经在准备学习，甚至已经开始学习。也就是说，教师没有必要将预评估做得那么"目标纯粹单一"，预评估可以同时起到提示、引领、激励、督促学生的作用。最理想的状态，是学生能够自觉对标预评估，主动开始行动。例如，在新课开始之前，数学张老师习惯于请学生完成一张"入门条"，上面一般会有几道与新课内容相关的练习题，学生可以与同学讨论或查资料，完成"入门条"任务。教师通过学生完成的"入门条"了解学情，学生也可以了解要学的内容以及自己的问题。事实上，学生从完成"入门条"开始，已经进入了新课学习，他们一边兴致勃勃地讨论、查资料，一边期待新课的开始。

(三)激发学生主动学习欲求，令学生对新课学习产生期待

在学生阅读之前，请学生根据题目和部分提示语回答如下问题。

What can be in the text? (课文里可能有什么内容?)

What do you want to know from the text? What questions do you want to ask?（你想从课文中了解什么？你想问什么问题？）

或者直接给出问题清单，请学生先猜测答案，然后再开始阅读。

其中，学生先提问、再阅读的课堂效果总是很好。教师通过学生的预测问题了解学情，学生也因此成为阅读的主人。课堂阅读成为学生"为自己"寻求答案、验证假设的过程，他们提出问题之后，会努力在文章里寻找答案，为证明自己提问的价值，他们不会放过任何"蛛丝马迹"，那认真的劲头真是令人感叹！长期坚持的话，学生的阅读热情、他们的"导向性洞察力"都会得到有效提升。

第三节　支持教学设计的预评估

教师在设定学习任务时，会考虑到很多因素，如教学大纲要求、教材内容、教学进展情况、教学重点难点等，却很少考虑到学生的实际情况。当然这也很好理解，教师只有到了"现场"才能真正了解学生情况，所以大部分教师，尤其是有经验的教师，基本上奉行的是"到时候再说"的想法。课前他们会按自己的想法备课；教学开始后，再根据实际情况进行调整（或者仍按"原计划"进行，不论"听众"反应如何），尽管这种调整在一定程度上考虑到了学生的学习需求，但仍有一定的随意性，也未见得合适。年轻教师由于经验缺乏，在这方面的教学缺憾会更多一些，预评估则会为他们提供一定的帮助。

例如，年轻的孟老师在讲评高三英语阅读试题时，原来的做法是：

（1）常规备课，确定教学任务。对综合练习中四篇阅读理解练习题，一般会将教学重点放在难度最大的 C 篇和 D 篇；对于难度较低的 A 篇和 B 篇，只会分配较少的时间。

（2）严格执行计划。在实际教学中，不论学生实际情况如何，都会重点讲解 C 篇和 D 篇，并要求学生认真记笔记，对于 A 篇和 B 篇，则很少关注。

但几次课以后，孟老师感觉很是沮丧，自己重点关注的内容，学生并不感兴趣、一脸茫然，许多学生甚至听一会儿就趴下睡觉。为了解原因，孟老师在"备课"与"上课"之间，又增加一个环节——"学生作业浏览"。

在课堂教学开始之后，孟老师迅速浏览学生作业完成情况，即学生四篇阅读的正确率（由于孟老师只有 15 分钟时间浏览学生的作业，其所得到的数据可能不够准确，但却不至于影响其整体判断）。尽管时间有限，孟老师还是得到了一些令自己意外的发现，例如，学生正确率最高的不是看起来最容易的 A 篇，而是 B 篇；学生 C 篇完成的情况的确不理想，但原因却不是学生读不懂，而是学生无心去读，而另外一些学生独辟蹊径，先看阅读问题，再回头从文章里找答案，尽管文章仍没有读懂，答案却都选对了；最后一篇阅读学生的正确率不高，不是因为不会，而是因为时间不够用了，等等。

根据这些发现，孟老师迅速调整了教学的"步速"，其中：

(1)对正确率较高的 A 篇和 B 篇阅读，孟老师要求学生重点讨论错误率较高的两道题，并在讲解时略过了 B 篇阅读，在 A 篇花费了更多的时间，引导学生关注文章的文体、重点词汇。

(2)在 C 篇阅读上用时最长，孟老师与学生对 C 篇阅读进行了认真的分析、讨论，针对本篇题目容易、文章有难度的特点，又启发学生如何从题目入手，采取问题驱动的方式，引导学生一点点克服文章中的难点，最终使学生感到"文章并不难，要敢于面对长难文章，要学会找突破点"等。

由于孟老师对学生答题的情况比较了解，又适时对进步较大的学生有恰到好处的表扬激励，同伴教师在听课观察时发现，尽管这个班的学生仍如往常一样"闷"，不爱发言，但注意力集中，学习投入，状态好于以往，学习效率也比较高。

从这个案例中我们可以得到一些启发。

一、弥补经验不足带来的问题

有效的预评估可以帮助教师弥补经验不足带来的问题，并且有可能取得比"经验"更好的效果。教师经验固然值得尊重，但完全依靠"直觉"也是欠妥当的。教师的直觉，再加上科学的诊断测评，二者相互补充、彼此验证，既可以确保教学效果，又对教师个人的提升有好处，值得尝试。

二、充分运用评价的用途

评价的功用具有多维性，要把一次具体的测评用足用透。以本次测评为例，孟老师给学生布置的阅读练习同时具有以下"用途"。

用途 1：一次阅读实践练习，学生做完练习即可。

用途 2：一次阅读水平测试，据此可以知道学生的"阅读等级"，学生也正是被类似的一次次测试分到了不同的"级别"之中。

用途 3：学生根据阅读测试发现自己在哪些方面有欠缺，据此确定自己下一步需要练习和完善的地方，如词汇、阅读方法、阅读速度等。

用途 4：教师根据阅读测试数据，发现自己在之前教学中的欠缺，如对学生的阅读速度要求不够、对学生猜测词义训练不够、没有给学生足够的方法指导等，决定在今后的教学中加以强化，或者是发现自己的教学期待和教学设计有误，需要调整，等等。

如果教师能够将以上四种评价的"用途"都体现在教学中（当然还有可能有

更多的办法），那就是用足、用透了本次阅读训练的结果，课堂效率就可以最大化，有效教学就是这样一点点实现的。

三、根据评价结果调整教学任务

这种调整可能是：时间长度上的，如觉得任务没有想象的那么难，就少花点时间；形式上的，如任务比想象的要难，采取灵活点的形式可以使学生兴趣大增，减少畏难情绪；组织形式上的，如原来认为学生独自就可以完成的任务，现在发现难度较大，需要学生结对或小组完成；层次和深度上的，如经过摸底教师发现学生对某知识点的基础部分已经掌握得很好，就可以提高任务的层次要求，让学生完成更高层次的任务；等等。一方面，教师脑子里要有"纲"，不要被学生牵着鼻子走，做没有意义的拔高或者"就低"；另一方面，教师要以学生为本，不要固守原有设计，要明白，原来的设计无论多么精妙，只要它不适合学生，就要舍弃。

四、快速提取信息，做出判断

教师要反应迅速，快速提取信息、做出判断。没有多少教师会天生具有这些能力，大部分教师都需要实践和锻炼。一方面，教师要敢于尝试，尤其是青年教师，不要担心自己会出错；另一方面，要及时总结，认真反思，找出自己的不妥之处，长此以往，教师的能力就会越来越强。

第四节　支持教学实施的预评估

教学设计完成后、在教学实施开始前进行的预评估又被称为前测。课堂前测可采用提问、竞赛、试卷、问卷、头脑风暴等多种形式，有经验的教师会将课堂前测与课堂引入（也就是我们通常所说的"热身"）结合在一起，在有效地调动学生学习兴趣、激发学生学习欲望的同时，又"不动声色"地收集到与学生现有学习基础有关的信息，快速地调整教学重点，采取更为适当有效的教学策略。而这一切，却似乎全发生在石光电火之间，这些教师的"转向"优雅从容，无论是学生，还是旁观者，都是感觉不出来的。

一、进行前测需要注意的事项

（一）切不可随意，要体现层级性，并与课堂内容高度相关

学生完成题目后，根据学生完成情况，教师能够比较容易地判断学生的起点位置；所以，每个测试题的指向越清晰越好，避免误导学生。例如，通过学生对问题"我认为家长不应该翻看孩子的日记。（正/误）"的答题情况，教师可以很快判断出班里学生对"隐私权"的知识掌握程度如何，并据此决定教学

起点。

然而，有些教师虽有"前测"的环节，但并没有切实理解"前测"的含义和作用。如在"分式运算"复习课中，陈老师安排的却是有关"代数式运算"的前测，测后再讲评，共用时十分钟，这十分钟的内容与本课重点（分式运算）毫无关联。如果教师将前测内容换成"分式运算"，且按难度低、中、高设计，根据学生完成情况，教师就可以知道学生处于哪个层级，本节课复习就会更有针对性。

（二）前测不关乎等级，只关乎学生真实起点

学生题目完成好坏并不重要，重要的是教师如何对待、利用学生前测信息。

首先，教师要持理性、友善的态度。有的教师一见学生答题情况不好，立即开始"起急"，开始埋怨甚至训斥学生，却忘记了前测的初衷。其实，前测的任何结果都是"可接受的"，因为这是学生真实学习状况的反映，此时追究"过错在谁"毫无意义，教师应将注意力放在"如何应对"上面。

再有，评了就要用。有的教师虽然进行前测，但不论前测结果如何，仍执行原教学设计，而不是根据前测调整教学，前测就没有发挥应有的作用。

例如，刘老师"椭圆方程"练习课的教学过程如下。

（1）学生完成"椭圆方程"练习（10分钟），教师巡视、指点、批改；

（2）教师点评练习完成情况，具体到每道题；

（3）教师逐题讲解，每道题花的时间差不多，基本上是教师讲、学生听，教师问、学生答的方式，学生兴趣不高，注意力也不够集中，直到下课。

听课教师认为，教师对前测结果没有充分利用，教师应结合学生完成练习的情况，在讲解题目时有所侧重，重点关注完成情况不理想的题目，而不应平均用力。在给第二个班上课时，刘老师根据听课教师建议，进行了如下调整。

（1）学生在十分钟内完成习题练习（原设计不变）；

在学生练习过程中，教师密切关注学生练习进展，记录学生每一题的正确率、速度及公式应用、准确率等细节问题，并根据学生完成情况标注每一题的难易程度（分难、中、易标注）。因时间有限，教师重点关注了好、中、弱三类学生中的"典型人物"，每类中重点关注两到三人，有一定的代表性。

（2）教师将练习题按标注的"难、中、易"分类处理，其中：

ⓐ 容易题由学生结对解决，全班同学都答对的题教师直接略过，不做处理；

ⓑ 中档题采用小组讨论方式，教师将学生异质分组，确保每组中都有一到两个答题正确的学生，同伴互教，将中档题在小组之内加以解决；

©余下的两道难题先采用小组讨论方式，由学生在小组内寻找解决方案，之后全班讨论，教师引导，直至问题解决。

（3）教师根据前测情况快速提出几个判断性问题，作为后测内容，检测学生本课学习后，相应问题是否解决。

调整之后，教师的教学针对性明显提升，学生的学习状态也有明显改善。

（三）前测应该快捷、友善、真实

前测题目尽量控制在三至五分钟，难度适中，且"界面"友好，无威胁感。如果题目过多或者过难，可能会造成三种影响：①占用过长教学时间，影响教学效率；②学生有厌烦、挫败感，对即将发生的学习产生畏难情绪；③学生胡乱应付（"蒙"），影响预评估的效果。因此，教师要牢记于心的是，既然是在学习之前进行的测评，学生"不会"是肯定的，关键是"不会"到什么程度。此外，学生乐于参与、客观真实的前测结果才有价值。预评估绝不能成为指责学生的又一份凭证，而应成为教师切实为学生服务的依据。

二、根据前测确定学习任务

教师根据课程要求、教材编排和教学"惯例"等确定教学重难点和学习任务，到教学现场之后，却经常会有"不对症""没想到"等意料之外的情况，令教师很是"尴尬"和"无措"。利用前测，则可以避免这种情况发生。例如，王老师物理课最初的设计包括以下环节。

课前：1. 教师将教学内容分解为五个问题，分别写在五张"任务条"上。

2. 学生被分为五个小组。

环节 1 学生自学教材完成学案，之后教师给学生 3 分钟时间讨论学案。

环节 2 教师分发"任务条"，学生分小组讨论教师分配给本组的问题。

环节 3 各小组展示任务完成情况，教师点评或补充，其他同学补充或质疑。

环节 4 教师小结本课知识后，学生完成课堂测验。

同伴教师讨论认为，按这个设计，学生在环节 1 的学习成果，包括学生个人自学和小组讨论的成果，不能得到有效利用。因为，教师在环节 2 分发的任务条是在课前准备好的，而不是以环节 1 的成果为基础，极有可能出现教师"任务条"与学生需求"不对症"的情况，比如学生在环节 1 已经解决的问题，却被教师作为第二环节的讨论任务；或是学生在环节 1 没有解决的问题，教师却"没有想到"，并没有布置给学生，在第二环节仍得不到解决。

经讨论，调整后的教学设计如下。

课前：1. 学生自学教材完成学案后上交，教师浏览、批改学生学案。

2. 教师汇总学生学案中最需要解决的问题，分别写在"任务条"上。

3. 学生异质分组(五组),教师课前发回批改后的学案。

环节 1 学生小组讨论学案,互助纠错释疑。

环节 2 教师分发"任务条",学生分小组讨论本组的"任务条"。

环节 3 各小组展示任务完成情况,教师点评或补充,其他同学补充或质疑。

环节 4 教师小结本课知识后,学生完成课堂测验。

调整后的教学设计与修改前从环节安排上看似没有太大区别,但在其中发挥重要作用的"学案"和"任务条"都有了本质的改变,前者因为有教师的评改指引,学生在讨论时指向性就更为明确,而不是漫无边际地讨论;而后者,也就是"任务条"是教师以预评估结果(也就是学生的学案)为依据做出的,切合学生学习需求,换言之,调整后的教学设计更好地实现了环节 1 和环节 2 的"对接",也使得教师确定的重点学习任务与学生需求更为"对症"。

三、利用前测提升教学效率

由于教学设计与学生实情的"不对症"问题,教学中的"浪费现象"已经司空见惯,甚至被许多教师理直气壮地视为必要的、可接受的"磨损"。但是,课堂上大多数的"浪费"现象都是可以避免的,教师如果能够妥善利用前测的话,至少可以首先解决教学开端的浪费问题。例如,一节高三语文微写作讲评课,教师事先批改学生的微写作,发现大部分学生没有达到及格分。教师原来的设计是:

环节 1 微写作问题分析。请 2~3 名学生说说自己在微写作中存在的问题,教师和其他同学倾听并参与讨论(5 分钟)。

环节 2 审题训练。教师带学生重新审题,包括题目要求、写作内容、提纲等(15 分钟)。

环节 3 教师给学生提供例文,要求学生评分,并说明理由(15 分钟)。

环节 4 微写作训练,教师巡视点评、指导(10 分钟)。

这个教学设计存在的问题如下。

(1)在环节 1,教师看似关注个体学生,具体了解学生微写作低分的原因,但教师最多只能了解 3 名学生的具体情况,据此教师无法判断全班学生微写作失分原因,更无法做出有效决策。不仅这 3 名学生毫无收获,其他"陪听"的学生更是无事可干,白白损失了 5 分钟的时间。

(2)从环节 2 开始至教学结束,"教学浪费"现象则更为严重。从环节 2 的教学安排看,教师并没有利用环节 1 所得信息的意识。不论环节 1 的效果如何,教师都会按部就班继续环节 2 的内容(这也从另一个侧面说明了环节 1 的无效性)。环节 3 和环节 4 与前两个环节的关联也不大,教师只是把一些看似相关但实际上毫无关联的任务组合在一起而已。

经讨论后，教师调整了教学设计：

首先，教师课前请学生写出"微写作反思"，包括失分原因及改进措施等。

其次，教师迅速浏览学生反思情况，提取关键信息，确定学生失分的主要原因，并据此做出教学决策。

最后，教师采取针对学生失分主要原因的教学策略，组织学生进行相关训练。

调整后，学生的课堂学习效果明显改善。

第五节　实施预评估应注意的问题

预评估会使教师对学生产生一定的预期。教师对学生的影响力过于"强悍"，以至于教师的期望"总会是对的"。教师期望会依照"预计—互动—遵从—趋向—附着—确证—强化"的基本逻辑，逐渐成为现实（见图 3-2）。

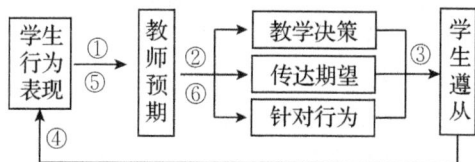

图 3-2　教师期望对学生行为的影响

如图 3-2 所示，学生特定的行为或表现使教师产生预期，教师以此为依据与学生互动，包括做出教学决策，向学生传递期望，针对不同学生采取不同措施。教师的策略、期望和针对性行为会影响到该学生，也会影响到他周边的学生，逐渐地，学生会"遵从"教师期望及相关的同伴压力，教师的期望就会越来越多地附着于学生的行为之中，从而使教师期望得以确证，教师会继续对学生采用类似的行为强化这种期待。也就是说，如果一位教师预期某个学生学习能力缺乏（不管这种认识是对的还是错的），并把这种预期传给学生，教师预期变成现实的概率就非常大。例如，教师认为 C 学生低于平均水平，就会降低对 C 的期望值，会向 C 学生传递低期望，如"连 C 都会做（言外之意，其他同学更应该会）""这个题目对你来说太难了（言外之意，你听不明白是正常的）""这么简单的题目你都不会做"等，或只给 C 提供较低水准的要求或训练，C 学生会做出遵从教师期望的行为，使教师愈发觉得自己的判断是对的……久而久之，C 最终会成为教师期望的样子。当然，如果教师对学生的期望是积极的，学生则会成为另外的样子。

因此，教师预评估的重要任务之一，是确立对学生恰如其分、尽可能不怀偏见的正向期望，并把这份期望传递给学生，使学生对学习、对自己，都有一份积极期待。否则，预评估会带来适得其反的效果。基于此，教师在进行预评估时应注意如下问题。

一、与具体情境结合

教师在预评估中容易犯以偏概全的错误，比如，观察学生在一种情境下的行为或成绩，然后就假设该学生在任何不同情境下的行为或成绩与此相同。对这种情况，教师应心存警惕。

(一)避免"标签式评估"

"标签式评估"是指依据片面信息进行判断和"贴标签"。教师观察学生在特定情境里的特定行为，凭自己的主观理解给这些行为贴上能表现动机、智力、领导力、自信、侵略性、焦虑、害羞心理、承受力等特征的标签，如"有动机的""有领导力的""焦虑的"等，然后教师就记住了学生的这些特征，却抛开了学生的具体行为和产生这些行为的具体情境。教师会记得某个学生霸道、自信、具有侵略性、不易接近、动机水平高或者害羞等，但是他们却常常忘记究竟是在何种情境下学生的何种行为促成了自己的判断。

(二)"对症"才可以"下药"

教师必须要认识到，同样的预评估结果，对不同的学生有着不同的含义，教师要结合具体情境、针对个体学生进行分析。以作文讲评课为例，A、B、C三个学生写作得分相同，A学生是退步，B学生是进步，C学生则是与之前水平持平；此外，三个学生得分(或失分)原因也各不相同，A学生可能是审题错误，B学生可能是时间不够用，C学生可能是不会表达。所以，不能仅看分数，必要时还要辅以问卷调查，例如，"你这次作文没有拿到及格分数的原因是什么"，根据学生的(至少是大部分学生的回答)，制订写作课授课计划，如果大部分学生是审题问题，就重点训练学生的审题技巧；如果是学生不会表达，那就帮助学生练习表达能力；如果是思维逻辑或行文结构问题，那就进行专门的训练。在听课时，我们经常看到学生带着无奈的表情，听着教师不对症却又极认真负责、痛心疾首地侃侃而谈。所以对学生负责，教师不仅要有认真的态度，还要有客观、理性的研究精神。

二、克服陈见和逻辑错误

阿来萨在所著《课堂评估：理论与实践》一书中，提到可能会削弱起点评估效度的两个主要危险：陈见(stereotyping)和逻辑错误(logical error)[①]。当然

---

① ［美］Peter W. Airasian：《课堂评估：理论与实践》(第四版)，徐士强等译，49页，上海，华东师范大学出版社，2008。

这两个危险不仅在起点评估中，而且在整个教学过程中都是存在的，需要教师采取一定的手段加以克服。

（一）陈见

陈见指教师根据第一印象、先前信息或某种信念（如女生不善于数学和科学，运动员成绩都不好——四肢发达、头脑简单等）评判学生，对学生缺乏客观、公正的评估。需要警惕的是，教师个人的陈见会带来许多消极后果，教师的好恶、信念以及偏见都会影响其对学生的公正判断。基于某种陈见做出的预评估是不可信赖的，有时甚至是危险的。

我们尤其需要重点关注第一印象。"第一印象如此重要。它们可以成就一个孩子，也可以毁灭一个孩子。这取决于在宣判之前，教师给学生多少证明自我的机会"。[①] 教师对学生的第一印象大都来自学生的某个典型行为，该行为被"一般化"，放大至"全身"，成为他自己的"代言性"行为。

一般而言，在开学初，希望通过一次观察或调查快速了解每个学生特征、进而了解整个班级的想法，对于大多数事务繁忙的教师而言，是非常有诱惑力的，但也是需要警惕的——在如此短的时间里了解如此多的人，事情哪有这么容易！但许多教师就是认为自己有这个本事！例如，"第一个完成暑假作业"或"主动帮助领书"的学生常常给第一次见面的老师留下"努力学习、乐于合作"的第一印象，迟到、没穿校服、大声笑闹的学生则会让教师产生"不服从管理"甚至"问题学生"的第一印象。更有甚者，诚如有些教师所言："很多情况下，我在甚至没有看见某个学生的情况下就已经了解他了，结果他不得不一直承受着因我的无知而带来的苦果。"似乎教师只会对客观知识的"无知"而感到羞愧，很少有教师认识到，他对学生的"无知"其实更是不可饶恕的。

正因为教师对学生有超强的影响力，教师对学生下结论时一定要慎而又慎。况且，学生是可变的，要用动态发展的眼光看待学生，即便教师的判断是对的，也不要让那些负面的判断成为我们对学生的第一印象。

（二）逻辑错误

逻辑错误指根据错误的指标特征判断学生，或根据单一观察或支离破碎的信息做出对学生的判定，如根据衣着判断学生的学习动机，根据文化背景或残疾情况判断学生的能力等。逻辑错误会导致无效评价和错误决定的产生。例如，"这个学生不爱穿校服，且发型怪异、爱化妆，成绩好不了"这句话就是一个具有逻辑错误的推断。"不爱穿校服，且发型怪异、爱化妆（A）"的确说明学

---

① ［美］Peter W. Airasian：《课堂评估：理论与实践》（第四版），徐士强等译，48 页，上海，华东师范大学出版社，2008。

生在遵守校规校纪方面有一些不足，但它们与"成绩(B)"之间并无直接关系。如果认为 A 必然得出 B，就犯了逻辑错误。再如，"这个学生上课时一直沉着脸(A)，他的学习态度有问题(B)"。耐人寻味的是，尽管我们都知道，面部表情并不是评价学习态度的最好指标，学生"沉着脸"有多种可能，但我们还是不可避免地将二者结合起来，并奇异地影响我们上课时的好心情。做教师的，真是要学一点逻辑学，更要讲逻辑，尤其在面对学生的时候！

第六节　前测策略和工具应用举例[①]

关于前测，有多种多样的策略和工具，这些策略是灵活的、具有创新性和吸引力的。并且，很多工具不仅可以在前测中使用，也可以用于教学中和教学结束后。劳拉·克林斯坦(Laura Greenstein)提到入门条(Entrance Slips)、角落(Corners)、画廊(Gallery)、贴纸(Sticky Notes)等几种非常有趣且有效的前测策略，下面分别加以说明。

一、入门条(Entrance Slips)

如前所述，入门条是指教师课前设置与新课相关的问题，例如"A 和 B 之间的关系是什么？""关于 C 你有什么困惑的地方？"学生把回答写在一张纸上，一般仅用几分钟，署名或匿名上交均可。入门条可以给教师提供关于学生理解水平、思考技能等信息(尤其是当分享的时候)，入门条能够激发学生兴趣，教师在教学结束时将它们返还给学生，还可以帮助学生自我评估、反思。

例如，在关于肥胖症的健康单元中，教师使用入门条策略，了解学生关于肥胖症"已知或想要知道的"内容。教师的预先评估是这样的：

◇列出肥胖的三个原因，并且就每个原因写出你的一个问题。

提示：考虑基因、生活方式、锻炼、食物选择等。

问题示例：为什么我和我姐姐吃几乎同样的食物，但我们的体重截然不同？

根据入门条，教师发现，关于肥胖症，学生有不同水平的知识，他既要传授基础知识，又要给基础较好的学生更高水准的学习资源。根据学生知识掌握程度，他将学生分为两组，对基础较弱的学生，他布置了一个基础知识巩固练习；对于理解较有深度的学生，他要求他们就"谁(个人、家人、媒体或者公司)对肥胖症负有责任"进行辩论。他还要求学生根据辩论结果将不同主体从

① Laura Greenstein, *What Teachers Really Need to Know About Formative Assessment*, Alexandria, ASCD, 2010, pp. 36-62.

"责任最大"到"责任最小"进行排序。

二、角落(Corners)

教师设计一个预测问题，将可能的答案做成标签贴在房间的角落，每个角落一个答案。教师提问后，学生走进与其观点最相符的标签角落里，也就是"用脚投票"。每个角落的学生自然组成一个小组，教师记录学生去向，各小组(角落)成员讨论并记录选择这个角落的理由和观点。这些记录可以作为教师设计教学的依据和补充。"角落"没有固定数量，可以就一个两面话题使用两个角落，诸如手机是否可以在校内使用、克隆是否符合伦理、乙醇是否对环境有好处；也可以将这个策略扩展为四个角落(四个可选答案)，如，你认为这四个原因中哪一个最为关键？根据学生"去向"教师就可以判断出学生的关注所在。

三、画廊（Gallery）

画廊还被称为涂鸦墙。画廊将学生的回答做成一个展览，或是一个画廊，这就为教师提供了一幅关于学生知识、技能及观点的可见画面。各种形式的回答都可以被考虑在内，如图像、图表、单个词或短语等。例如，教师知道学生已经读了许多科幻小说，但在角色和情节上理解有困难，决定尝试一下画廊展览。教师让学生通过图画描绘最喜爱的小说，张贴他们的绘画。然后，教师根据绘画信息迅速把学生分成不同的兴趣小组，每小组总结情节、地点或背景、人物、冲突等关键元素。小组成员浏览画廊，并在这些元素标题的下面添加相关内容。在这里，画廊展示了个体绘画作品，并通过小组活动进行总结和确证，使预评估在持续的学习评价中发挥作用。

四、贴纸(Sticky Notes)

贴纸支持了不同种类的评价技术，包括标注、分类和分析。学生可以使用小纸条交流他们最初的知识和理解，教师可以使用这些数据使学生投入学习、重新修改即将开始的教学计划、增加复习活动、改变内容、调整进度等。如在开始七年级植物分类新课程前，教师使用纸条分类评估学生对水果和蔬菜的了解情况。教师给学生分发准备好的纸条，在纸条上面写着不同种类的水果和蔬菜的名称，之后，学生必须确定把卡片贴在"蔬菜"的表格内，还是贴在"水果"的表格内。这个分类引起了一些有趣的对话，并且使教师了解到在授课时应该聚焦哪些知识。课后教师请学生将水果的纸条再次分类，分成豆、果核、种子、瓜、柑橘类，蔬菜纸条分成根、茎、花、叶、种子、块茎等，这种可见的分类，也就是预评估，在整个单元课程继续深入的过程中一直保持着，持续发挥作用。

该方法还可以在计划教学前使用，以探求学生是否具备高阶思维能力。例如，为了解学生分析性思维的水平，教师请学生思考学校教育学生的最佳途径，在纸条上写下他们的回答。教师在教室里预备了三块贴板，分别是认知系统、行为系统和社会文化系统，教师对这三个系统进行了详细讲解后，请学生将纸条分别贴在他们认为匹配的贴板上。这个张贴的活动使得教师能够深刻理解学生较高水平的分析技能——将信息按类别分类的能力。

本章结语

预评估的价值主要在于尊重"用户"体验，这一点我们可以从其他行业得到启发。在商界，为赢得市场，在决定生产计划之前，对数千甚至数百万个人进行市场调查，也就是对顾客进行预评估，是很正常的事。营销人员需要充分探查客户生活的世界，甚至客户日常生活的细节。例如，在社会、文化、金融和技术力量中，哪些力量对客户影响最大？推动购买决策的基本动机是什么？那个人是怎么生活的？会遇到哪些问题？公司还可能解决哪些其他类型的问题……

管理思想家彼得·德鲁克(Peter Drucker)认为，所有这些调查的目的都是"使销售变得多余"。他还建议，"以客户为中心"的业务是实现增长的唯一可靠途径。"客户花钱购买产品或服务的意愿"是促使企业将原材料和资源转化为产品销售的催化剂。"若没有客户的欲望或需求，商业活动就会失去动力；反之，没有了商业，也就不可能生产出满足顾客需求的产品。"[①]

如此看来，稳居教育行业、在学校环境中安全生活的我们(教师)更像是被宠坏、惯坏了的一拨人，众多家长、学生的仰视和遵从已经让我们习惯于从自己出发、说一不二，很少全面、深入地考虑教育对象的现状与需求。大多数教师似乎从来没有想到，对学生而言，同一学习任务至少有两种可能，一种可能是学生起点不同，包括生活经验、知识基础、态度倾向和价值观信仰等方面存在不同；另一种可能是学生起点相同，但在学习能力、学习习惯、速度、方式、兴趣动机和思维类型方面存在差别。无论哪一种情况，按统一进度、方式、组织形式等进行教学，只会有部分学生合适，其他学生要么早就完成了，跟着教师做做样子，纯粹是浪费时间；要么根本不可能完成，跟着教师装装样子，也是在浪费时间。这若是在商界，如此不问实情地胡乱投入必定给实施者带来立竿见影的重创，但在教育界，教师却不必为此买单，或许这便是我们如

---

① 英国 DK 出版社：《商业百科》，彭哲、朗香香译，237 页，北京，电子工业出版社，2021。

此掉以轻心的原因吧。

有学者批评教师很少去了解学生学习的方式和内容，但这却是对活生生的人与人之间的教学活动进行分析的必要的第一步，这里学习的方式和内容指的是每个学生经验、理解、意义与灵性的、探究世界与自我的方式。尽管教师很辛苦，并且有越来越辛苦的趋势，然而，在对学生没有进行任何评估、任何了解的情况下，我们就"敢"盲目地、想当然地开始教学，的确有些不知轻重，可这却是某些教师工作的常态。我们实在有必要向医疗界、出版界、商界等学习，使学生评估（尤其是预评估）成为教学的常规部分，更加详细地了解学生充满个性和灵性的学习探索和实践，迈出有效教学必要的"第一步"。

第四章　教学中的评价

我们都有"走错路"的经历，等我们到达终点，却发现自己走错了地方，掉头已经来不及，心中的沮丧可想而知。我们会想，如果有人提醒该有多好？如果我多看几次路标，核对一下路线该有多好？如果可以重来，该有多好……其实在行进过程中，有许多可以掉头、可以改线、可以弥补的机会，但我们既没有得到外来提醒，也没有自我警示，遗憾就这样不可避免地发生了。

在教学中也有类似的情况。学生学习并不是简单地按部就班"完成进度"的过程，而是充满了无数变化和意外。如果教师不能及时了解这些实情，总是按计划行事，就会错失良机，甚至造成无法挽回的损失。例如，在开始"纪律教育"教学前，有位教师根据预先评估确定了教学的重点内容；但教学开始后，该教师只是按计划教学，却没有在教学中检查学生的理解和掌握情况。单元结束时，该教师进行了一次终结性测试，测试结果显示，学生的掌握情况很不理想，这使该教师大为吃惊，也很有挫败感。但是这个单元已经结束，新单元就要开始，"回头"已经来不及了。[1] 这个例子具有普遍性，如果教师能及时发现学生"过程中"的缺漏，类似的遗憾就不会发生，也正因为如此，我们更应该关注教学中的评价。

第一节　需要审视的"教学常态"

教学和评价很难分开。教师在教学，同时也在评价，不过有些是有意、有些是无心罢了。许多教师，尤其是教到"一定境界"的教师，常会有随心而行、率性而为的快感，却没有意识到，自己简单随性的行为，在学生看来却颇具深意。教学中理直气壮的教师和理亏气短的学生随处可见，但是，如果对教学与评价过程认真审视，我们会发现，更应该理亏气短的是教师，大多数教学问题并不在于学生，而是与教师有关。

一、教师的主观评判贯穿教学始终

教学世界里处处渗透着教师的主观评判。对同一现象，不同教师会有不同

---

[1]　Laura Greenstein, *What Teachers Really Need to Know About Formative Assessment*, Alexandria, ASCD, 2010, pp. 66-67.

的解读；即便是同一教师，此一时、彼一时，对同一现象也会因情绪波动、情境变化而论断不同。教师能否理性客观，至关重要。

（一）教师带有个人偏见或偏好

偏见会使教师歪曲学生的表现，做出大失水准的判断和推论。笔者曾在一所生源较弱的学校任职，听到一位教师表扬学生，"没想到你们与'好学校'的学生一样好"，言外之意是，你们"不够好"，"你们今天表现好"是意外之喜。再如有某教师表扬学生，"全班同学都答对了，尤其王同学，真了不起，这道题他也答出来了"，全班学生听后齐齐看向王同学，表情各异，王同学满脸通红……这样的表扬不一定会得到学生认可，其他学生也会减少对评价的敬畏之心。教师是好意，但心偏了，效果不可能好。

教师决策也容易受个人偏好左右。同样是面对"完全掌握""基本没有掌握"的学生群体，教师可能会有不同的选择：

（1）"急于完成进度型"教师会把"完全掌握"的学生作为他/她进入下一教学环节（或任务）的证据。

（2）"稳打稳扎型"教师会强调"不让一个学生掉队"，"基本没有掌握"的学生就成为他/她"再来一遍"的证据。

令人深思的是，此时教师决策不是基于学生实情，而是教师倾向（偏好）。"急于完成进度型"教师只要看到有一个学生"掌握"了（或有"掌握"迹象），就会立即进入下一步教学。相对地，即便全班同学都"掌握"了，"稳打稳扎型"教师仍然会选择"再来一遍"以巩固成果。

（二）主观判断学生学习状态

尽管我们都知道，教与学之间的通道并非畅通无阻。但许多教师仍然以个人感受和经验代替学生体验，想当然地做出判断。

（1）注重整体特征，忽略个体特征。在大班教学背景下，教师教学只能基于大多数学生的共同特征，缺乏个别化和针对性也是没有办法的事，但这不等于教师可以理所当然甚至理直气壮地认为，没有必要尊重学生的个性化需求。

（2）错误估计学生完成某一任务的前提知识。学生已经具备某种知识，不等于一定能够正确地完成任务，就像一个新手司机已经掌握了基本技能，如踩刹车，不等于司机一定能顺利完成开车任务。例如，有的教师刚教完公式就要求学生运用公式挑战高难度题目，而没有考虑到，学生还没有学会"走"（对基本公式还没有完全掌握），如何能"跑"起来？

（3）高估"讲课"效果。诸如"我都讲了 N 遍了，怎么还错？""这个你应该知道""这道题你不应该错"……这些常见话语，固然说明教师"恨铁不成钢"，却更反映出教师的一种惯性思维，那就是，"我讲你（应）听（见）"和"我教你（应）

学（会）"。笔者曾听过一节数学课，教师提问学生"最基本的""必须会"的内容，一连问了六个学生，没有一个学生"会"。教师说"太意外了"，然后责问："这么简单的内容你们怎么都不会？"其实教师更应该反思的是，既然是"必须会""最基础"的，为什么会有这么多学生"不会"？究竟自己的教学出了什么问题？该如何弥补？以后又该注意什么？

（三）对"学生错误"的错误解读

许多教师对"学生出错"极为排斥，他们常用"出错多少"评价学生的态度、水平和能力，用消极的甚至惩罚性的方式指出学生错误，甚至用错误去伤害、贬低和孤立学生。比如，教师经常会请全班同学一起给一个学生"挑错"，谁也不觉得这是一种误导和伤害。

但是，"对错误多少的关注，不能扩展学生的学习能力，也不能为真正的理解开辟一条途径，而是给已经很僵化的课程和标准化制度设置了更顽固的障碍。"[①]教师对错误的态度，导致学生凡事力求稳妥，想方设法避免错误或掩饰错误（比如抄作业、抄答案），只敢沿着他人成功的路径往前走，逐渐丧失学习热情、自信心和深度探究的欲求。学生背后的家长更是谨小慎微。笔者曾参与一次绘画班户外写生活动，许多家长都要求孩子照着老师的示范作品作画，而不愿意让孩子自己取景、自由作画。在绘画现场，大家争抢教师作品，眼前的自然风光却无人问津。这些家长该是认为，教师作品比自然景色更"标准"，照着画肯定不会"出错"，却没有想到，学生没有出错的可能，却也失去了难得的试错和创造的机会。

二、"以考为纲"窄化教学视野

在教师眼中，恐怕没有什么能比"考试要考"更能给学生压力和动力，更能抓住学生注意力的了。

（一）考试内容就是教学内容，考查的层次、深度就是教学的层次、深度

如果考纲是应用要求，教师就要求学生会解题；如考试大部分为选择题，教师对学生的训练也基本停留在记忆背诵层面。许多教师对课程标准视而不见，对考试说明却反复研读，不仅自己要读，还要带着学生一起读；他们将有限的时间聚焦于"必考内容"，"不考的"则要求学生忽略。"这个不考，不用看""注意，这个考试会考""这是考点，占几分"——在课堂上，这样直指"考点"的话语比比皆是。

---

① ［美］Ellen Weber：《有效的学生评价》，国家基础教育课程改革"促进教师发展与学生成长的评价研究"项目组译，218 页，北京，中国轻工业出版社，2003。

(二)课堂时间用于备考而不是学习

在很多课堂上，教学资料就是试题集，师生的关注点是如何解题，而不是课程内容本身。在许多学生看来，学习就是为了解题、为了得分，他们只有得分的快乐，而没有学习的乐趣，功利心越来越重。这种倾向甚至蔓延到对创造力、想象力要求极高的写作表达，教师要求学生背答案、背范文、背开头和结尾，背"万能句型""有用框架"和转折连词等，进而衍生出各种"应试八股"。他们训练方法也非常机械，如"审题几步法""写作五步法"等，教师甚至要求学生齐声背诵各类"应试宝典"。

在这样的课堂上，"为考试而教（学）"的氛围扑面而来，我们看似赢得了考试，却失去了许多比考试更重要的东西。这种常见的、令人忧心的怪现象，给学生带来的伤害，实难估量。

三、教、学、评"各司其职"

(一)有学无评

教师只问耕耘，不问收获；只管做，而不管做得是否有效果。例如，学生展示小组合作完成的思维导图，展示结束后，教师说：

"每个小组的思维导图都很精彩，大家鼓掌！"（学生兴奋，鼓掌）

教师接着说：

"现在，请把你们的思维导图放到一边。我展示一下我的思维导图（PPT展示），大家要认真记！"（学生静默，泄气，记笔记）

本例中，学生只需完成"看上去不错"的思维导图，教师更重视的是利用自己的思维导图传授知识。学生用15分钟合作完成的思维导图，教师仅用"很精彩"三个字便一带而过，不仅对学生劳动成果缺乏应有的尊重，也失去了极好的获取信息的机会。其实教师可以直接借助学生的劳动成果进行教学，不必出示自己的思维导图。学生做得好的，教师可以表扬、略作讲解；学生在图中呈现的漏洞，教师可以及时提点或补救。学生会感到自己的劳动是有价值的，对教师的讲解、纠正也会更加重视。

(二)评而不教

很多教师做了考评，但没有以评促教、应用评价结果的意识。例如，教学完成后，教师安排了课堂检测。有的学生不会做，想翻看教材或与其他同学商量，教师制止："考试就是考试，不许翻书、不许抄、不许求助他人，自己想。"那几个学生无奈停笔（有的甚至趴着），等着其他同学做完。其实，课堂检测并不是为了把学生分成三六九等，而是为了检测学习效果。这几个学生不会做，效果如何已经明了，没有必要让学生再"难受"下去——明知学生"不会"，非让学生考，学生只会"出丑"、沮丧，又怎会对学习、对考试有好印象？不如让这几个学生看书或与同学合作，利用本次检测再一次"弥补"学习。学生的有效获得远比测评成绩重要，教师应该分清主次。

(三)学与评不匹配

在课堂上，学习内容与评价内容不相关的现象也很常见。例如以下课例。

课例1

教学目标：理解推导公式所表达的意义

教学活动：学生以小组为单位，准备展示概念、表达式、推导计算公式等(学)

教学评价：说出推导公式所表达的意义(评)

本例中，学习内容是"展示概念、表达式、推导计算公式"，评价内容却是"推导公式所表达的意义"，很显然"学"与"评"是不匹配的。

再如以下课例。

课例2

教学目标：学生能利用推导计算公式解题

教学活动：以小组为单位，编一道能运用该推导计算公式的题(学)

教学评价：利用推导计算公式解三道小题(评)

本例中，学生编出了许多精彩的题目，但显然与"利用推导计算公式解题"差距甚远，学习内容与评价内容仍然是不匹配的。

还有的教师为了不打击学生，极力鼓励学生，比如，只要学生举手发言就表扬，至于能否说对、与内容是否相关，均不在考虑之内。其实这样做反而不利于教学目标的实现。虽然学生的任何进步都是值得表扬的，但应重点激励"走向目标的学生"，要不断发现学生是否"在路上"，切实促成学生有目的、有方向的进步，避免学生走弯路，造成浪费。

(四)过度评价

教师还要避免另外一种危险，就是将教学过程完全变成评价过程。有些教师手拿"记账本"，不停地记录、评价，恨不能将学生所有行为都与分数、等级挂钩。教学经常被评价打断，评价的"森森寒意"也会使学生失去学习热度。注意，"比对标准"不等于"被标准捆住"，一方面教师要规定必须评价的内容，另一方面要为学生留有发挥的空间，鼓励学生生成、创造。将学生所有的言行、成果都与标准(分数)对照，既没有必要，也没有可能，总有规定不到、衡量不到的内容。只关注被规定的、能拿分的，看不到没有被规定的、不能拿分的，不利于学生深度思考、延展学习和培养创造性思维。

四、教学进度决定论

对很多教师而言，"教学进度"是最重要的教学指标，只有完成进度他们心里才舒服。他们按计划行事，不论学生是否具备所需知能，也不管课堂上学生是否明白、学习进展如何，"讲完"是第一要务。事实上，教师"赶进度"会导致课堂上出现许多耐人寻味的现象。

(一)"自导自演"

例如，某教师打算讲评试卷，班里近半数的学生没有带试卷，教师还是按原方案执行，至于学生怎么听，本节课收效如何，全不在教师考虑之内。再如，教师提问，没等学生开口，教师就自问自答了；或者学生刚说了一半，教师就抢着说出答案，接着总结"刚才同学们回答了这个问题，下面……"类似的情况多次出现后，学生就不会开口了，都等着老师说。教师也并不在乎学生说什么，只在乎能否按时完成这个环节。但是，当教师看到令人沮丧的测验结果，他们只会抱怨学生："这些我都讲过了，都讲了N遍了，你们怎么还错？"

(二)"默契的谎言"

教师讲完一段内容后，会问学生"有什么问题吗?"或"明白了吗?" 大多数情况下，学生都会非常"配合"，他们或者看懂了教师那殷切的眼神；或者没有勇气在众人面前坦诚自己的无知无能；或者觉得一两句话说不清楚，不想耽误大家的时间；或者"懒得明白"；或者是真的懂了；或者只是下意识的回应；或者学生自己也不清楚，自己"懂"还是"不懂"——无论哪种情况，他们都会摇头表示"没有问题"，或者大声说"明白了"(往往还拖着长音)。其实，只要有一个学生点头或说"明白了"，对教师而言就足够了。他们就会如获至宝，像得到了笃定的保证般，自欺欺人地认为学习已经发生、效果已经达到、教学可以继续了。

(三)"个别人＋背景板"

在大多数课堂里，教学进程是由教师和少数"恰巧被关注"的学生决定的，其他学生则如同"背景板"，不过是默默的陪绑者罢了。教师会把一个学生的困惑视为全班同学的困难，也会把个别学生的理解视为所有学生的"明白"；教师会决定"继续"——当一两个学生碰巧答对，或是"再来一遍"——当某个学生刚好"不会"或者"答错"。应该说，教师在教学中需要快速抓取信息、快速做出反应，出现这样的情况在所难免。但即便如此，教师还是应该有所警醒，并想方设法加以"弥补"。

上述现象涉及教师的教学和评价理念。陈玉琨等学者曾提及"科学主义"与"自然主义"评价模式的区别，他指出，科学主义以目标为纲，人为目标服务，要求不断评判实际活动是否偏离目标，以求更好地实现目标；自然主义强调以人为本，目标为人服务，随着人的需要而调整。自然主义的评价模式是一个不断地发现人新的需要、不断地调整人的认识的过程，也是帮助学习者更好地实现自身价值的过程。① 可以看出，我们缺少的不是过程中的评价，而是缺少过程中"以人为本"的评价。

第二节　教学中使用评价的意义

教学是一个迭代的过程，是一个不断地重复一系列循环操作而逐渐接近预期结果的过程。从表面上看，一节仅有 40 分钟或者 45 分钟的课看似很简单，师生通过完成一系列任务(教学环节)，达到终点目标(见图 4-1)。

图 4-1　课堂教学过程简图

但实际上，如果我们在教学中有效利用评价，就会发现，每节课都内有乾坤，值得我们无限深入下去，触及更为丰富的教学现实和可能。

一、起点评估：摸清学生知能基础

学生完成学习任务需要一定的知识、策略或程序等作为基础，也就是知能基础，这些内容必须提前掌握，否则会给学生带来不必要的困扰。就像一个新手司机要上路，要有驾证，要掌握一些基本的开车技巧，如踩刹车、转方向盘等。教师要通过起点评估了解学生的起点水平，看学生是否具备完成任务的基本要件，如果学生已经具备条件，教师就要放手，给学生更多自主发挥的机会；如果学生还没有掌握基本的方法，教师就要进行必要的补充、训练和筑基练习。

以图 4-2 中的任务 1 为例，教师首先要进行针对该任务的起点评估，弄清学生是否具备完成任务所需的知识和能力。评估后有以下几种可能。

第一，学生(或大部分学生)已经具备了相应知识，师生进入任务 1，此时学生可能还需要"即学即用"的现场支持，如学生需要知道教学资源网站，或某化学元素数据，教师就可以提供支持，或由同伴提供支持。

第二，学生还不具备相应起点知识，教师就要暂缓任务 1 的进行，带领学生进行专项学习或操练，等学生具备起点条件后再行进入任务 1。当然，教师提供专项学习或操练后，仍需评估学生是否具备起点条件，评估后仍然存在学生不具备前提知能的可能，教师可再行安排专项学习或者操练。理论上这个循

---

① 陈玉琨、沈玉顺、代蕊华等：《课程改革与课程评价》，163 页，北京，教育科学出版社，2001。

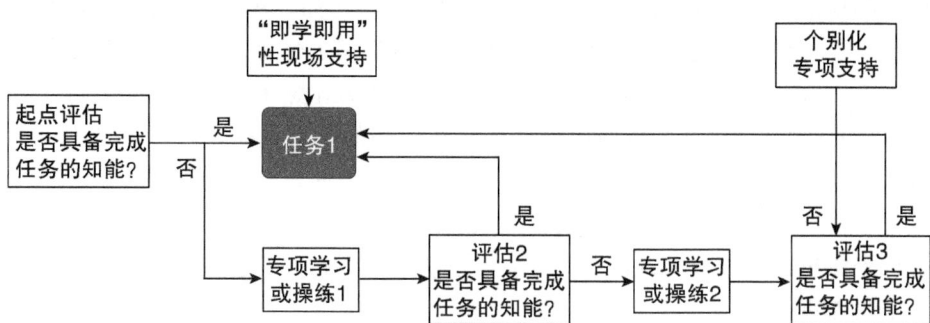

图 4-2 学习任务起点评估简图

环可以不断进行下去，但在实际中却不太可能，一般而言，教师最多可安排两次专项学习或者操练，如果仍有学生不具备相关知能，可以安排个别化专项支持（如果人数较少），包括同伴支持、小组支持等；如果不符条件的人数过多，教师就要反省教学设计是否合适、是否需要重新设计。起点评估还可以帮助教师确定提供何种支持和帮助，如是否需要同伴合作、哪些学生需要支持、提供何种支架等。

二、任务执行（问题解决）评估：把脉学生学习状态

不管新手司机练得多么娴熟，到了真正开车时，总会有突如其来的情况令他手忙脚乱，学生的课堂学习也是如此。无论教师如何认真评估、精心筹划，都不可能帮助学生做好所有准备，当学生进入复杂而具体的学习情境，与学习任务"短兵相接"时，所面对的挑战和困难可能是非常个性化的，需要学生在不断的试错、调整的过程中摸索前行。教师需要视学生的"现场发挥"及时调整，不断优化教学情境，使学生处于"认知负荷恰适"的状态。

（一）三种认知负荷

根据斯维勒（John Sweller）的认知负荷理论（CLT）[1]，人的认知架构主要包括一个需要严格限制的工作记忆和一个相对不受限制的长时记忆，两种记忆相互作用，形成人的认知架构。斯维勒区分了以下三种认知负荷。

（1）内部认知负荷，指完成任务时，需要在工作记忆中同时处理一定数量的信息所直接带来的负荷。例如，一项需要协调多种技能的任务（如弹奏巴赫奏鸣曲）比只需少数技能且无须协调的任务（如弹奏某一大调的音节）的内部认知负荷要大得多。此外，内部负荷受学习者水平的影响，对高水平学习者不是

---

① ［荷兰］杰罗姆·范梅里恩伯尔、保罗·基尔希纳：《综合学习设计》（第二版），盛群力、陈丽、王文智等译，23～25 页，福州，福建教育出版社，2015。

压力的事情，却常常令低水平学习者压力倍增。例如，对于新手打字员而言，识字、寻找字母键盘、敲击键盘、选择合适单字是多个元素，但对于熟手打字员而言，这是一个元素，因此，新手打字员的压力比熟手打字员就要大得多。

（2）外部认知负荷，指在内部认知负荷之外的附加负荷，主要来自不良的教学设计。例如，学生为查找一个概念耽误过多时间，并且这种寻找过程本身毫无意义，对学习并无帮助，就会导致外部认知负荷增加；但如果教师事先准备好资源包，或提供资料索引，学生可以快速找到相关信息，就不会产生这种外部附加负荷。

（3）关联认知负荷，指直接对学习起到作用，尤其是与图式建构和图式熟练相关的信息加工过程中的负荷。例如，学生在看到似曾相识的知识时会有意识地在脑中搜寻类似的情况，如果教师利用刚学过的知识或学生刚接触过的场景（如刚完成的实验、刚参加的课外活动）引入新知识，不仅可以降低关联认知负荷，还可以帮助学生在新旧知识之间建立更好的联结。再如，许多教师感觉试卷讲评和考试反馈的时间距离考试越近效果越好，也与关联认知负荷有关。

（二）优化学生的认知负荷

斯维勒认为，上述三种认知负荷是一种叠加过程，学习中三种认知负荷的量不能超出工作记忆的可支配资源，恰当的教学设计可以节约工作记忆的耗费，使工作记忆能力进一步得以优化。

学生的认知负荷如果在合理边际（即工作记忆的可支配资源）之内，学习动力就能提升，反之，学生学习效率会减缓、降低，甚至出现负增长。教师要设法优化学生的认知负荷，具体优化方法见表4-1。

表 4-1　优化认知负荷的方法

	内部认知负荷	外部认知负荷	关联认知负荷
优化方法	➢优化工作记忆能力 ➢提高专长水平 ➢对学习任务进行从简单到复杂的排序 ➢技能操练，使其娴熟	➢优化工作记忆能力 ➢减少不良教学设计（优化教学设计） ➢提供充分支持与指导 ➢"支持程序"即学即用，不要求掌握	➢优化工作记忆能力 ➢新旧知识联结 ➢先讲解清楚相关知能，构建图式 ➢呈现的任务中大部分已掌握，少部分未掌握

（三）需要注意的问题

（1）将学习任务从简单到复杂排序。比较简单的学习任务要素不多，要素间的联系较少，在工作记忆中同时加工的要求也较低，学习任务越复杂，要素越多，各要素间的联系也随之增加，同时加工的要求也会随之提高。

（2）提供必要的支持，如必要的"问题支架"，以免学生因干扰过多而不能聚焦问题解决本身，甚至放弃任务或草草收兵，久而久之容易丧失信心。教师支持可以随着学习者经验的丰富而逐渐减少，如逐步撤除脚手架。

（3）区分"必要知能"（即学生需要提前掌握的知能）和"即学即用"的知能/程序（即学生不需要提前学习，教师现场提供或指导就可以）。前者最好提前"搞定"，否则学生实际完成任务时，既要完成任务，又要同时掌握必备知识和技能，就会导致认知负荷超载。但有些知能或程序学生没有必要事先掌握，教师现场提供或"俯身指点"即可。例如，在完成某篇论文时学生需要了解英文资料里的信息，需要把文章译成汉语，此时翻译程序或者英文翻译就是"即学即用"，只要达到目的即可，不一定必须掌握。当然，如果是英文系的学生，翻译是必须掌握的技能，那就另当别论。也就是说，是不是"即学即用"，与学生所要完成的任务（或预期学习成果）相关，同样一件事，在此时属于必须掌握的相关知能，在彼时可能只是"即学即用"的支持性程序，教师要根据实际情况加以判断。

（4）尽量利用学生"已知"资源。完成任务时，与处理外部复杂信息相比，提取已有认知图式所产生的认知负荷会更低一些。教师最好先帮助学生掌握相关知能，在长时记忆中构建认知图式，以便后续激活调用。例如，数学高老师提倡"百分之八十"原则，即在呈现的任务中，有百分之八十应是"内部"的学生已知信息，"外部"的学生未知信息最好不超过百分之二十。否则，外部知识过多，会增大认知负荷，造成学生认知负荷"超载"，将学生压至崩溃边缘。

此外，不同学生需要支持和帮助的程度不同。有人需要；有人有时需要，有时不需要；有人根本不需要。教师最好先做测评，了解学生是否已经具备相关的认知图式。如果学生脑中空空如也，主要依靠外部复杂信息，认知负荷就会增大，效果就不理想。有效测评可以使学习过程更为"经济"，使教师指导效益最大化。

（5）恰当使用专项操练。专项操练有其合理的一面，尤其是当学生还不具备完成任务所需的知识和技能时。再者，娴熟的必备知能会降低认知负荷，使任务完成更加流畅，减少由于认知负荷超载而导致的出错风险。但是，过度操练则会导致"过度逆反"，学生会"原地打转"，甚至倒退，教师要适度而行。

三、任务完成效果评估：评判学生学习质量

图 4-1 中的任务 1 完成之后，教师应通过一定的评价办法，对任务 1 完成效果进行评估，评判"是否符合预期标准"。如果达到预期要求，可以进入任务 2；如果没有达标，则要"暂停行进"，支持学生学习改进，之后再行评估；符合要求可继续进行，如果仍不达标，则要进一步细致分析欠缺在哪、如何弥补

等。如图 4-3 所示，从任务 1 到任务 2，可以无限"分形"，不断重复评估、支持、再评估、再支持的过程，直至达成预期标准。其中，评估和支持的方式可以多样，也可能因为分形而不断地"下沉"，沉到学生能够"够到"为止；或者经过几次下沉之后，教师发现没有必要再循环下去（就好比挖井，如果下面没有水源的话，挖再深也没有意义），可能就要放弃本次教学任务，另辟新途。

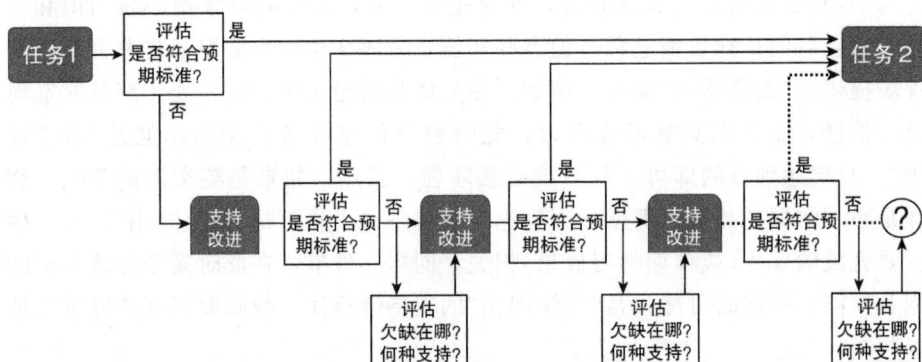

图 4-3　学习任务完成效果评估简图

还有一种可能，上图任务之间不是线性递进关系，可能是并列、重叠或共生关系，此时任务 1 和任务 2 间的循环不仅解决了任务 1 到任务 2 的过渡，也"捎带着"完成了其他任务的一部分，这种情况在教学中也常会发生（见图 4-4）。

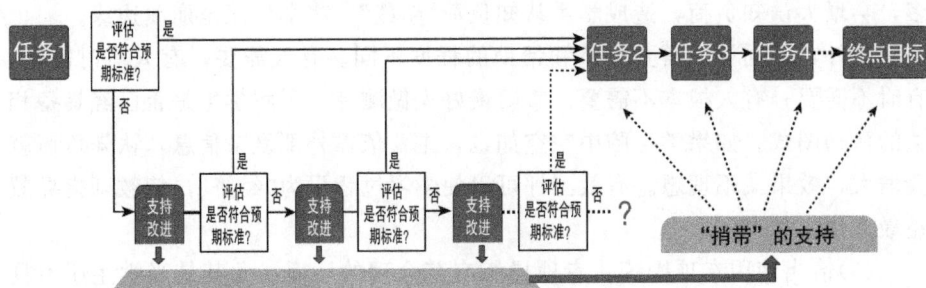

图 4-4　学习任务间过渡及支持简图

综合上述三个方面可以看出，评价在"正在发生的学习"中，发挥着更大的作用，为我们进行更为深入的教学研究和实践，提供了极为扎实和丰富的依据。

第三节　在教学过程中实施评价

一、确保学生有效"参评"

(一)遵循"自学—互助—分享"的行动顺序

一般而言,学生学习应按"自学(Self)—互助(Pair)—分享(Share)"的逻辑进行,即学生先独立学习,然后合作互助,最后全班分享。当然不同学科、课型会有不同体现,数学课可能是学生独立做题、讨论互助、全班分享;物理课可能是学生独立实验、共同探讨、全班展示;阅读课则可能是学生先自己读,再结对、分享。

第一,自学。自学是学生学习中最重要的部分,是没有任何"外力"干涉或支持的、相对"纯粹"的学习成果,教师此时得到的评价数据最能反映学生的真实情况,据此做出的教学决策也更有意义。教师要给足学生时间,让学生把问题想透、做透,达到自己所能达到的最好状态。然而,自学是教师看不见、摸不着、最不好把握的阶段,许多教师受不住这种"学习的静默",会下意识地缩短或打扰学生的独立学习。目前在课堂上,学生充分、从容的自学很少见,在教师和优秀同伴有声或无声的催促之下,大部分学生的学习是零散的、仓促的,甚至是狼狈的,并没有达到他们自己的"最佳状态"。

第二,互助。互助是在学生自己用尽"洪荒之力"仍然"学不明白"的时候,由同伴互助补齐学习缺漏,甚或进一步提升,这是对学习的一种有益的补充。例如,学生个人阅读之后可以结对,由学生逐一扮演说者角色(总结并解释所读到的内容)和听者角色(倾听并且改正对方所说的内容),此时既是同伴互评,又是同伴互助,学生既可以评价之前独立学习的效果,又可以在同伴帮助下有所提升。

第三,分享。分享既是对之前自学、互助效果的检验,又可促进全班同学相互学习。教师应有一定的设计与要求,使分享成为更高水平的思考与学习的机会。

例如,李老师的七年级《西游记》阅读课"一个神奇的团队"包括如下三个任务。

任务1　从23～58回挑出最能体现"不和谐"的一回,说出具体表现、人物优缺点以及"不和谐"原因。

任务2　从59～61回选出"最和谐"的一回,说出具体表现、人物优缺点以及"最和谐"原因。

任务3　团队成长过程,也是成员成长过程,请你选一个成员说明其成长过程。

相应的，课堂教学包括如下三个环节。

环节1自学。学生进行《西游记》取经团队人物分析，完成三个课前任务。

环节2互助。学生结组讨论上述三个任务，相互补充。

环节3分享。各小组代表汇报本组讨论结果，教师点评。

当看到学生完成的任务1观点多样、洋洋洒洒，任务2观点一致、且条目简练时，教师点评到："看来，不和谐矛盾就多，可说的也多，说也说不完；和谐了矛盾就少，简说即可。你们说和谐好呢，还是不和谐好呢？"引起学生思考。

按照这样的顺序学习，学生每一步的呈现都是充分的，是学生此时最好的状态，由此产生的评价数据才具有参考意义。

(二)改善学生的"评价印象"

学生只有理性看待测评，才可能真正受益，但要做到这点需要时间，更需要师生密切配合。可以先从教师力所能及的事情开始，包括以下几步。

第一，教师在充分了解各种测评功能用法的基础上，选择适当的测评。

第二，告知学生"本次测评"的目的、局限与后果，培养学生理性的测评态度。教师可以向学生解释，"不同测评有不同的用途，本次测评的目的是了解你的词汇量，如果没有得高分，说明你词汇量不足，需要扩大词汇量。但不能说明你其他方面不理想"（或者"本次测评不能反映你英语学习的整体水平"）。

第三，调整学生情绪。如果学生过于紧张、不能正常发挥，教师就无法得到真实有效的数据，教师应避免这种情况发生，训练学生"如何参评"，给学生稳定、充分、完整的思考实践时间，教给学生必要的考试技巧等。

第四，与学生沟通、协商，解释测评的价值，力争使学生心服口服地接受测评结果（包括表扬、激励或者批评等），从中充分受益。

总之，评价是否有效与教师"出题"有关，更取决于学生的"参评状态"，学生从容自信地参评，评价数据才可能真实有效。这些观念让教师明白不容易，让学生明白则更难。

(三)要求学生"负责任"地行动

课堂里的师生距离看似很近，其实又很遥远，如果学生"表里不一"，不想将"真实面目"示于教师，教师再认真也不会得到多少有用的信息。因此，有效的评价离不开学生真实而负责的支持。教师可以尝试如下策略。

第一，帮助学生确证自己的真实想法。教师可以请学生澄清和解释自己的想法："你能描述一下你的意思吗？"要求学生进一步说明："你从哪里找到这些信息的？"要求学生为自己的主张进一步提供证据："你能举个例子吗？"这些"跟进式"的要求在帮助教师获得"证据"的同时，也使学生逐渐意识到要言之有物、言之有据。

第二，通过约定和训练，使学生学会负责。教师可以与学生约定：不要跑题，要求学生围绕话题阐述观点，不说与话题无关的话，以免耽误他人时间；信息准确，适合主题，发言前要"过脑子"，想清楚了、确认无疑再开口，对自己的言行要负责，并能承担相应后果；预测信息，预先思考对方可能说什么，再加以验证，验证预测的欲望会使学生注意力更为集中。

第三，要求学生认真倾听，并参考他人意见修正自己的想法，使交流更有意义。不能在别人发言时埋头不听，然后敷衍着说个"好"或者"是"，就开始阐述自己的观点，显然这是学生从教师那里学到的，因为，能认真倾听学生的教师并不多见。教师要努力改进自己的行为，也要有意识地要求和训练学生。

值得提及的是，凯茨沃特(Kindsvater)、威伦(Wilen)和爱仕拉尔(Ishler)确定了倾听的 7 个要素[1]，包括：①眼神交流，直视发言者并保持眼神交流；②面部表情，使用适当的面部表情，如微笑、表示惊讶或兴奋；③身体姿势，使用手势或身体姿势表示欢迎学生的想法；④物理距离，调整位置，试图靠近正在说话的学生(或不太投入的学生)；⑤安静，别人讲话时要安静，不要打断，遵守等候时间；⑥口头感谢，使用简短、适当的口头确认，如"继续""是"或"我理解"；⑦小结，重述或复述学生提出的主要观点。上述技巧表达了对讲话者的尊重，可以使学生逐渐成为有责任心的学习者和受人欢迎的合作伙伴。

(四)以正向、善意的评价支持学生

教师对学生真正的友好和尊重，是不动声色地支持、铺垫和帮助，使学生体面地得到扶助，在评价中感受到乐趣和成功。这里有必要提及两种常见的教学现象，"马前炮"和"马后炮"。

"马前炮"是指一种积极而善良的正向评价。善用"马前炮"的教师会先向学生公布标准、要求，使学生有预期、有行为标准，教师通过持续不断的适度的提点、帮助、支持，不露痕迹地带着学生一步一步走向"标杆"。学生的付出得到珍惜和尊重，学习成果得以"体面而完整"地呈现，学生更有成就感，也更自信。例如，某教师先告知：

"下课前我会安排一个三分钟的写作测评，要求用到本节课所学的短语(至少 3 个)、有用句式(至少 1 个)，还要阐述和评价作者的观点。"

听到这个评价任务后，基础较弱的小萌非常专注，努力记背，教师也多次走到她面前，提示她注意一些关键词句和段落。小萌最后的三分钟写作得分很

---

① Douglas Fisher & Nancy Frey, *Checking for Understanding：Formative Assessment Techniques for Your Classroom*, Alexandria, ASCD, 2007, p.42.

高，教师在全班展示了小萌的作文并给予表扬，极大地增强了她的学习信心。

与之相对，"马后炮"指一种静态、消极的评价方式，教师没有在"过程中"扶持学生的意识，而是坐视不管，任凭结果发生，甚至在评价结果出来之后对学生说三道四。学生懵懵懂懂开始，熬心费力做半天，教师一句"很遗憾"再加上若干"高大上"的标尺就把这一切全都否定了，学生愈发觉得自己"就是不行"，更有挫败感，久而久之就没有了努力的心劲。例如，王老师布置任务：

"本段中有几个词用得好，请同学们赏析一下，可以讨论。"

3 分钟后，学生展示讨论结果，王老师不太满意，对学生说：

"你们应该从三个角度赏析，不能只凭感觉啊。这三分钟白费了……（无奈地）算了，我带着你们做吧，某某你要注意听啊……先看这个词，第一个角度就是……"

学生也觉得自己做得不够好，刚才小组讨论的兴奋劲全没有了，蔫蔫地跟着老师从头做起。其实，如果教师在布置任务时就明确要求学生从三个角度赏析，或者先做示范，就不会出现这种局面。

表 4-2　"马前炮"与"马后炮"对比举例

教学事件	马前炮		马后炮
学生完成小作文	教师公布评改标准；学生写作(15 分钟)；师生合作评价小作文	批评学生写作与标准不符，认为学生浪费了 15 分钟；带学生一起重写作文	学生写作(15 分钟)；教师公布评改标准；师生合作评价小作文
小组合作汇总调查数据	提出分类标准(按行为主体或动作动向)；学生选择其中一个标准分类汇总信息；学生展示，师生点评	批评学生分类不清；要求学生停笔，带着学生一起重新汇总	学生选择其中一个标准分类汇总信息；提出分类标准(按行为主体或动作动向)；学生展示信息，师生点评

将两种情况对比(见表 4-2)，我们会发现，教师是提前告知，引导学生完美呈现，还是学生做完了再告知标准，弄得学生灰头土脸，效果截然不同。

二、持续的调节和改进

道格拉斯(Douglas Fisher)曾提及老农夫的妙语，"你不能通过称重而使牛长胖"[①]，意思是，学生的改变并不是通过评价，而是通过评价所带来的调节；

---

① Douglas Fisher & Nancy Frey, *Checking for Understanding*：*Formative Assessment Techniques for Your Classroom*，Alexandria，ASCD，2007，preface.（"You don't fatten the cattle by weighing it"，汉语中也有类似说法，"光上秤，猪不会上膘"。）

重要的不是评价，而是评价之后的行动。詹姆斯·波帕姆也认为，"评价必须带来实质的调节——无论是在教学方面还是学生的学习方式上"①。教师要将评价作为教学系统的一部分，确定学生知道什么、需要知道什么以及何种干预有效，而不是仅给学生打分。

(一)从容易达成的目标开始

教师应该从学生容易达成的目标开始评估，并逐渐增加难度，引领学生在不知不觉中提升。基本步骤如下。

第一，从容易达成的目标开始评估，增强学生对学习、评价的控制感和成就感，降低学生的抵触和畏难情绪。

第二，频繁进行上述类似的评价，使学生逐渐形成"我能得高分"的自我暗示，学习更为积极投入，更敢于克服困难。

第三，学生形成积极稳定的心理状态、具备迎接挑战的水平后，教师适时适度逐渐加难度，使学生始终在"最佳发展区"内接受评估。

教师要不动声色地完成这个过程，尤其不要说"让我们从最容易的开始""这题很容易""考试很简单"之类的话。这是因为，对于"容易"的内容，学生完成了也没有成就感，并且事实上，评价任务似乎从来没有"容易"过，教师本意是给学生减压，反而却使学生更有挫败感。反之，教师如果"不动声色"地增加难度、给予支持，使成功更像是学生"凭自己的本事"挣来的——这样的过程足以考验教师的水平、能力，以及对学生的爱意和善良，效果之好也超出想象。

(二)评价有机嵌入教学

大班额教学的难点之一在于，学生很难在同一时间对同一知识有同样的掌握。以图4-5为例，"教师端"完整的知识轮廓，传到"学生端"却各有不同，学生A接收了教师传达的全部信息，B学生次之，C学生最不理想，只接受到较为凌乱、残缺甚至扭曲的信息。尽管我们不愿承认，但是后两种情况其实更为常见。这说明，学生学习宛如拼图，指望一次成型不太可能，需要不断反复、选择、试错，逐渐弥补、修正错误信息，直至将学生脑中的知识构图补充完整。

将评价嵌入教学，主要解决以下两个问题。

第一，了解在教学过程中，在某个任务完成之后，学生处于A、B、C哪个层级，也就是教学效果究竟如何。教师可以每隔十几分钟(或某个环节结束后)检查学生的掌握情况，而不是一节课结束时才核查，到那时已经来不及补

---

① [美]詹姆斯·波帕姆：《教师课堂教学评价指南》(第5版)，王本陆、赵婧等译，270页，重庆，重庆大学出版社，2010。

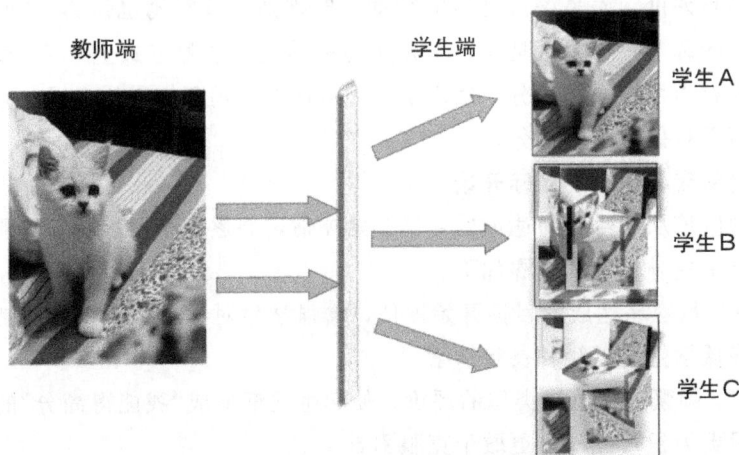

图 4-5　教师端信息与学生端信息的对比

救了。

第二，了解究竟"错在哪里"，或者说，学生信息接收错误的原因是什么。当学生知识掌握不理想时，教师需要补救。但这种补救绝不是简单重复，也不是按原来方式"再讲一遍"。因为"学生没有掌握教师所教"这个评价数据（信息），背后传达的信息可能是：学生没有听明白；学生学习策略不当；学生学习状态不好（没有注意听课）；教师教学方法不妥（应换一个方法）。只有找到具体原因，教师的"再教一遍"才能有的放矢。

当然，教师不是特意停下来进行评价，而是采用与当时教学情境相融合的教学评价策略，给学生提供反馈。教学中的评价不是孤立地针对某一事件或环节，而是一系列由"教—学—评—改"、再"教—学—评—改"所构成的持续的循环。

(三)提供适时适当的支持

学生的学习犹如从蹒跚学步到自由飞奔，一开始学生需要教师全方位、多角度、最大力度的"高支持"，当学生慢慢地积累经验、更能胜任时，教师逐渐转向"中支持"，甚至"低支持"，直至最终的"零支持"，当然这需要教师对学情的充分把握和精准回应。以一节数学课为例，教师可以提供如下支持。

第一，最大力度的支持，即"案例学习"。教师先板书示例，展示一道例题从分析到解题的所有步骤，教会学生科学分析和规范解题。

第二，中等力度的支持，即"不完整的案例学习"，教师只给出一些关键步骤或只给出起始步骤，学生要在此基础上补全所有条件和解题方案。

第三，没有力度的支持，即"常见学习任务"，学习者必须独立完成解题任务。

再如，在基于问题的学习（Problem Based Learning）中，教师可以提供如下支持。

第一，最充分的支持。给学生提供范围指向明确的、有限的任务清单，列出为解决某一特定问题需要查询的资源。此时，教师承担主要责任，学生的责任最小，但选择的自由也最小。

第二，中度支持。给学生提供范围更为宽泛的清单，列出相关资源，如某一课程中一系列问题的所有相关资源，学习者须从中自主选择。此时教师不再承担主要责任，学生选择自由较大，要承担一定压力和风险，要对选择结果负责。

第三，没有支持。不给学习者提供任务清单，学生必须独立自主地在"学习场所"中查询所需的资源。

有些专家又将上述策略称为"脚手架策略"或"补全策略"（后者是指由教师"补全"学生不足的部分）。但教师需要明确"何时""补多少""怎么补"才合适，多了会限制学生能力发挥，少了学生则无计可施。评价可以为教师确认学生是否需要脚手架、在多大程度上需要脚手架提供一定的参考，从而使教师有针对性地应对。

目前的问题是，虽然很多教师看似是在依照从"最大"到"中等"再到"没有力度"的顺序提供支持，但不论学生掌握程度如何，教师总是从自己认为合适的力度开始，而不是从学生实际需要的"支架"开始，不是"补多了"，就是"补得不足"。例如，即便是复习课，尽管学生已经掌握了大部分知识，教师仍习惯从头开始，而不是从"学生合适"的起点开始。当然这与传统教学的"现成供给"特征有关，除了全部信息由教师输入外，教师还会全程陪伴、"随叫随到"，这种"保姆式"的支持与陪伴，会导致很多"学习巨婴"的出现。

（四）"评价责任"逐渐转移

教师主导和学生主体一直是争议焦点。究竟该由谁主导和控制教学过程？如果从"省事""安全"的角度考虑，"教师控制"是不错的选择。然而，如果我们希望学生学会学习，"学生控制"必须逐渐取代"教师控制"，由学生主导学习进程，成为学习的主人，教师只起辅助、支持作用。

但问题是，学生不会一下子成为有"控制力"的学习者。学生控制意味着学生越来越多地享有自由、承担责任、做出选择，在学生还不完全具备足够的"控制能力"时，这些自由、选择和责任只会导致心理压力和挫败，以及现实中的混乱。因此，由"教师控制"到"学生控制"需要一个循序渐进的过程，需要根据学情逐渐放开，太早只会适得其反，太晚则会束缚学生的发展。

为此，《综合学习设计》一书提出共享责任模式。在这种"共享模式"中，部分是教师控制，即由教师先给学生选定一部分任务；部分是学生控制，即由学生从教师选出的任务中再次选择，选出自己最终的学习任务。一开始教师负主要责任，提供给学生限定性较强、数量有限的任务，帮助学生在其中做出适合自己的选择；随着学生能力的提升，"共享模式"中的责任逐渐向学生转移，教师提供给学生限制性较弱、更大数量的任务，指导（或逐渐减少指导）学生做出选择，最终责任完全转向学生本身，完全由学生选择。另一种方式是向学习者提供建议（例如过程清单），随着学生学习技能的提升，教师逐渐减少建议的频率和详细程度，直到学生完全胜任学习任务①。

因此，教师可采取评价责任逐渐"转移"的办法，使学生最终承担"主要责任"。这种办法基本分为以下三个阶段。

第一，学习、模仿。教师是评价主体，承担评价设计、制定标准、主持或主导评价实施，以及评价结果利用反馈等责任。同时教师注意对学生的示范和引领，每一步都力求规范，利于学生学习模仿，逐渐"教会"学生如何评价。

第二，尝试、实践。本阶段仍以教师评价为主，但教师要逐渐放手，使学生参与进来。可以选一些相对公正的学生主持评价，教师协助把关。还可以有意识地邀请学生对已有评价提出意见、建议，鼓励学生设计评价、参与标准制定等。同时引导学生利用评价结果反思学习。

第三，参与、主导。使每个学生有机会、也有能力参与评价；在保持标准稳定性的前提下，要求学生参与标准制定和评价设计。对正在或即将接受评价的学生，无论是从评价中受益的佼佼者，还是在评价中"惨败"的"差生"，教师都可以倾听他们的想法和体验，邀请他们参与评价以及进行评价后的协商。

三、评价方式灵活多样

教师应努力设计灵活多样的、低焦虑的评价，使其与教学融为一体。如此，学就是评的过程，学生甚至意识不到自己身处评价之中，效果会更理想。

(一)采用多种测评方法

不同的测评方法有不同的优点，教师可以根据教学需求加以选择，而不是仅仅选择测验或者考试。

1. 书写

书写更像是"静态"的、"自问自答"型的个体学习，学生通过书写，能够组织自己的想法，也为教师提供了思想记录。

---

① ［荷兰］杰罗姆·范梅里恩伯尔、保罗·基尔希纳：《综合学习设计》（第二版），盛群力、陈丽、王文智等译，127~128 页，福州，福建教育出版社，2015。

2. 口头表达

口头表达更具生成性，利于教师追问和继续跟进。其中，课堂谈话模式，尤其是教师话语模式如何支持学生深入学习，值得研究。

3. 图画展示

图画展示使得学生的知识学习可视化，教师要通过图示了解学生的优势和漏洞，不能仅满足于让学生"画出来"。

4. 其他快速了解学生的方法

这些方法包括身体语言、卡片、贴纸、手写板等，这是个创意无限的领域，只要想得到，就能做得到。

（二）以不同方式检查学生的理解

教师可以用多种方式检查学生的学习。例如，学生阅读关于喜剧演员憨豆先生（Mr. Bean）的文章，读完第三段，教师要求学生表演憨豆先生的滑稽动作，据此了解学生是否理解关键情节，如憨豆先生给自己写生日卡（假装是别人寄来的），囊中羞涩却又楞充大方等。读完第四段，教师请学生给喜剧视频配音，并通过关键词汇（如 smiles and nods，attempt，busies himself，shocked，disgusting，desperate）的使用情况，判断学生是否理解憨豆先生的狼狈、尴尬与窘迫，以及强颜欢笑、令人心酸的处境。在上述两个环节中，尽管教师没有使用检测题，但仍能了解学生的理解情况。并且，因为阅读活动有趣别致，学生兴致盎然、踊跃参与。

再如，阅读文章 Dream House（梦想中的房子）第一段描写主人公一家不断搬迁，且每到一处就多出一个孩子，教师便请学生判断，"哪幅图更适合本段？"（见图 4-6）

图 4-6　阅读判断题"哪幅图更适合本段？"

课文第三段描述主人公一家租房破旧，房东态度恶劣，教师设计"角色扮演"活动，请学生表演房东、孩子和父母之间的对话。根据学生的表演，教师可以判断学生是否读懂了课文（见图4-7）。

The Landlord

1. Pay your rent, or leave quick.
3. Be quiet! I'm angry!
5. I don't want to fix the pipe!

Papa/ Mama

6. Everything is old and damp. My poor children.
7. We'd better look for another house!

Children

2. Mom! There are worms in the wall.
4. We want our own yard and play freely.

图 4-7 阅读任务"角色扮演"

学生的其他表现，如朗读、背诵、转述、发表观点、模仿或者表演等，也都是极为真实而宝贵的评价资源，例如，在赏析诗歌《再别康桥》前，教师先请学生朗读《再别康桥》，朗读后教师请学生进行自我评价，学生说"有点着急"，"没有读出作者的情感"，"有些地方处理得似乎不对"等。之后教师带学生赏析诗歌，深入理解作者的思想感情，并常有"此处应该怎么读?"之类的提点，并请学生用心揣摩。诗歌赏析结束后，教师再请学生朗读《再别康桥》，并再请学生自我评价，并要求学生前后比对，找出自己在哪些方面处理得比以前好，哪些地方仍有欠缺。可以看出，与本课"入口"时相比，在"出口"时学生有明显改进。

四、对评价结果做相关分析

如前所言，教学中的评价很难与教学截然分开，学生所做（或者不做）的每一件事，既是学习行为，又可以作为评价信息。如此一来，教师可用于评价的信息既复杂又丰富，需要理性选择、冷静分析。

（一）区分能力水平和任务水平

学生的能力水平和任务水平不见得完全一致。能力水平是指教师希望学生通过学习所应获得知识技能的水平，即"达成预期学习成果"。任务水平指的是学生在完成某一学习任务（如解决一道数学题）的具体表现。教师会因为学生精彩的任务表现而沾沾自喜，但是，只有当学生使用本节课的目标知能完成任务时，才能认为学生达到了本节课的目标。例如，某节课的预期目标是学会乘法，测试题目是求三个19的和，如果学生是用乘法算出得数，说明学生完成了学习；如果学生使用加法算出得数，即便算对了，完成了任务，也不能认为学生达标。教师要评价的是学生的能力水平，而不是任务水平。

(二)尽可能考虑到多种可能性

课堂教学的复杂性使得每个教学行为都会有"多重可能"，例如，教师提问学生没有答出来，教师会认为学生注意力不集中或者知识水平不够，但学生此时可能在考虑其他可能性。再如，学生的讨论状态可以传达很多信息，讨论热烈，说明学生感兴趣、问题适合(可以是原因之一，可以都是，也可以都不是)；讨论不热烈，可能是因为学生知识不足，可能没有讨论的必要，可能学生不感兴趣。总之，不要轻易下结论。

(三)依据标准提供持续反馈

为使学习指向更加明确，评价要有统一的、每个学生都应当达到的标准，并要告知每个学生。教师据此评价并及时反馈，使学生明白自己是否进步、还有多远，以及还有哪些欠缺等。因此，教师要考虑到评价项目与预期学习成果的相关性，确保每一次测验都涉及教师希望学生获得的重要技能。如果评价不是针对预期成果展开的，最好赶快停止，否则有可能使学生偏离教学重心，得不偿失。当然，"持续反馈"不等于对学生的每一个行为都要评价，这不现实、也不太可能。对学生而言，太多的反馈会引起信息过重的负担，再好的反馈也要适时适度。

(四)理性对待学生学习中的错误

学生的错误包括"先入为主的观念、非科学的信仰、幼稚的理论、混杂的概念或概念上的误解"等[1]，教师需要理性对待学生的错误，否则，学生可能会将错误作为自己不够聪明的证据[2]。

1. 接受错误

这是教师参透学习本质，接受自我、接纳学生的体现。

(1)错误是有理由的。学习是一个由"不知"到"知"的过程。因"不知"而出错是非常正常的，学生出错不等于教学失败，而是说明学习正在发生，没有错误才不正常，才需要警醒、慎重。教师要"善意"揣测学生的错漏，帮助学生找到出错的"正当理由"和解决办法。

(2)错误是可理解的。人无完人，教师也会出错，更何况学生。有"自知之明"的教师能营造一种"悦纳错误"的氛围，给学生正视错误、坦然"认错"的勇

---

① Douglas Fisher & Nancy Frey, *Checking for Understanding：Formative Assessment Techniques for Your Classroom*, Alexandria, ASCD, 2007, p. 32.

② [德]安德烈亚斯·施莱歇尔：《超越 PISA：如何建构 21 世纪学校体系》，徐瑾劼译，98 页，上海，上海教育出版社，2018。

气，帮助学生卸下面具和伪装，从容试错、改错，全神贯注于改进完善。

(3)错误是有价值的。错误的答案和正确的答案一样有用，可用于学生自我评定、提升；可用于同伴互动，是合作探究的有用素材；可为教师提供信息和学习资源。当学生意识到错误的价值，就不怕"丢脸"，不论正确与否，都会乐意给出自己的答案，为教学做贡献。

2. 错误分析

错误是重要的教学资源，需要理性分析、善加利用。

首先，明确学生目前处于哪个层级，是不知、不解、不会，还是不能迁移、创造。其次，了解学生的优势或者缺陷。如果有缺陷，可以尝试弥补或者换一个角度再教、重建知识。最后，还可以了解哪些方法不够成功，帮助教师寻找新的方法或重新开始的机会。

3. 在纠正错误中提升

"学生所犯的惟(唯)一真正的错误就在于未能从错误中学到任何有价值的东西，未能将错误转变成机会，转变成为通向成功的起点"[1]。不论错误有多严重，只要利用得当，都能够激发学生的特殊能力，促进学生更深层次的理解，逐渐帮助学生把错误转变成通往新的成功的起点，具备正视错误、勇于承认错误，以及纠正、超越错误的能力。

总之，教学过程中的评价不是为了给学生"打分""定级"，而是致力于学生更好的学习实践。一方面教师要借助评价了解学情、反思教学、评判教学效果、调整教学决策，满足学生实际需求；另一方面，教师要帮助学生准确而诚实地做出自我评判。师生共同努力，提升教学实效。

第四节　教学过程中常用的评价策略

教学过程中的评价主要分为两类，即判断学生"是否达标"的形成性评价和分析"未达标原因(或困难)"的诊断性评价(见图 4-8)。教师可以通过课堂观察、师生互动、问答、展示、实操、测验等多种方式，并且可以采纳学生想法，适时有效地开展教学中的评价。以下是一些常见的评价策略或方法。

---

① [美]Ellen Weber：《有效的学生评价》，国家基础教育课程改革"促进教师发展与学生成长的评价研究"项目组译，222 页，北京，中国轻工业出版社，2003。

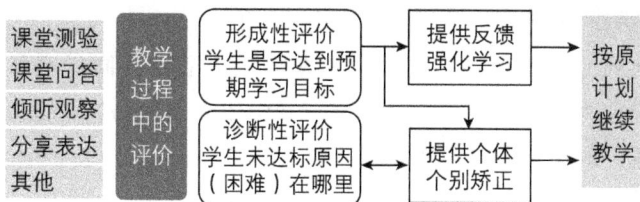

图 4-8 教学过程中评价的类别

一、学生观察

学生观察是教师在教学中最常用的评价策略。在教学过程中细心观察学生的学习情况，利于教师恰当应对。

(一)学生观察可以帮助教师确定需要突破的难点

例如，在一次高三语文阅读训练中，教师发现大多数学生前两题顺利完成，却对第三题面露苦色。核对答案时，由学生讲前两题，教师只做必要补充。到第三题时，教师不断追问，并请多个同学补充，其间又请全班学生讨论，直至得出全面周详的阐述。

(二)教师注意观察和引导，可以使教学目标得以最大化实现

例如，教师在备课时预计学生能够想出某道难题的两种解题方案，但第三方案较难，教师估计学生难以独立完成，准备给学生提供更多支持。在教学中，教师发现大多数小组都完成了第一、第二方案，对第三方案也有涉及，其中，第四小组情况最好。教师就与第四小组一起探讨，帮助学生厘清思路。小组讨论结束后，教师先请学生讲解第一、第二方案，确认学生对前两种方案都有了比较透彻的了解。教师先提出表扬，然后说，"除了这两种方案，还有一种方法，第四小组想得最为透彻，现在请第四小组派代表给大家讲解"，并请全班同学讨论。本节课教师认真观察学生，并对学生学习成果善加利用，有效地突破了难点，实现了教学目标。

(三)学生观察还有助于教师引导学生改进行为

在刘老师的语文课上，在学生安静阅读的过程中，教师观察并记录学生阅读行为。学生阅读结束后，教师除与学生核对阅读信息外，还点评学生阅读行为，点名表扬阅读过程中表现好的学生，如快速浏览、标出关键句和词、做题注等，同时也指出不足的方面，如手指字行、不动笔、出声阅读等。教师表扬时点出学生名字，批评时只说现象不点名，学生自尊心得到保护，都听得很认真。之后，教师布置第二个阅读任务，并要求学生在下一段阅读中注意上述问题。学生在第二段阅读时行为有明显改善。

二、教学中的测验

教学中测验的主要功能是与其他教学活动一起，共同提高学生的学习效果。课堂测验作为评价手段之一，更强调教学效果的检测，以及运用测验结果提高学习质量，而不注重分数评定。

(一)测验的种类

根据其在教学中的用途，课堂测验大体可做如下划分。

1. 形成性测验

用于检测学生学习进展，了解学生是否掌握目标内容、哪些方面掌握得好或不好、哪些学生需要提供矫正、需要哪些支持措施等，教师可以据此做出教学决策(见表 4-3)。

表 4-3　课堂教学中形成性测验及应对

可能的情况	教学决策	备注
大多数学生多数题出错	调整教学计划，重授	起点过高，不符合学情，需要重新调整教学起点
多数学生在某道/某类题目出错	停止原计划，"再学一次"相关内容	可能需要换一个方式，或者需要个性化课外辅导
少数学生出现错误	补充阅读、电脑辅助及视听辅助等；部分学生再度学习；课外补习；分组学习(同质或异质)	不占全体学生时间；同质分组，帮扶少数，其余自学；异质分组，组内互助
没有学生出错	继续原教学计划，或提高难度，或提高速度	可能内容过于简单，起点过低，时间可能浪费

2. 诊断性测评

用于深入探查学生学习困难的成因。

当形成性测验信息不能支持教师做出更为细致的决策时，教师便要通过诊断性测评进行更为深入的研究，以便更加准确地找到根源，更有针对性地加以矫正。例如，对表 4-3 中"多数学生在某道/某类题目出错"，教师可以进一步诊断：

◇学生这道题出错，是基础知识不足，是教师没讲明白，还是不够熟练？

根据诊断结果，教师就可以断定应该如何"再教"才能更有效。换言之，如果说形成性测验回答的是"学生在哪些方面有学习困难？"的问题，诊断性测评回答的问题则是"造成这些困难的原因是什么？"类似的例子还有：

◇学生有阅读障碍(形成性测验)，是词汇问题，还是语法问题(诊断性测验)?

◇学生不能将科学原理应用于新的情境(形成性测验),是未能理解原理,还是专业概念理解不够,还是不能解读情境(诊断性测验)?

与形成性测验相比,诊断性测验一般是对某一方面的知识进行测试,如果题量较大且题目之间的变化较小,教师就可以发现学习障碍的成因。例如,要诊断学生整数加法方面的障碍,编制试题时,可以一道试题不要求进位,一道试题要求简单进位,另一道试题则要求复进位,以确定进位是否就是学生学习困难的根源。

需要注意的是,形成性及诊断性测评之间并不是界限分明,有时一种测验可以兼有两种功用,全看教师如何取舍。此外,诊断性测试题的编制并非易事,有时可能也没必要。诊断并矫正严重的学习问题往往需要进行一系列的测评,需要靠专业人员来进行。教师如果不具备相关知识,自行编制有时可能还会起反作用,条件许可的话,可以考虑由测评专业人员介入,测评专业人员与一线教学人员结合,会有更好的效果。当然,更多的时候教师不得不依靠自己的观察和判断。

(二) 测验的层级

如前所述,《学业成就评测》列举了四种主要的评测方法,包括选择作答测验、提供作答测验、限制型表现评测、扩展型表现评测等。为使测验能够促进学生的深度学习,目前可以考虑复杂度、真实度、综合度较高的测试题目,如扩展性表现类测验题目"设计一个方案来减轻北京的交通压力问题",涉及多个学习成果,要整合多个来源的思想与表现,有多重可能的解决方法,而且需要多重标准来评测结果。当然,教师也可以根据目标要求选择测评方法。例如,高中政治模块2法律与生活中,教学单元"民事权利与义务"①,针对具体学习成果1.5"结合生活经验应用民法原则",可以采用的测评方法包括以下几方面。

(1)应用民法原则的判断题(选择作答测验);

(2)应用民法原则的选择题、排序题或者匹配题(选择作答测验);

(3)简答题,简短地回答如何应用民法原则(提供作答测验);

(4)论述说明在具体情境中如何应用民法原则(限制型表现评测);

(5)在(接近现实生活的)模拟情境中采取行动,教师对学生的行为表现进行观察和评价(其他学生也可参与观察与评价)(扩展型表现评测)。

---

① 参见《普通高中思想政治课程标准》(2017年版)及本书第二章"教—学—评"一体化设计。

前两种方法属于"选择—反应"评价，其他三种方法属于"建构—反应"评价，要求学生建构越来越复杂的反应，其中，第五种方法指定的任务测量学生在具体情境下的行为表现，与教学目标要求的行为最为接近。此外，教师还可请学生完成作品（如代表作、绘画等）或参与某项活动（如发表讲话、操作机器等），进行阶段性测评并向学生反馈，为改进学习提供参考信息。

还有，不论哪种测验都要适度，再好的测验，只能弄清诊断部分学习问题，采取的措施和手段只是相对恰当，不能指望它们解决一切问题，过度依赖测验会起反作用。有限地、谨慎地、"模糊地"应用测验，效果反而更好。

（三）测验的效度和信度

1. 效度

吉尔伯特·萨克斯和詹姆斯·W.牛顿等认为，效度（validity）是指对于一个既定的目标，在做出决策和提供解释的过程中，测量的有用性程度。内容效度（content validity）是指测验在多大程度上测量了某一特定目标，如果测验题目与目标内容一致，测验就是有内容效度的。如果一个测验包含与目标无关的题目或没有将目标所需题目囊括在内，该测验就失去了内容效度。他们指出，效度的核心是教师对学生进行推断的精确性。效度存在于基于测验的推论之中，而不存在于测验本身[1]。阿来萨也认为，效度是教师做出高质量的、有意义的决定的关键要素，效度指向根据评估信息而生决定，而不是评估信息本身。效度是一个程度问题，一般可以分为高度有效、中度有效、无效三类。[2]

换言之，教师的专业判断才是评价效度的最终决定因素。教师需要根据评价信息做出有效推论（解释）。同样的评价信息，不同的教师会有不同的解释和决策。再精细的设计也会因为教师的错误判断而失去价值，甚至会起反作用，此时教师的经验、智慧和水平至关重要。评价效度进一步强化了教师责任，也凸显了教师评价素养的重要性。

2. 信度

阿来萨认为，信度强调评价信息的一致性、稳定性和典型性，例如，如果对某人或某班级评估改期进行，评估结果就会发生变化，就说明评估信度不高。同样地，评估信度不存在百分之百的可信或不可信，只有可信度高低的问题，即高度可信、中度可信，或不可信。他还指出，效度涉及评估对象是否得到恰当评估，而信度涉及评估信息的一致性。有效评估必定是可信的，但可信

---

① ［美］詹姆斯·波帕姆：《教师课堂教学评价指南》（第5版），王本陆、赵婧等译，50～53页，重庆，重庆大学出版社，2010。

② ［美］Peter W. Airasian：《课堂评估：理论与实践》（第四版），徐士强等译，91页，上海，华东师范大学出版社，2008。

的评估不一定是有效的，无论测量多可信，只要达不到测量目的，就没有任何用途。假设教师多次得到"一个学生有六个兄弟姐妹"的信息，此时信息是稳定可信的，但如果教师以此为依据判断"把这个学生放在哪个阅读小组合适"，显然教师决定的效度极低，因为兄弟姐妹数与阅读水平没有任何关系。[①]

威金斯则认为，有四大因素能够促进信度，即作业的真实性、测量技术的完善性、训练有素且公正的评价以及合理的内容、任务和表现标准等，并进一步指出，可信的数据是那些我们信任和认为该由自己负责的数据，并且，评价的信度要求有已知的、一致的且始终如一的评分规则和标准，也要确保不合适的分数能被排除。[②] 这四大因素，尤其是作业真实、评价公正、对数据结果负责等，对我们极有启发意义。

(四)测验的解读

对学生测评成绩的解读包括如下步骤。

第一步，概括学生某一方面的学业表现。教师要概括学生在某个方面的学业表现，而不是仅做优劣判断或等级排列。例如，A 学生语法测试分为 9 分（满分为 15 分），且动名词、定语从句、名词从句、被动语态四项共失分 6 分，教师的解读不应是"A 学生语法成绩不好"，而应是"A 学生在本次测验中，动名词、定语从句、名词从句、被动语态等表现不好"。再如，"民事权利与义务"案例中，"请用一句话为下列的每个术语写出定义：①自愿②平等③诚信"。如果 B 学生得分为 6 分（满分为 9 分），没有写出"诚信"的定义，教师的概括应为"B 学生在'诚信'定义题目上表现不好"。

第二步，做出相关推测。学生在评价中的表现应该被看成是具有代表性的抽样特征，教师据此推断学生对整体内容学得如何，并对学生在类似问题上的表现加以概括或预测。简言之，如果学生在某一道测验题上表现良好，在类似题目上，该学生会有同样良好的表现。也就是说，"A 学生在本次测验中，动名词、定语从句、名词从句、被动语态等表现不好"，其含义是"A 学生在所有关于动名词、定语从句、名词从句、被动语态的测验中，都会表现不好""B 学生在本次测验'诚信'定义题目上表现不好"，其含义是 B 学生在其他"诚信定义"测验中也会有同样的表现。

所以，某种考试所以具有"一考定终身"的效应，不是因为考试有这个本事，而是其试题具有代表性。考题的代表性越好，越可以根据评价结果对学生

---

① ［美］Peter W. Airasian：《课堂评估：理论与实践》，徐士强等译，22 页，上海，华东师范大学出版社，2008。

② ［美］Grant Wiggins：《教育性评价》，国家基础教育课程改革"促进教师发展与学生成长的评价研究"项目组译，99 页，北京，中国轻工业出版社，2005。

在类似问题上的表现加以概括和预测。如果在某些题目上表现不俗，可以认为他们在相近"题目"上（而不是所有场合）会有同样精彩的表现。但是切记，这个概括和推测有三个限制性条件：①题目的代表性；②学生的表现是真实的（充分的和不打折扣的）；③只能对相关情境谨慎推断，如果不是相关情境，做出的推测就是错误、不负责和不公平的，如果因为一个学生是高考状元，就推测他适应所有学科的所有要求，就是不负责任的推断。

第三步，做出恰如其分的解读。一次测验可以有多种解读。拿到测验成绩后，教师可以先看有多少学生掌握率在85%以上（标准参照），决定教学是否继续进行；教师还可以看学生的"相对位置"，如哪些学生在前25%，哪些学生在后25%，哪些学生在中段，针对不同学生采用不同策略（常模参照）；教师还可以了解差异，以确定是否进行差异化教学。教师应该根据需要解读重点内容，而不必面面俱到。其余的可以略下，或留待以后再说。

第四步，做出恰到好处的反馈。对学生做出反馈不是报告成绩、分发奖品那么简单，教师需要综合考虑如下因素：①统一标准。这是所有学生都应该达到的学业标准，教师须对照该标准给学生提供精确反馈，也就是，诚实地告知学生"相对于标准你的优势/不足"，不能欺骗学生，要让学生了解实情。②进步标准。即相对于前期情况及个人实际，学生是否有所进步，或进/退步了多少，对学生而言，这才是真正公平的反馈。③动态标准。即"相对于目标，你在哪里，需要向哪里走"，以发展的观点评价学生，激励学生向共同的目标迈进。

第五步，与下一步教学建立勾连。在恰当解读反馈的基础上，要在测试成绩和下一步教与学之间建立联系，教师在教学设计时应该把这个环节考虑在内。

三、教学中的问答

通过问答来检查评价，是一个比较复杂的过程。课堂问答大致分"问答设计""问答实施"和"问答应对"三阶段（见图4-9），下面分别加以说明。

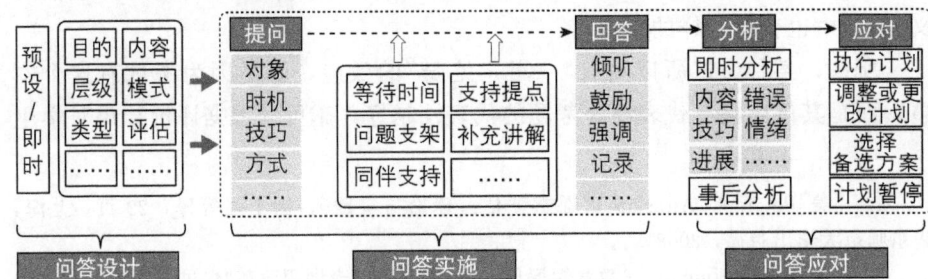

图4-9　课堂问答流程简图

(一)问答设计

问答设计不仅包括设计问题，其他有关内容也应该在问答设计范围之内，如，想了解什么？问什么？什么时候问？谁来回答？谁听？会有怎样的回答？学生回答不出怎么办？回答出来又如何？如何应对学生的回答……教师事先考虑越周全，效果越好。

1. 确定问答类型

教师在充分思考问答目标和任务的基础上，明确使用何种类型的问答。

(1)确定问答功能。课堂问答具有多种功用，主要包括：

① 督促，以问答管理督促学生，如引起注意、检查学生是否认真思考，或帮助学生反省行为、态度等，此时答案不是最重要的。

② 诊断，检测学生学习掌握和理解情况，其作用等同于检测题(选择、简答或判断)。

③ 甄别，判断学生学习能力和效果，评定"好、中、差"。

④ 引导和支持学习，确保学生理解、引发学生深入思考，以及对学生学习提点支持等。

一个问题可能同时实现多种功能，但教师要根据教学需求有所侧重，使问题助力教学，而不是左右教学。

(2)确定问答任务

韦伯认为，设计巧妙的问题能做好很多事情，包括[①]：

① 确定新的思考方式，如"还可以通过什么途径解决这个问题？"

② 澄清概念。要求个人或小组说明它的意义，如"你能举一个具体的例子来说明吗？"

③ 提供论据。"你能找出三个论据来证明这个事实吗？"

④引发更深层思考。"我们已经研究了大草原的经济萧条问题，你能提出几种避免经济萧条发生的措施吗？"

⑤ 结果预测。"你认为这件事的直接后果和长期结果是什么？"

⑥ 思考伦理意义。如"你的世界观对克隆人体器官的提议有什么影响？"

⑦ 概括内容。请学生简洁地概括隐藏在事实中的中心思想："你可以用一个句子准确地表达中心思想吗？"

此外，问题还可以帮助学生反省自己的思维、态度、行为等，如"如何讨论更有效？"或"我听课的方式对吗？"

---

① ［美］Ellen Weber：《有效的学生评价》，国家基础教育课程改革"促进教师发展与学生成长的评价研究"项目组译，201～202 页，北京，中国轻工业出版社，2003。

2. 建构有效问题

没有经过深思熟虑的问题极有可能是无效的。学生有时表现不佳,与教师没有"问对"问题有一定的关系。教师需要思考问题的目的、层次、适宜性等,提出有质量的问题。

教师可以借助布鲁姆分类法构建问题(见表4-4)。需要说明的是,尽管问题有不同的理解深度,如问题"学校的功能是什么"显然比"你知道学校的功能吗"更需要深入思考,但是,哪一个层次的问题都有用武之地,都是有价值的,只不过适用于不同的情形,教师可以根据实际情况加以选择。

表 4-4　基于布鲁姆分类法建构问题

认知水平	关键动词	问题示例
知识: 回忆资料或信息	定义 描述 确定 知道 标示 列表 匹配 命名 提纲 回忆 识别 复制 选择 叙述	……在哪里 什么…… 谁…… 什么时候…… 有多少…… 在故事里找到它……
理解: 明白含义,翻译,描补,解释问题	理解 转换 辩护 辨别 估计 解释 扩展 概括 举例 推断 解读 释义 预测 重写 总结 翻译	用你自己的话告诉我…… 这意味着…… 给我一个关于……的例子 描述…… 说明……故事的一部分 制作一张……的地图 ……的中心思想是……
应用: 在新情境或自发地使用抽象概念	应用 改变 计算 构造 演示 发现 操纵 修改 操作 预测 准备 生产 联系 展示 解决 使用	如果…… 会发生什么? 你会做与……同样的事吗? 如果你在那里,你会…… 你怎样解决这个问题? 在图书馆里,找到关于……的信息。
分析: 将材料或概念分组,以便理解其组织结构	分析 分解 拆分 比较 对比 图解 解构 区分 分辨 辨别 识别 阐明 推断 概述 联系 选择 分开	什么事情会用到…… 还有什么其他方法…… 事情会相似或不同? 这个故事的哪一部分最令人兴奋? 什么事情在现实生活中不会发生? 是什么样的人? 是什么导致……以他/她的方式做事?

认知水平	关键动词	问题示例
综合： 用不同的元素建立一个结构或模式。把各部分组合起来形成一个整体，强调创造一种新的意义或结构	分类 组合 编译 撰写 创造 筹划 设计 解释 生成 修改 组织 计划 重新 排列 重建 联系 整理 修改 重写 总结 分辨	如果……会怎样？ 如果像……生活会怎样 设计一个…… 假装你是一个…… 如果…… 会发生什么？ 为什么/为什么不呢？ 用你的想象力画一幅……的画 为自己的……添加一个新项目 说/写不同的结局
评价： 对思想或材料的价值做出判断	评价 比较 归纳 对比 批判 评论 辩护 描述 辨别 评估 解释 阐释 证明 联系 总结 支持	你要推荐这本书吗？为什么/不？ 选择最好的……为什么它是最好的？ 你认为……会发生什么 你为什么会这样想？ 这个故事真可能发生吗？ 你最想见到哪个角色？ _____是好是坏？为什么？ 你喜欢这个故事吗？为什么？

例如，教师讲授建军节相关知识，可以构建如下问题：

① 知识识记与回忆，例如，"能告诉我建军节是哪一天吗？"

② 理解，例如，"用你自己的话描述建军节的由来。"

③ 应用，例如，"你会在建军节里参与什么活动？"

④ 分析，例如，"如果没有建军节，情况会有哪些不同？"

⑤ 综合，例如，"设计一个迎接建军节的活动方案。"

⑥ 评价，例如，"请阐述建军节的现实意义和价值。"

上述不同问题适用于不同情境，切记，只要适合，每一类问题都是有价值的。

除布鲁姆分类法外，教师也可以用其他方式设计问题，促进学生深入思考，同时检查学生的学习理解。《为理解而评估》（Checking for understanding）一书还提供了计划开放式问题时可以使用的方法（见表 4-5）①，教师也可以借鉴。

---

① Douglas Fisher & Nancy Frey，*Checking for Understanding*：*Formative Assessment Techniques for Your Classroom*，Alexandria，ASCD，2007，pp. 45-46.

表 4-5　题干示例（Sample Question Stems）

_____和_____有什么相似 /不同？
_____的特点/要件是什么？
我们还可用哪些其他方式展示_____？
在_____中大的想法/关键概念是什么？
_____和_____如何产生联系？
你有什么想法/细节可以加进 _____中？
举一个 _____ 的例子。
_____有什么问题吗？
你能从_____中推断出什么？
从_____中可以得出什么结论？
我们要回答什么问题？我们要解决什么问题？
关于_____你在想什么？
如果_____会发生什么？
你用什么标准来判断/评估_____？
有什么证据支持_____？
我们如何证明/确认_____？
如何从_____的这个角度看这个问题？
应该考虑哪些替代方案？
为解决_____你可以使用什么方法或策略？
对_____你还可以说什么？

3. 选择问答模式

构建问题后，教师还要确定问题模式和回答人，包括以下几方面。

（1）齐答。从某种意义上说，学生能够齐答，说明这个问题已经解决，因此，适合齐答的问题其实不多，在教师力图了解学情时最好不要采用这种方式。但从鼓舞士气、振奋精神的角度看，齐答还是需要的。

（2）同伴讨论回答。同伴讨论有利于学生相互帮助、弥补知识漏洞，也有利于相互碰撞、生发出更好的想法。教师最好先提要求、再提问题，问题应适合同伴讨论或同伴互教。

（3）个别学生回答。教师需要注意提问覆盖面，避免提问过于集中的情况出现，还要注意维护学生自尊，及确保其他同学注意倾听。

有的教师会在问题前标注"齐答"或"个别学生答"；还有教师甚至标注提问哪些学生，如"A 和 B 答此题"等。当然，不论是哪种模式，教师最好提前说明，如"本题需要大家齐答"或"请大家先思考，之后我请同学答"等，使学生清楚该如何应对，也利于课堂节奏清晰有序。

需要注意的是，在现实教学中，能够预先设计的问题实在有限，即时性问答所占比例要更多，事先计划再好，到了现场却不是那么回事，很多教师也因此认为问题设计的必要性不大，"到时候再说"就可以。其实不然，即时性不等于随意性，教师预先设计越周密，现场问答就越有指向性。恰到好处的应对需要更强的功力和更好的准备，这也是教师重视并提升问答设计能力的意义所在。

(二)问答实施

最考验教师功力，也最能影响教学有效性的，就在"问"与"答"之间。

1. 教师的问

(1)问谁？教师可以从不同层次各选择一到两名学生回答，了解不同学生的学习进展。此外，为确保覆盖面，教师也可以随机点名，其中，抽签点名是个不错的办法，学生如果觉得自己"随时都会被提问"，注意力就会更集中。有些教师会让学生挨个起立，轮流答题，但他们却沮丧地发现，因为是轮着来的，学生很容易估计到自己要回答的题目，他们只需为自己的题目做好准备，所以，除了起立回答的学生外，其他学生的注意力并不集中。

(2)怎么问？韦伯认为，好的提问既是一种科学，又是一种艺术。好的问题给诊断和评价、促进学生理解提供了基础。[①] 良好提问需要以下技巧：

◇准确表达问题，但不要使用术语。可以通过图解、图例等使问题形象化。

◇问题包括所有要评价的内容，并体现不同思维水平，既可以要求学生叙述事实、描述特征，又可以要求学生做出判断或实际应用知识。

◇体现教师的善意和尊重，不能通过提问打击学生。如学生回答过于简短，可以请其他人接着回答，此时不要说出答案，或讲授相关内容；如学生答不出某个问题，可以略过进行下一个问题，或提供线索引出正确答案。

◇体现从知到不知的探索。引导学生从旧知引出新知，或在整合新知和旧知的基础上做出推论。

◇丰富提问策略，如可以运用幽默(特别是教师的自嘲，可以帮助学生获得自信)、竞赛和模拟访问等使问答更为轻松、愉悦。

◇提升提问效益。教师要通过提问引导所有学生思考、检测所有学生的学习，而不是只有被提问的学生在思考，其他学生无所事事地旁观。

(3)谁来问？

除了教师问，还可以由学生来问。

学生提出的问题，无论处于何种层级，都可以提升学生的理解力，美国专

---

① ［美］Ellen Weber：《有效的学生评价》，国家基础教育课程改革"促进教师发展与学生成长的评价研究"项目组译，199～200 页，北京，中国轻工业出版社，2003。

家詹森在其所著《基于脑的学习》中指出，"与单纯给出答案相比，提问还能引起深入思考"，"问题的质量越高，脑就越因受到挑战而进行思维"。"当我们将概念重构和转述成问题时，我们在鼓励创造性和批判性思维的自由横溢"。所以，我们要"改变传统的提问问题"，"由学生生成要问的问题"。①

学生的提问能力不可能在短时期内一蹴而就，需要逐渐培养，有很多方法可以尝试，交互式提问法就是其中之一。交互式提问是指在阅读时训练学生提问和回答问题的能力。② 学生一开始可能还不太会提问（或问题没有价值），通过师生交互提问，在教师的示范与帮助下，学生通过"独自问—模仿问—独自再问"，学习提问技能。例如，阅读一段课文后，学生就课文内容向教师提问；阅读第二段后师生角色转换，由教师向学生提问；如此师生问答交替进行，学生尝试、比对，再尝试、再比对，逐渐提升。

韦伯提供了如下问题模板③，可以供教师培训学生使用（见表 4-6）。

表 4-6　由学生提出问题的活动

问题类型	题干示例	问题类型	题干示例
过去经验	关于……你已经知道什么？ 你怎么知道……的？ 当……时，你是怎么想的？	中心思想	这章的中心思想是什么？ 每个主要段落的小标题是什么？ 作者要表达的主要观点是什么？
关于目录	关于……你可以从目录中得到什么？ 你希望在第……章发现什么事实？ 这一章同……相同（或相似），因为……	选择细节	什么事实证明了…… 你什么时候知道作者意图的？ 支持主要观点的论据是什么？

① ［美］E. 詹森：《基于脑的学习》，梁平译，158 页，上海，华东师范大学出版社，2008.

② Douglas Fisher & Nancy Frey, *Checking for Understanding*：*Formative Assessment Techniques for Your Classroom*，Alexandria，ASCD，2007，p.53.

③ ［美］Ellen Weber：《有效的学生评价》，国家基础教育课程改革"促进教师发展与学生成长的评价研究"项目组译，204～205 页，北京，中国轻工业出版社，2003.

问题类型	题干示例	问题类型	题干示例
关于标题	中心思想是通过……表现的？ 这些标题可以引发的问题是…… 这些标题的组织结构说明了……	关于顺序	在……之后，十个最重要的步骤是什么？ 有助于……的四个预备步骤是什么？ 这里的顺序为什么重要？
关于词汇	你可能不认识的三个词是……？ 词汇表告诉我们关于……的重要信息？ 别人可能不认识，但你理解其意义的词有……	关于推论	这对你有什么重要作用？ 这个人属于……类型？ 你认为结果会是……
促进思考	你可以描述一下为什么…… 你发现支持……的证据了吗？ 主要问题是什么，怎么解决的？	个人观点	你将把作者什么观点用于实践？ 对于……你会如何反应？ 你欣赏这一章的哪个部分？

2. 在问与答之间

问与答之间也会有许多"微小事件"发生。

决定合适的等待时间是最重要的技巧。教师提问后，应该给学生留出适当的思考时间，让学生消化问题、回放信息、组织答案，必要时还可以讨论，使更多的学生能够自信地表达想法。教师还要注意提醒那些爱"抢答"的学生，"在其他同学想好之后，先等一等，不要急着说出你的观点。"

等待时间结束后，如果学生仍不能回答，教师就要提供支持，如学生互助、"问题支架"、教师补充讲解等。就问题支架而言，对不同的学生，教师使用的"支架"不同，关键是如何用"对"。教师可以从比较概括或处于"顶端"的问题开始，发现学生够不着，教师就可以逐渐放置支架。

例如，教师请学生回答："下列四个选项中哪个更接近文章主旨？"等待 3 到 5 秒，学生没有答出，教师可以按如下顺序提供问题支架。

（1）接收性支架。引导学生找到相关信息，如"请快速阅读文章标题、第一段和第二段"。

（2）转换性支架。如学生仍不得要领，教师为学生提供更为到位的、结构化的指导信息，如"阅读标题、第一段和第二段的首句，找到它们的共同点"。

（3）生成性支架。如学生仍"够不着"，教师继续提供支架，指点学生更具体的生成答案的办法，如"标题与第一、第二段首句中，哪些词有相同含义？"

上例中，随着教师越来越到位的提点，学生逐渐落到自己熟悉的"地面"。

3. 学生回答

教师要郑重对待学生的回答，应做到以下几方面。

(1)表示尊重。评价不仅是分数，教师的眼神、是否感兴趣都说明了学生"得分如何"，可以促进或抑制学生的反应。教师要认真倾听，用微笑和眼神鼓励学生，并可以板书记录学生的回答要点。还要注意，尽量不要打断学生的回答，等学生完整回答后，再强调学生回答的精彩之处，委婉地指出不足。有的教师在学生发言时心不在焉，只顾着管理其他学生、准备资料，对学生的发言只是嗯嗯地敷衍，并没有认真在听，这对发言者和学生均是一种无形的"负面示范"。(写到这里，忽然想起一次儿子对我说话，我没有注意听，儿子走过来扳过我的脸对着他，然后又认真地说下去。但是学生，可不敢去扳过教师的脸！)

(2)面向全体。要求学生解释答案是如何得出的，并不加以评价地接受学生的解释。然后再问其他学生是怎么想的，这就给第一个答案赋予了价值，使全班进入对话题的共同探索。教师也从一对一的询问者，转化为使所有人参与的指导者。当然，参与的学生越多，教师所面临的情势就越为复杂，挑战也就越大。

(3)确保倾听。很多教师会要求学生"大声点"或"再说一遍"，或者教师自己重复学生的回答，其实更好的策略是确保学生的回答被"有质量的倾听"，这是对学生最好的尊重和鼓励。

教师可以要求所有学生安静倾听、认真记录，当然教师要做示范，不要打断学生的发言。笔者在有学生发言时，要求所有学生保持安静，"哪怕是一根针掉下来，也能听得见"。这样一来，无论发言的学生声音有多小，大家都听得见，久而久之，就在班里形成一种相互尊重的氛围，原来胆子小、发言声音小的学生也越来越自信、声音越来越大。

教师还可以通过一定手段检测学生是否认真倾听，如别人答过的内容不许重复，点评他人回答，或请学生复述他人回答等。类似的小技巧可以确保学生认真倾听他人发言，生怕因漏掉重要信息而"受到惩罚"。

(三)问答应对

1. 分析

学生经过思考的回答，无论正误，都是非常宝贵的资源，值得认真分析，并且，有效分析也是合理应对的前提。

回答分析大致包括"现场分析"和"事后分析"两种情况。

现场分析需要教师在"眨眼之间"，对学生回答的内容、技巧、错误、情绪、态度、学习进展等做出判断。在教学现场，教师需要关注的是"学生回答了什么"，而不是"学生应该回答什么"。学生的回答反映了学生在那个特定时刻所知道和不知道的一切，即便是错误的，甚至在教师看来匪夷所思的回答，对学生而言都是完全合理、符合逻辑的。"眨眼之间"的分析若要精准、适切，需要教师摆脱定式、偏好、情绪等的影响，避免偶然性和随意性，对大部分教师而言，这绝非一日之功。教师要尽可能把"事前"预设和"事后"反思归纳的功夫做足，逐渐积攒经验，为"台上的瞬间"服务。

　　事后分析一般在课后反思中进行，相对从容冷静。教师可以采取一些办法"固化""拉长"这些转瞬即逝的问答片段。例如，使用表格标记哪些学生回答了问题、哪些学生没有参与；请同事帮忙观察课堂问答效果；利用课堂录音分析学生的答案和教师的处理等。事后分析不仅可以帮助教师明确学生知能，还可以评判学生思维。例如，高中地理课程标准提出思维结构评价方法，教师通过学生回答，分析学生思维结构。例如，教师设问："哥本哈根由老城区和五个向外延伸的新城区构成。为什么哥本哈根新城区会形成这种空间格局?"之后，教师采用思维结构评价方法对学生回答进行评价(见表 4-7)。思维结构评价方法可以将教学重点从只关注孤立"知识点"或单一的"正确"结论，拓展到关注学生对地理问题的完整认识过程。

表 4-7　教师对学生回答的分析评价

学生回答	所反映的思维结构
学生 1：太难了!!! 思维跟不上……无法理解，对哥本哈根城市情况也不了解	无结构：基本上无法回答问题
学生 2：有人口因素、经济发展因素、环境因素。工业区与绿植区相间布置，在发展的同时也保证了环境良好。经济发展得不好，资金又不能全部都投入发展，只能像斑马线似的交替着	多点结构：提到了人口、经济发展、环境、交通等因素，但不能清晰论述因素之间的联系
学生 3：该地河流流向会导致城市延伸。河水旁的土地富饶，环境好，适宜居住。该地常年风向的通风口，新城区建设工厂，科学园区都有一定污染排放。线路交通线导致城市延伸，交通方便，有利于经济发展，减少运费	介于多点和关联结构之间：提到河流、环境、气候、交通等因素，并说出河流与居住环境，进而与城市延伸的关系。但对其他因素或是独立阐述，或是阐述有误
学生 4：因素有人口和公共交通。人口需要城市居住和工作。公共交通有效连接城市 学生 5：因素有人口数量和交通。交通便利的地区容易建设新城区，而人口数量决定了新城区的大小	关联结构：提到人口和交通两个因素。虽然说出的要素较少，但能说出两个因素之间怎样联系影响了城市空间结构的延伸

2. 回应

教师回应包括：评价学生知识理解水平、强化准确的知识、探讨更多的知识、扩展和应用知识、提取指导教学的信息等。有两种情况要特别注意。

(1)如何帮助回答错误的学生。教师可以使用符号、单词或短语帮助学生回忆，也可以使用明显的提醒，比如"从……开始"，可以帮助学生寻找错误回答背后的原因，或者在学生回答不完整时要求补充清楚。教师可以换一个方式提问，也向不同的学生提出相同的问题；课后与回答错误的学生交流，确保他或者她有正确的答案。

(2)如何处理"不想要"的回答。听到"不想要"的答案是非常正常的。教师应对的办法也多种多样，包括：直接纠正；不置可否，请其他学生说出答案（其实是由该生来纠正）；启发引导该生（或全班）直至得出答案；全班讨论，得出答案。这些方法体现了不同的教学观。教师需要找到学生给出回答的"正当理由"，再决定如何应对。

需要注意的是，很多教师并不理会学生的回答。教师只是笼统地说"好"或对学生发言不置可否就转向下一环节，学生会觉得教师敷衍，对自己不够关注（事实也常常就是如此），以后对教师提问也就不会认真对待。有些教师则走到另一个极端，对学生发言太过较真，指责过多。教师对学生真实的回答不满，学生就会努力猜测教师期望的答案，想方设法掩饰自己的不足，此时回答就像一场竞猜游戏，而不是坦荡、真诚的对话。这两种情况都要尽量避免。

3. 问题链

问题链往往从第一个问题派生出来，问题链的展开要以学生的思维发展为线索，有质量的问题链能够促进学生进一步的思考，例如，"谁是正确的？""你怎么知道的？""你能解释一下为什么他是正确的吗？"在这三个问题中，后两个问题可使学生的思考更为深入。问题链可以用于评价学生学习，但教师主导痕迹较重，也有一定的随机性，此外，要避免教师用问题链过度"牵引"学生的现象。

问题链不见得非要预先设定，更有可能会自然生成，试比较以下两种情境：

情境 1

王老师：Do you know Wednesday?（你知道星期三的含义吗？）

学生们：Yes.（知道）

王老师：Very good. Now let's see what happened on Wednesday……（很好，那现在让我们看看在星期三那天发生了什么……）

情境 2

王老师：Do you know Wednesday?（你知道 Wednesday 的含义吗？）

学生们：Yes.（知道）

王老师：Very good. So what is the day before Wednesday? Tuesday or Thursday?（很好，星期三前一天是哪一天？周二还是周四？）

学生们：Tuesday.（周二）

王老师：Well done! Now let's see what happened on Wednesday…（太棒了！那现在让我们看看在星期三那天发生了什么……）

可以看出，在情境 1 中，教师在学生回答后立即转移目标，把天给"聊死了"。在情境 2 中，王老师为检测学生是否理解 Wednesday（周三）的含义，又追了一个问题：周三前一天是哪天？周二还是周四？通过对这个问题的回答，王老师就可以了解学生是否真的清楚 Wednesday 的含义。此处，"So what is the day before Wednesday? Tuesday or Thursday?" 才是"真问题"。

（四）问题引领式教学

"问题式"是一个统称，凡基于真实问题、开放式问题、无现成答案问题的单元式、项目式、主题式等教学，都可视为问题式教学。例如，教师可以列出"问题清单"，在教学过程每个关键步骤中，或是在学生自主学习的过程中提出"启发式问题"，并在问题解决的过程中予以系统化的指导。通过学生的回答，教师也可以清楚学生在哪些环节做到了，而哪些环节还需要指导和支持。教师甚至可以将"问题清单"转化成"问题导学案"，根据学生完成情况评价学生学习效果。

附　苏格拉底式教学法（Socratic Seminar）[①]

古希腊哲学家苏格拉底和教师们深信，获得可靠知识的方法是通过训练有素的对话实践，他们称之为辩论法，即采用问答方法有逻辑地检查意见或想法以确定其有效性的实践艺术。他们借此发明了苏格拉底教学法，让学习者参与一系列对话和问题。进行苏格拉底式教学法需要考虑文本、问题、领导者和参与者等因素。

（1）文本。教师应该根据学生能力选择文本，以便学生参与讨论。文本应该足够丰富，能抓住学生的注意力和想象力，确保学生能够提问和回答问题。

（2）问题。教学以教师（主持人）提出的问题开始。这个"开场问题"应能够

---

① Douglas Fisher & Nancy Frey, *Checking for Understanding：Formative Assessment Techniques for Your Classroom*, Alexandria, ASCD, 2007, p. 53.

反映学生真实的好奇和兴趣，其答案不是唯一的，要求学生回到文本中去思考、搜索、评估或推断，对这个开放性问题的回答应该产生新的问题、新的回答，引发更多的问题和更多的回答，引发自然和持续的探究。随着该方法的深入使用，学生在学习知识、学会探究的同时，也逐渐学会自己提问，逐渐成为主角。

（3）领导。苏格拉底法中的"领导"可能是教师，也可能是学生，当然主要是教师，尤其在教学法实施初期。"领导"既是参与者，也是促进者。"领导"必须对文本有足够的了解，同时积极参加小组对文本的研究。作为促进者的"领导"会展示一种"思维习惯"，这种习惯会引发反思和深思熟虑的探索，同时"领导"必须信任这一过程，让团队对文本及其思想有自己的理解。讨论的质量是由参与者而不是领导者决定的，对于一个"领导"而言，不是自己有多优秀，或者想法有多好，而是如何激发参与者的积极性，使其深度思考，提高讨论质量。

（4）参与者。在苏格拉底式教学法中，参与者，即学生，要对学习和讨论的质量负责。只有学习者提前学习、积极倾听、分享想法、意见和问题，并在文中寻找证据支持自己的观点，教学才有效果。随着时间推移，学生会意识到教师并不期望对问题有"正确答案"，而是希望学生们积极思考，通过共享发现探究重要问题的兴奋之情。苏格拉底教学法有如下"参与者指南"：

◇在讨论过程中，如有需要，请参阅课文。研讨会不是记忆测试。你不是在"学习一门学科"；你的目标是理解考试中反映的想法、问题和价值观。

◇被要求发言时"过"（即不回答）也没关系。

◇如果你没准备好就不要参加。一次研讨不应该冗长。（所有参与者都要做好准备，否则讨论就会被无限拖长。这要作为一项纪律来要求。）

◇不明白就要问（要求澄清）。

◇跟紧/坚持目前正在讨论的问题；把你想要回顾的想法记下来。

◇不要举手，轮流发言。

◇仔细听。

◇大声说出来，让大家都能听见。

◇互相交谈，不仅是和领导或老师谈。

◇讨论想法而不是彼此的意见。（可能也需要把所有想法"放到一起"，就像文献综述一样，不要管这个想法是谁的，而是总体思考。——笔者注）

◇你要对研讨负责，即使你不知道或不承认这一点。

上述"参与者指南"可以用作学生培训。采用这种教法的教师期望的不只是学生能够得到正确答案，重要的不是学生能把任务完成，而是学生在完成任务的过程中所获得的一切，尤其是探求答案过程中的兴奋、刺激、挑战与感动，结果如何反倒无足轻重。

四、教学过程中的小组合作

小组合作既是教学行为，也是评价行为，很难把它们截然分开。对"教—学—评"一体化背景下的小组合作，我们需要做认真探讨。

小组合作可以帮助教师完成许多工作，包括：①检验学生独立学习的效果；②强化有效获得；③纠正学习偏差；④弥补知识漏洞；⑤解决学习困难；⑥树立学习信心；⑦改善人际关系，增进友谊；⑧提高课堂效率等。以其中的"树立学习信心"一项为例，过于悬殊的师生差距会使学生感到自惭形秽，或认为自己做不好（不如教师）是正常的，因而放弃努力。但他们与同伴之间的差距则是在"可接受""努力就够得着"的范围之内，利于激起学生的好胜心，并帮助他们建立自信。再以"提高课堂效率"为例，同伴教学更接近"最近发展区"，且同伴的讲解方式也更易于接收，故而利于学习吸收。再有，参与讨论和为他人讲解更利于加深印象和准确理解，对讲授者也是很好的促进。此外，在单位时间里，教师可以同时进行多组的同伴互教互学活动，远比教师"一对一"或者"一对多"，效率要高出许多。

小组合作主要包括合作前、中、后三个阶段。合作前要做分组、任务布置和标准说明等准备，用时较长、较复杂的合作还需明确人员分工、规定成果形式（如写作、实物、表演、口头汇报等）等。合作中教师要监督、支持学生，对合作过程的把控是重点，也是难点。合作后可以进行合作成果总结汇报，教师还可以根据小组合作信息做出教学决策，调整跟进。此外，如何使学生反思并从合作学习中受益，逐渐学会交流合作、具备团队精神，也是教师要考虑的内容。下面就其中一些要点进行讨论。

（一）小组合作发生的条件

在本书前面部分提到的学生"自学（S）—互助（P）—分享（S）"学习和行动逻辑中，学生先要独立地、充分地"自学"和思考，然后通过同伴"互助"讨论补齐独立学习不能达到的部分，最后进入"分享"阶段。其中，"互助"是学生独立学习的补充，可以结对，也可以结组。也就是说，小组合作是"自然而然"产生的，而不是教师硬要加入的教学环节。当学生独立学习完成，需要分享收获、探讨问题或向他人求助，而教师又无法照顾到所有学生时，小组合作学习应需而生。

例如，在二年级的课堂上，为激活学生的背景知识，并帮助他们与新的学习建立联系，桑女士请学生首先思考（S）一个与众不同的人。学生思考一段时间以后，桑女士请学生结组讨论(P)他们想到的人，桑女士旁听几个学生的对话并做记录。然后她邀请几组学生和全班一起分享(S)。

之后她继续问了以下问题：

- 什么让你觉得他或她与众不同？
- 你知道还有谁与众不同？
- 那些与众不同的人有什么共同点？

桑女士请她的学生再次思考(S′)这些问题，与同伴互助讨论(P′)，然后再与全班分享(S′)。在这个过程中，桑女士记下学生的已知和误解，以及表达想法的方式。这些信息可以用于整个教学单元。

在上述案例中，桑女士两次用到"自学—互助—分享"的方式(即 S—P—S 和 S′—P′—S′)，并采取多种方式检查评价学生的学习，如学生思考(S)时的观察、询问，学生互助(P)中的倾听、记录，以及分享(S)时点评学生发言等。从中我们可以看出小组合作学习发生的如下条件。

1."竭尽所能"的独立学习

学生须先独立学习和思考，在此基础上进行的合作学习才有意义。否则学生会满足于照搬他人成果，怠惰于思考，久而久之，养成依赖他人(教师、同伴等)的习惯。但是，教师常常会忽视"自学—互助—分享"的前后顺序，尤其是前两个环节，即"先(个人)学习""后(小组)合作"的顺序。

例如，学习"氧化还原反应"时，教师先展示四个化学反应，提问：

"前三个反应是氧化还原反应，第四个反应不是氧化还原反应，为什么呢？前三个反应具有什么共同特点？请大家小组讨论。"

教师布置任务后，学生各干各的，有的默不出声自己思考，有的边想边说，有的边听边看，有的只听不看。教师在巡视中发现学生出现"没有认真读题""不知道从哪些角度思考""没有掌握基本的方法"等问题，教师所期望的"合作学习"并没有出现，学习目标更是无法达成。

本例的症结在于，学生在小组讨论之前并没有进行"深思熟虑的独立学习"，自然也就无法有效合作。在小组合作之前，教师应该加入"学生自学"环节，学生先充分思考、将自身能量发挥最大，看看"凭一己之力奋力前行能走多远"，之后再进行小组讨论。切记，对于学生而言，个人独立学习部分才是最重要的，小组合作只是助力和补充。

2. 学生有合作愿望

充分的个人学习使学生将"个人努力"用到极致，学生有学成的快乐，有百思而不得其解的困惑，更有为解决"竭尽全力仍不能得"而求助他人的急迫，学生会自然产生"想要合作"的欲望，而不是教师"想要学生合作"。

当然，在实际教学中，学生的个人思考和合作分享很难截然分开，有些学生，尤其是没有独立思考习惯的学生，会急于向同伴寻求帮助，此时就需要教师发挥作用，例如，要求"现在请大家安静思考""请先不要说出你的答案""如果你实在想不出来，可以看书第×页"等，这些必要的"阻断"和"延迟"策略既可以使合作节奏更为清楚明快，又可以产生"饥饿效应"，令学生更急于合作。

3. 确实有合作必要

学生分组可以在教学的任意时段发生，教师可以提前预设，也可以现场决定，前提是确有结组的必要，包括：①学生差异较大，不适合教师统一讲授；②学生有相互讨论的欲望；③教师多次提点（或换人）后，学生仍无法回答；④学习任务适合讨论或者合作，⑤教师认为有必要的其他情况。像有的教师请学生讨论公式内容，或讨论学生已经烂熟于心的技能，就没有什么必要。

（二）分组形式及基本要求

分组形式可多样，如同质分组、异质分组等，对于那些不太要求学习基础的课程，教师也可以选择随机分组，更利于实现教学的创生性。教师也可以直接利用学生的座位安排进行分组，如以横排、纵排、前后排分组等；右图是教师根据教室座位将学生自然分组，以图示形式向学生展示组号和分组要求（见图 4-10）。

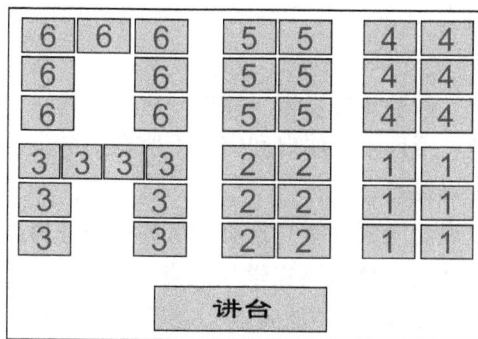

图 4-10 学生分组示意图

教师不必拘泥于某一种分组形式，可以根据教学需要在各种形式之间（如不分组、异质分组、同质分组、自然分组、随机分组等）灵活切换，当然，这就对教师管理与学生行为提出了更高的要求。

从实际效果看，各种分组形式都各有利弊，其中，同质分组更有利于教师分层指导，异质分组利于组内成员相互合作、同伴教学。教师要充分利用不同分组形式有利的一面，尽量避免其不足。

以同质分组为例，某一内容结束后教师询问学生是否明白，学生用手势告知教师自己的情况，包括：

(1)拇指向上，表示"我明白，我能解释"。

(2)拇指向一边倒，表示"我不是完全明白"。

(3)拇指向下，表示"我还不明白"。

根据学生信息，教师将学生分为三组，并合理分配指导学生的时间。

第一组，完全明白的学生，教师布置任务，学生独立完成，因为他们具备了继续学习的前提。

第二组，不完全明白的学生，学生在教师有针对性的提点之后，快速解决问题，然后继续学习。

第三组，完全不明白的学生，需要教师花费更多的时间指导帮助，教师与学生一起再次学习。

可以想象，如果教师不分组，而是采取统一教学步调，如按第三组学生的程度，从头到尾再讲一遍，第一组和第二组学生的大部分时间都是无效的。

需要注意的是，在本例中，教师是"在现场"将学生分层，而不是提前分层，并且仅是针对"某一知识点"分层，该知识点解决后，本次分层也就结束。这与传统意义上的、过于固定的、近似于"捆绑"式的分层完全不同，后者可能会将学生与不匹配的教学"捆在一起"。某学生可能被分在 A 层，但他对某一专题的理解或掌握却是 B 层甚至 C 层水平。所以分层不应固定、捆绑，最好因时而变。

此外，在本例中，教师还可以采用异质分组的方式，在小组内部，由完全明白的学生负责讲解，帮助不太明白和完全不明白的学生，教师则巡视、监控全局，并在必要时加以提点。

下面的例子可以说明同质分组与异质分组的另一种用途。

在一节民事权利课上，教师调查学生观点，询问学生是否同意"放弃享受民事权利就可以不履行相应义务"的观点。之后，教师把有同样观点的学生分在一组(同质分组)，让他们分享观点、研究相关事件，提出支持自己观点的理由。合作环节之后，教师请各小组阐述理由。各组陈述结束后，教师了解是否有学生改变立场。令人失望的是，教师并没有看到学生立场的重大变化。本来，教师的目标是让学生们接触新信息、接受多种观点，实际却没有达到预期的目标。这时该教师意识到，为实现这个目标，他应该将观点不同的学生编成一组(也就是异质分组)，并要求他们达成共识。

本例中，观点相同的学生组合在一起，是同质分组；由有着不同观点的学生组成小组，则是异质分组。

两种分组方式各有利弊。同质分组更易于强化某一观念，这是因为，持相同观点的学生分在一组，他们会找论据进一步证实自己所持理由的正确，会用自己所持有的论据相互支持，这种分组形式切断了学生接触其他观点的可能，所以上例中教师的教学目标无法达成。相对而言，异质分组更利于观点的融合，因为大家观点不同，再加上同伴的质疑，学生就会对自己的观点产生疑虑，最终会在不同的观点中达成平衡，或者淡化某一种观点，或者被一个理由说服而达成新的一致，在这种情况之下，他们就没有更多的时间"固着于"一种观点，或使之更加"坚固"。因此，教师要事先想好，自己究竟要做什么，是要使某一种观点强化，还是要实现一种平衡，这就要根据教学目标做出适当的选择。

关于小组合作时间、小组角色和人数要求等，也应视具体情况而定。总体而言，小组合作时间不宜过长，否则容易形成小团体，即便教师不想角色固定，在小组内也会形成默认角色，此外，重新分组也能给学生重新开始的机会，所以，最多半个学期(两个月左右)要有所调整。小组角色也不应固定，可以先由比较优秀的学生做组长，但要逐渐轮换，原则上小组每个成员都要担任组长。可以采取"弹性主持""轮流坐庄"等办法，让每个学生都有"当家做主"的机会。小组人数 5~7 人为宜，如班级人数过多，也可以先分大组，组内再分小组。

(三)小组合作中的学习参与

1. 教师应适时适度发挥作用

(1)把机会留给学生。在学生小组合作过程中，教师需要掌控全局，可以观察、提醒、监控、记录、发现、鼓励，但不参与，不做主讲，更不能主导小组活动。这是因为，教师参与某一小组活动，就无法监控其他小组。教师在各小组间应该"平均用力"，尤其是在异质分组的情况下。此外，教师为某一小组讲解，该小组就失去一次集体探究的机会，某位组员就失去一次为其他组员讲解的机会，也容易让学生对教师产生依赖心理。

(2)将"责任"逐渐转移。在小组组建初期，教师可提供给学习小组明确的建议和要求，包括如何分配任务、如何发表意见和倾听、如何记录展示，以及到哪里寻找相关资源等，并且可能还要陪伴学生完成合作；在中期，教师只需关注小组合作内容、如何查询相关资源等，并视有无必要对其查询策略给出建议；最终，教师可以不用指导，甚至完全放手，因为此时小组已经能够成为自我管理的学习小组。这是一个逐渐将学习责任转移给学生的过程。

2. 精心进行小组活动设计，提升学生小组合作体验

(1)提升参与感。建议使用小组抽签制，使小组内每个学生都有可能承担主持、发言人、展示人等重要角色，都可以为小组争得荣誉。

例如，王老师一直采用"抽签"确定小组角色的办法，并且规定，小组角色一旦确定，其他同学要为这些"主角"做好服务。在抽签前，小组内的每个人都很努力，生怕自己给小组带来损失；抽签之后，小组内的每个人都会为"发言人"服务，有的帮助他们准备发言，有的则为他准备板书，大家合力"打造"发言人，为集体的荣誉而战。如此一来，每个同学都会体验一种成为焦点、"被簇拥"的感觉，学生合作积极性明显提升。

但是，王老师也发现，抽签也有可能使能力、基础欠缺的学生"出丑"。所以，每次抽签确定发言人后，王老师会给发言人比较从容的准备时间，并要为小组成员帮助发言人创造条件，要尽量使发言人成为小组成就的代言人。王老师还适当帮扶有困难的学生，甚至事先"漏题"、抽签"作弊"、个别"排练"等，使学生在"登台"时展示最好的一面，逐渐增强学生的自信心。例如，在讲解课文语法点之前，王老师提前辅导学生浩，带他反复演练；第二天上课后，老师动了点手脚，抽签时"随意"抽到了学生浩，学生浩发言精彩，给所在小组挣了3分，兴奋异常；之后学生浩经常主动找教师请教，越来越自信，成绩也显著提升。

(2)提升责任感和集体荣誉感。教师可以将个人成绩与小组成绩挂钩，学生的个人行为不仅决定自己的成绩，还会影响小组成绩，使学生意识到自己的责任，也更看重集体荣誉。例如，"Heroes"单元教学结束后，各小组抽签选取一名代表以"History Makers"为题做汇报展示，全班同学倾听评价(见表4-8)。

表4-8　学生单元演讲评价表

Evaluator _____		Group _____			2022.9.30	
Group	Name	Time Control	Pronunciation	Contents	Expressions	Total
		A B C D	A B C D	A B C D	A B C D	
		A B C D	A B C D	A B C D	A B C D	
		A B C D	A B C D	A B C D	A B C D	
		A B C D	A B C D	A B C D	A B C D	
		A B C D	A B C D	A B C D	A B C D	

汇总学生评分情况后，每组代表的得分情况如下(见表4-9)。

表 4-9　学生单元演讲成绩统计表

组别	姓名	选票1	选票2	选票3	选票4	选票5	选票6	选票7	选票8	……	……	……	……	均分
1	王 YP	38	38	36	40	34	38	36	36	36	36	38	36	37
2	邵 KX	28	30	28	28	34	32	24	32	30	28	32	34	32
3	王 YL	38	38	30	36	32	34	32	30	32	32	38	38	35
4	王 SY	18	20	20	22	20	22	32	20	22	26	30	22	22
5	张 BW	36	28	28	36	24	30	32	24	22	24	32	24	30
6	王 BC	36	30	28	38	32	24	24	24	24	26	32	30	30

表 4-9 中，第一组代表王 YP 得分为 37 分，意味着第一组每人"本单元展示"一项得分均为 37 分，第二组代表邵 KX 平均得分为 32 分，则意味着第二组每人"本单元展示"一项得分均为 32 分，以此类推。这样的"行为后果"不仅使各组学生代表对本次展示非常重视，认真准备，组内其他学生也纷纷行动起来，全力支持、帮助代表学生准备。表 4-9 中第四组因组长不够重视，没有带领小组认真准备，发言学生孤身作战，成绩很不理想，组长倍感压力，在下一次单元展示前吸取教训，带领全组成员协助发言人认真准备，以取得好成绩。

（3）提升成就感。学生在小组活动中担任重要角色、对小组有贡献（如建议、准备）、合作成果被认可、"闪亮登场"等，都可以获得成就感。

需要指出的是，学生在学校亮相的机会实在少之又少，学生对此也非常在意，每一次不成功的表现都会使他们很有挫败感，但很多教师都没有意识到这一点。经常会有教师请学生到前面板书，然后将"出错最多"的学生留下来，与全班同学一起分享"他/她的错误"，就会给学生留下很深的消极印象。

教师对小组合作成果的态度也会影响学生的成就感。小组合作学习成果可以有多种体现形式，如学生发言、成品展示、教师展示均可。教师要认真对待学生的合作成果，要让学生感觉到，"我做什么，对老师很重要"。很多教师虽然安排学生小组活动，但在小组活动结束后，却很少使用小组活动成果，学生讨论了什么、结果如何，并不重要，也不会对教师的教学决策有丝毫影响，教师都会继续往下讲。教师的态度使学生觉得自己的讨论不过是一种形式，是没有价值的，时间久了，学生就不再重视了。

（四）小组合作评价

小组合作评价目的在于帮助学生学会如何为团队做贡献、如何从同伴身上借力，及如何与他人合作等，进而提升学生合作学习的能力和质量。

1. 评价办法

评价主体可以是教师，可以是学生，还可以是师生合作。可以先由教师主持评价，给学生确立"标杆"，然后再逐渐过渡到学生（可以先找一些学生代表，再逐渐让所有学生有主导评价的机会），再到学生互评（如每个组派代表评价他组），最后到小组自评，使评价成为学生学习标准、执行标准、积极变化的过程。

小组评价应该有一些通用标准，包括过程性标准和结果性标准。教师要注意，标准不宜太多太全，要有针对性，学生都能得满分的项目，说明学生都能够达标，就没有再评价的必要。教师还应该注意，小组活动前教师就要公布标准，学生对标合作、对标评价，利于学生内化标准。教师对学习成果的评价，也要根据主题、教学情境、现场情况确定。例如，教师发现几乎所有的小组都没有达到预期效果，但又各有可取之处，教师就调整标准，评出"创意最佳""完成数量最多""完成质量最高""思考最深入"的小组，一方面鼓励学生认真讨论的学习行为，另一方面也将每个小组最可取的方面提取出来，利于学生相互学习。

此外，评价重点应"与时俱进"，随学生的变化有所调整。一开始可能教师会更关注合作的过程，强调学生参与合作的行为，如"讨论热烈""参与主动""没有同学游离在外"等，此时学生的讨论结果如何不是最重要的。学生形成良好的合作习惯后，教师就要调整标准的"规格"，用更为"高级"的标准要求学生，如"合作效率高""小组一致性强""体现集体智慧"等，强调合作成果和学生的积极变化。

2. 小组评价设计

教师可以设定合作行为目标，请学生比对标准自我评估矫正（见表4-10）；也可以设计评价方案，将小组互评与个人互评同时进行（见问卷样例4-1）。

表4-10　小组合作自我评价表

姓名　　　日期　　　项目	小组成员：				
请评价你参与小组合作的情况　（A 总是　B. 经常　C. 有时　D. 偶尔　E. 从不）					
我按分配角色行事，且积极协助其他组员	A □	B □	C □	D □	E □
我专心学习，不受无关事项干扰（或影响他人）	A □	B □	C □	D □	E □
我在组内轻声交谈，不抢话	A □	B □	C □	D □	E □
我为小组出谋划策，为小组活动做贡献	A □	B □	C □	D □	E □

续表

我认真、耐心地倾听他人意见	A□ B□ C□ D□ E□
我在完成任务时采纳了他人的想法	A□ B□ C□ D□ E□
当我陷入困境时，我向小组寻求帮助	A□ B□ C□ D□ E□
在小组合作中我解决了自己的困惑	A□ B□ C□ D□ E□
其他评价：	
	合计：

再如，问卷示例 4-1 要求学生首先填写"任务要求目标"，"迫使"学生思考刚刚完成的任务目标所在，据此教师也可以看出学生是否领会教师的苦心。此外，为完成问卷 2，学生需要思考小组与本人的优点和长处，还要了解其他小组和其他同学的优点和可取之处，并在此基础上思考如何改进自身行为，坚持使用利于小组合作和学生个人学习质量的提升。

问卷样例 4-1　学生自评/互评问卷（针对某一具体学习任务）

　　　　班自评/互评问卷　组＿＿＿　姓名＿＿＿

任务名称：

任务要求目标：（学生自己填写）

　　　　1＿＿＿＿＿＿＿＿＿＿＿＿＿＿。

　　　　2＿＿＿＿＿＿＿＿＿＿＿＿＿＿。

　　　　3＿＿＿＿＿＿＿＿＿＿＿＿＿＿。

· 我们组最＿＿＿＿的地方是＿＿＿＿。

· 我认为＿＿＿组最＿＿＿，＿＿＿组最＿＿＿，＿＿＿组最＿＿＿。

· 我从他们那里学到了＿＿＿＿＿＿＿＿＿＿＿＿＿。

· 我自己最＿＿＿的地方是＿＿＿＿＿＿＿＿＿＿＿。

· 我进步的地方是＿＿＿＿＿＿＿＿＿＿＿＿＿＿＿。

· 我从＿＿＿那里学到了＿＿＿＿＿＿＿＿＿＿＿＿。

· 我可以改进的方面是＿＿＿＿＿＿＿＿＿＿＿＿＿。

3. 教学评价活动设计

教师可以设计评价活动帮助学生反思、评价自身行为，使学生自我改进。在这个过程中，教师不做明显干预，也不以评价为目的，学生学习、自我评价与矫正自然融为一体。以下就是一个非常好的活动设计。

活动主题：如何为小组合作做贡献？[①]

事先准备：

- 本课教学中两个难度相当的小组合作任务(任务1和任务2)；
- 学生问卷(两种，每个学生各一份)
- 学生事先分组，每组5～6人

活动流程：

环节1 学生尝试、反思(个人自查)

(1)不做任何要求，直接布置学生通过小组合作完成任务1。在学生小组合作期间，教师不做任何干涉或管理(此时学生处于一种"自然状态")。

(2)任务1结束后，教师发放第一份问卷(见问卷样例4-2)，请学生思考回答。要求学生不参考他人看法，独立思考，认真完成问卷。

问卷样例4-2 如何为小组做贡献

CONTRIBUTING TO A GROUP(为小组做贡献)

Did you enjoy the discussion?（你喜欢这次讨论吗？）

Did you contribute any ideas?（你有贡献自己的观点吗？）

Did you encourage anyone else to contribute ideas?（你鼓励同伴发言了吗？）

Did you remain silent?（你一直保持沉默吗？）

Did you interrupt anyone, or shout them down?（你打断或嚷着制止他人吗？）

Is there any way you could help the discussion to go better?（有没有使讨论更好的办法？）

— by contributing more?（通过更多贡献？）

— by making a suggestion for organizing the group?（通过做出组织团队的建议？）

— by not interrupting?（通过别打断他人？）

— by listening more carefully to others?（通过更加认真地倾听他人？）

— by encouraging others to contribute?（通过鼓励他人做出贡献？）

Try to choose one way you could help in the second discussion.

（请选出一个办法，能对你的下一次讨论有所帮助。）

注：问卷1意在督促学生反思自身行为，学生需要安静地、不受打扰地思考。

环节2 学生再尝试、再反思(集体讨论)

(1)教师布置任务2，仍由学生小组合作完成，教师仍不做任何干涉或管理。

(2)完成合作任务后，教师发放第二份问卷(见问卷样例4-3)，请学生在组内讨论完成。(第二份问卷意在使学生比较前后两次行为的差异及效果，以及

---

① Jill Hadfield：《课堂活力》，顾兆立导读，53～54页，上海，华东师范大学出版社、牛津大学出版社，1998。

自我矫正情况，可以采取小组讨论形式。)

问卷样例 4-3　如何为小组做贡献(反思)

CONTRIBUTING TO A GROUP

Which discussion took longer?（哪次讨论时间更长？）

Which was more enjoyable?（哪次讨论更让人愉快？）

Did more people contribute to the first or the second discussion?（对哪次讨论贡献更大？）

Did you feel happier or more relaxed about making contributions to the second discussion?（对第二次讨论做出贡献，你有感到更快乐或更放松吗？）

Was your contribution welcomed by others?（其他人认可你的付出吗？）

Do you fell that people listened better to each other in the first or the second discussion?（在哪次讨论中，大家更能彼此倾听？）

Is there anything more you could do as a group to make discussions successful and enjoyable?（作为一个小组，你还可以做什么使得讨论成功或令人愉快？）

本活动用时 5~10 分钟，可以作为教师课堂教学的一部分，与教学任务同步进行。教师可设计小组合作活动，并将两个问卷穿插其中，在完成教学任务的同时，也对学生行为进行了有效矫正。

再如，王老师坚持以评价加强学生之间的合作，提升小组合作质量。以"A True Performer"一课为例，小组评价项目包括学案、上课、快读、赛词等项目(见表 4-11)。具体说明如下。

表 4-11　"A True Performer"第二课时小组合作评价成绩

项目	说明	组 1	组 2	组 3	组 4	组 5	组 6	均分
学案	组平均分(=每个学生学案得分相加÷小组总人数)	10	13	14	15	10	11	12.2
上课	包括课堂表现、成果汇报等	11	6	7	11	8	7	8.3
快读	每组抽签选 1 人，第一名计 6 分，次之计 5 分，最后一名计 1 分	1	6	5	2	3	4	3.5
赛词	每组抽查 2 人，平均后计入小组得分	13.5	14	14	14.5	15.5	15	14.4
合计	小组平均分计入个人成绩	35.5	39	40	42.5	36.5	37	38.4

(1)学案。教师将每个学生的学案得分相加，再除以小组总人数，算出每小组的平均分。例如，第一小组共六名学生，五个学生学案得分分别为 11、14、13、10、12，一个学生未交学案，计 0 分，该小组学案总得分为 60 分，

再除以总人数，平均得分则为 10 分。很明显，没交学案的学生严重影响小组成绩，在这种"同伴压力"之下，学生不敢不交作业。其他学生也会为了集体荣誉，合力帮助基础较弱的同伴。

（2）上课。学生如果出现影响课堂纪律、没完成任务（如朗读、课堂笔记、复述课文等）、不参与等情况，教师会扣除学生所在小组分数。此外，小组汇报采用"抽签制"，每个人都有可能被抽中代表小组展示，汇报人的得分计小组分。仍以第一组为例，第一组"上课"得分包括：

①两位学生代表小组展示，表现极好，得满分，10 分；

②一位学生解决了全班同学都感到头疼的难题，得 3 分；

③两个学生课堂笔记为空白，没有完成规定任务，扣 2 分（每人 1 分）。

上述三项有加有减，合计 11 分。本项评价注重学生习惯养成，为了小组荣誉，学生更注意自我约束。

（3）快读。教师从每组抽签选取一个学生，每个学生读课文 30 秒，按学生朗读的长度、准确度、优美度等计分，最快最好计 6 分，其次为 5 分，最后为 1 分。表中第一组"快读"为 1 分，说明该小组被选中的学生快读不理想。这个活动激发了学生的热情，为了能给小组多挣几分，许多学生都在课余疯狂练习。

（4）赛词。有两种方式，一个是"听写接龙"，一个学生写出一个词后迅速把听写纸传给下一个同学，由他写下一个词，以此类推；或者让学生各写各的，教师每组随机抽查一到两人，成绩平均后作为小组成绩。本例中，教师每组抽取两人，第一组抽到的两个学生的成绩分别为 12、15，平均值 13.5 计入小组成绩。再不愿意记单词的学生，也会为了小组荣誉多下一些功夫。

从表 4-11 中可以看出各小组的合计得分，第一小组合计得分为 35.5 分，这意味着，第一小组每一个学生的记在成绩册上的分数都是 35.5 分，而第二组每一个学生成绩册上的分数都是 39 分，以此类推。这种评分方式使得各小组更为团结，大家更重视集体作战，而不是单打独斗。

也就是说，为鼓励合作，教师可以使集体成绩与个人成绩挂钩，使学生意识到，"个人所得"不仅对自己有影响，对集体也有影响；只有每个组员都努力提高"产出"，团队才能获得更大的成功。如此一来，个人和集体就紧紧地联系在一起了。学生还可以明白一个道理，利己就是利他，反过来，利他即利己，二者相生相依。

五、应用现代化手段支持教学评估

评价若要对教学有所裨益，既要真实、精准，又要快速、及时，在实践中有一定的难度。计算机技术可以为教师提供支持，帮助教师收集更多、更为全面的数据，做出更为快捷、个性化的反馈，获得更好的评价效果。

（一）利用互动设备监控教学实施

多媒体互动技术可以使评价更为便捷。教师可以利用计算机互动设备进行前测，根据测评数据快速进入学生问题最大的专题；教学中，教师可以随时检测学生掌握情况，并决定是否重讲、略讲、详讲，或不讲，或是否补充练习等；教学结束时，教师也可以快速了解学习效果，决定如何处理难点问题，如是在课上解决还是课后解决，是面向全体还是面向个体，是教师指导还是同伴互助等。

例如，王老师利用多媒体互动技术进行高三语法教学。教师在计算机房授课，每个学生一台电脑、一个手持答题器，教师机终端有答题接收器、答题数据分析软件，可及时接收、分析、反馈答题信息（见表 4-12）。下面就教学具体环节进行说明。

表 4-12　高三语法课教学安排表

教学环节	教师活动	学生活动	评价意图	技术应用
前测 5 分钟	1. 要求学生在规定时间内完成前测试题 2. 根据前测确定教学重点	1. 学生独立答题并用答题器上传答案 2. 自我评判知识掌握情况	安置性测试，调整并确定教学重点	互动答题，数据分析
语法学习 10 分钟	1. 定语从句学习：课件展示及完成学案，教师适当讲解 2. 关系代词及关系副词：展示语言现象，并请学生总结语言规则	1. 学生根据完成学案及诊断性练习，用答题器上传答案 2. 总结语言现象所体现的语言规律，并完成学案，用答题器提交答案	诊断性测试，判断学生理解情况	互动答题，多媒体课件
语法训练 15 分钟	1. 关系代词用法及其训练（教师巡视及适当点评） 2. 关系副词用法及其训练（根据学生答题情况进行重点讲解，对学生问题比较集中的部分可做补充练习） 3. 定语从句会考、高考模拟训练（综合运用层面）；教师事先将补充阅读材料发送到每个学生桌面，以备学生查阅	1. 完成关系代词练习，并用答题器上传答案 2. 学生完成练习后：①小组讨论；②每小组使用答题器提交一份答案；③更正学案，完成补充巩固练习 3. 学生以小组为单位：①个人在规定时间完成练习（有疑问可翻阅补充材料，也可点击"提问"按钮请求帮助）；②小组讨论答案后提交	形成性测评，及时发现学生学习过程中的问题并有效介入；小组合作学习利于学生之间的交互学习	互动答题，多媒体课件提问键，补充学习材料

教学环节	教师活动	学生活动	评价意图	技术应用
后测 10分钟	1. 总结本课语言现象 2. 课堂测验：①单项选择；②应用定语从句写作	1. 讨论总结并巩固复习 2. 完成课堂测验并提交答案：①用答题器上交单选答案；②将写作上传到教师机	知识总结，诊断性测试，了解学生知识掌握情况	答题器，作业上传至教师端
应用评析 5分钟	1. 点评学生单选情况（根据教师机提供的测评分析），重点指出学生应注意的问题（即测评仍有问题的地方） 2. 用教师机展示部分学生作品，师生共同点评	1. 根据测评结果了解自身学习的优点与不足，并加以有针对性的补救 2. 点评同学作品，并对本人作品做进一步修改	及时反馈，利于教与学及时有效改进	成绩分析，教师机展示学生作品

1. 前测

学生在规定时间内完成前测试题并用答题器上传答案。教师得到学生答题数据，快速分析并立即决策。

(1)确定授课内容。高中英语从句共有名词性从句、定语从句与状语从句三个专题，教师发现学生名词性从句前测得分最低，便决定第一课时（本课）重点复习名词性从句，其他两类从句稍后再做处理。

(2)确定教学重点与难点。数据显示，学生出错最多的题目是主语从句的用法，而不是教师预想的 that 与 what 的区别，于是教师及时调整教学难点。

2. 语法复习及专项训练

语法复习主要包括学生观察语言现象、归纳语言规律、教师重点讲解、在具体语境中应用等步骤，这与在普通教室里授课基本一致。

不同的是，在进行每一步教学时，教师都可以及时得到学习效果检测数据。如果学生掌握得好，教师可以进行下一内容；学生稍显迟疑，可以进行巩固练习；学生掌握情况总体不好，可能就需要调整方法，重新教学。例如，若学生有些拿不准主语从句引导词是否可以省略，教师就补充一道相关习题，学生练习后，仍有疑虑，教师就再补充一题，而 that 与 what 的区别，学生若能一次过关，教师就没有再补充习题的必要了。

3. 后测及应用评析

教学结束前，教师使用后测（五小题，与前测程度相当）检测学生学习效果。如果后测成绩明显高于前测，则本节课教学有效，如后测成绩与前测区分不明显，则有可能是教法或学法不当。后测数据也可以为教师提供下一课备课依据。

(二)利用计算机设备提升评价效果

仍以上述语法教学为例，为充分发挥互动设备的即时评价功能，教师对以下方面更为注意。

第一，在确定教学目标和教学起点时，不以教师的主观判断为准，而是根据学生前测结果，现场确定教学起点、教学目标，以及教学重点与难点。

第二，教学内容的选择不以师生任何一方的"感觉"为根据，而是根据检测数据做出。本例中，每个专题教师都准备低、中、高三个层次的习题，如果学生前测情况理想，教师可跳过低档题，直接进入中档题，甚至高档题。

第三，多媒体互动设备能随时提供更为清晰、准确的学生数据，利于教师做出更有针对性的教学决策，而不是凭借教学经验和感觉。教师在课前仍要预想到多种可能性，并预设多种应对方案，但不排除教师要随时应对突发事件的可能。

第四，教学评价具有动态性。一是教师连续应用"前测—教学介入—后测"的程序，观测学生的进步与改变情形；二是强调"教—学—评"一体化推进，使得评价动态伴随教学全过程，而不是仅仅关注学生静态的学习结果。

(三)利用互动设备改进学生学习行为

计算机技术有着"全程留痕"的"大(全)数据"优势，教师要善加利用，有效掌控学生学习过程，促进学生学习行为的改进。仍以上述语法教学为例，下课后，教师分析数据发现，大部分学生后测数据明显高于前测数据，呈正常的进步趋势，但也有少数学生后测数据明显低于前测数据，情况比较异常，引起教师的注意。

如图4-11所示，A学生前测做对3题，得3分，得分率50％，后测6题得满分，得分率100％，说明A学生本节课学习有效果；B学生前测得分率83.3％，后测得分率66.7％，降低16.6％，且漏做一题，说明B学生本课后半段注意力不集中，没有取得应有的进步；C学生前测全对，得分率100％，在学习过程中漏做五道题目，后测得分率只有50％，说明该学生学习不够投入。教师将三个学生的数据呈现给全班同学，点名表扬A学生，同时匿名指出B学生与C学生的问题，使得学生注意约束自己的课堂行为。

	A学生	B学生	C学生
前测得分	0	0	1
	0	1	1
	0	1	1
	1	1	1
	1	1	1
	1		1
	1		1
	1	1	1
	0	1	
	1	0	
	0		
后测得分	1	1	1
	1	1	0
	1	1	
	1	1	
	1		1
	1	0	1
	14	15	13

图 4-11　部分学生上课答题情况

再如，学生发现答题器上的"举手键"可以中断教师机的使用，学生觉得好玩，就不停地摁"举手键"，既影响课堂顺利进行，也使得学生注意力分散。教师在向全体学生提要求的同时，又与"举手"过于频繁的学生个别交流，学生的行为逐渐改观，不再胡乱"举手"，对学习更为关注。以下列图表中的 B 学生为例，"举手"次数由 248 次减至 0 次，正确率则提升了 32%。（见图 4-12、图 4-13）。

第2次与第3次"举手"次数对比

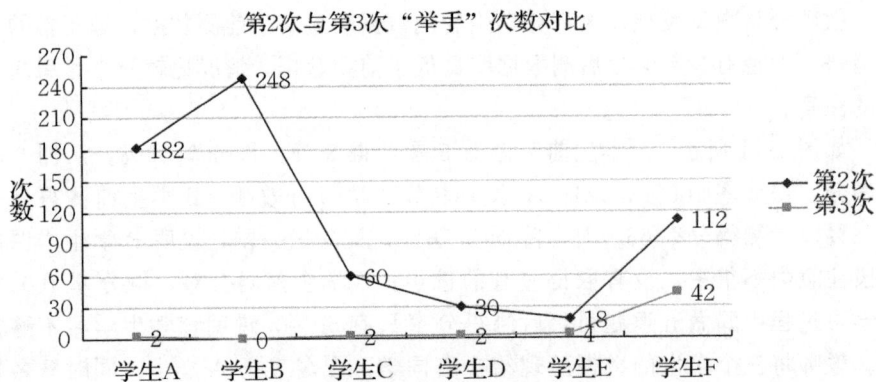

图 4-12　部分学生"举手情况"对比

第2次与第3次正确率对比

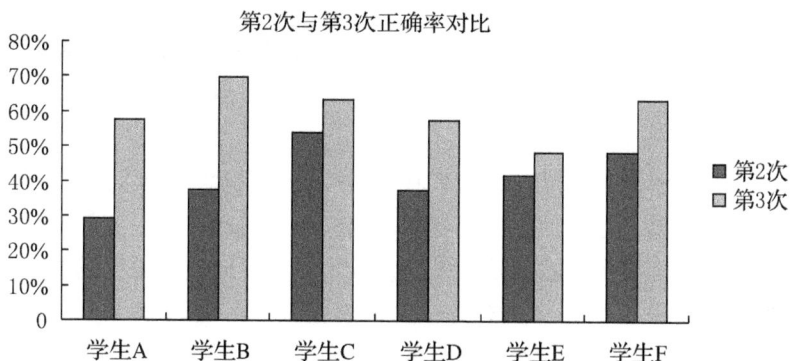

图 4-13 部分学生答题正确率对比

(四)构建学生"自学习系统"

教师还可以借助计算机技术的大数据优势,设计学生"自学习系统",为学生自主学习提供支持。如图 4-14 所示,在学生某学科"自学习系统"中,学生学习包括准备学习、定制学习、调整改进和巩固迁移等环节,"自学习系统"通过入门测试、过程测试和结果测试等支持学生自主学习。

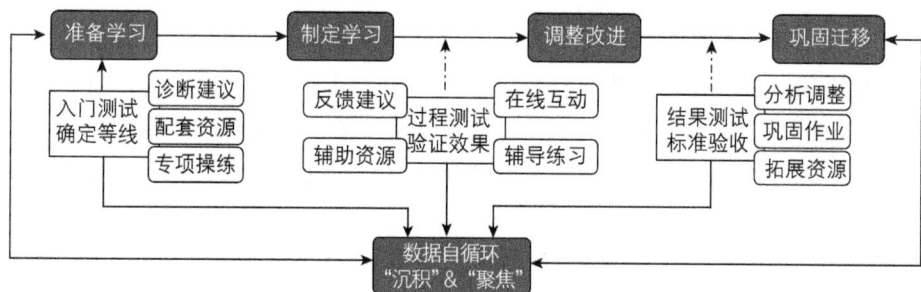

图 4-14 学生某学科"自学习系统"构图

1. 入门测试

在准备学习阶段,学生参加入门测试,确定相对于要达到的学习目标,自己处于哪个等级(如可预先规定 A、B、C 三个的等级),系统根据学生测试结果,确定学生学习等级,给出学生学习优势与不足的诊断和有针对性的学习建议,并提供配套学习资源和专项练习。

2. 过程测试

学生进行个人定制化学习,为确保学生学习效果,系统在学生学习过程中适时切入过程测试(学生也可以主动接入测试),并根据测试结果提供建议、补充学习资源和辅导练习,学生根据测试结果和系统提供数据调整改进学习,也可以与教师或同伴在线互动、求助、讨论交流。

3. 结果测试

系统根据教学标准验收学生学习成果，评定等级（或分数），提出反馈建议，判断学生是否达标，是否可以进行新的学习，并提供有针对性的巩固作业和拓展资源。

上述测评数据，不仅可以为教学服务，还可以"积攒"下来，用于后续教学与研究，也就是说，在信息技术支持下，"当下"与"长远"可以更好地融合。

总之，计算机技术，尤其是人机互动技术，可以使教师更为迅捷、准确地获得学生学习过程的信息，在提高课堂教学实效性、促进学生个性化学习方面，是不可多得的助力。当然，这也要求教师具备动态"教—学—评"的意识，重视课堂生成，随时准备根据学生情况调整教学，这就对教师课堂管理与应变提出了更高的要求。

第五节　教学过程中评价学习的其他策略

只要教师有心，教学中可以用于评价的策略可谓无穷无尽，并且可以为教学极大地添加乐趣，调动学生积极性，提升教学效率。

一、思维图示

学生用图表形式将所学知识总结梳理，可以明确知识间的联结，利于学生的理解记忆。大到学科或章节的知识梳理，小到某一具体知识内容，都可以采用这种方法。这种方法使得学生思维可视化，利于教师评判学生学习与思考的情况。

例如，在学习《骆驼祥子》时，教师请学生完成"骆驼祥子大事表"（见图 4-15），根据学生作业情况，教师可以看出学生是否抓住了文本主线、学生提取与表达信息的能力，以及学生的思维类型。其中，A 图显示学生已经意识到该书所有情节都是为深化或阐释主题服务的，但学生思维的顺序性需要加强；B图说明学生逻辑思维较好，但主题不够突出；C图显示学生信息提取、概括能力较好，既能依序描述，又能注意到故事推进的跌宕起伏，可提醒学生进一步突出主题。

再如，历史徐老师原来习惯于边讲解边板书，并请学生记笔记。学生笔记工整，课堂秩序井然，但学生测试成绩并不理想。他发现，学生记笔记只是被动地跟着老师走，"并没有往脑子里去"，有的学生讲，"抄笔记嘛，不用走脑子，很舒服"。还有学生直截了当地告诉他记笔记"没用"。在终于痛苦地承认学生记笔记是被动的、无效的之后，徐老师打算改变原来的教学方式。

在讲解鸦片战争发生的原因时，徐老师要求学生认真听讲，完成鸦片战争

A图

B图

C图

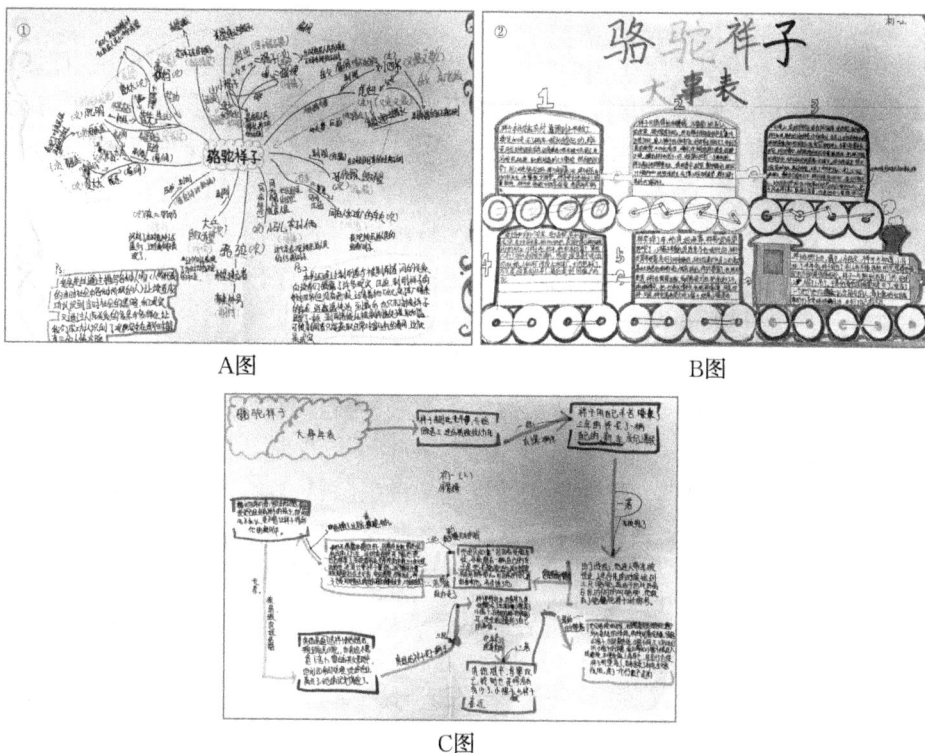

图 4-15　"骆驼祥子大事表"学生思维图例

发生原因的思维导图。徐老师一边讲，一边在学生中间走动，了解哪些学生跟得好，哪些学生不行。之后，学生异质分组，学生在小组中展示自己的思维导图，浏览、讨论其他同学的思维导图，根据来自同伴的启示修改和完善自己的课堂笔记；与此同时，徐老师在教室内巡视，聆听学生对话，了解学生哪些方面掌握得好，哪些方面仍有困惑。例如，当了解到所有小组都确定了战争的社会因素，但很少有小组对此有到位的理解时，徐老师及时叫停讨论，针对这个话题进行了专门讲解，待所有学生透彻理解后，再要求学生继续讨论。讨论结束后，徐老师请学生展示思维导图。坚持这种方法一段时间以后，徐老师发现学生学习兴趣和学习效果均有显著提升。

二、教学游戏

(一)选人游戏

在组织学生学习时，教师可以通过游戏随机选人，使教学中的评价更为公允、客观。下面介绍两种常用游戏。

1. 抛球游戏

在针对某一知识内容进行复习时，教师把抛球给 A 学生，提问一个问题。A 学生回答问题后，把球抛给他选定的 B 学生，同时提出问题。B 学生回答问题，也可以选择不回答问题，直接抛球，由 C 学生回答问题，问题数量不宜过多，5~6 个问题为好，教师或学生提出均可。

此外，还可以采用"问题垒球"方式。教师问一个学生一个问题，学生可以选择"击打"它（自己回答），或把它传给指定的"垒手"或下一个"球员"，或把它"击"给所有学生（找到某一个可以抓住并回答问题的人）。

2. 抽签

抽签是增强教学趣味性和随机性的好方法。抽签随机性较大，难免会有学生因为不会而"露丑"，可能会打击学生的自信心和自尊，教师可以设法弥补，如在抽签时适当"作弊"，在签纸上做标记，根据题目难度抽取适合的学生；还可以事先与学生悄悄约定，请学生认真准备某道题目，现场抽取学生回答。当然教师也可以利用"点名器"等电脑程序来完成抽签过程，但这样一来"作弊"的可能性就比较小了，更要注意在学生不至于太过尴尬（即便答不出来）的场合使用。

图 4-16　学生分组图示（按卡片颜色分组）

例如，为调动学生参与习题课的积极性，王老师采用随机结组和抽签方式。班里共有 38 名学生，教师准备六种颜色的纸条，每种颜色 6~7 张。上课前学生随意抽取一张彩色纸条，并将自己的名字写在上面。上课后，教师请学生按图示调整座位（见图 4-16），例如，抽到蓝色纸条的学生坐第一组，并采用计时的方法，看哪个组就位最快。学生迅速就位，用时不到 30 秒。

学生就位后，教师收取学生名签，按颜色分组摆放，作为抽签答题使用。答题规则包括：①答题人由教师抽签确定，共答题 2~3 轮；②每组每次抽取一名同学答题，被抽到的同学可以选择最有把握的题目回答，回答时间不超过 1 分钟，教师根据回答质量计小组得分；③后面的同学可以回答同一题目，也可以换题，但注意不能与前面同学回答的内容重复（可以纠正或评析），重复的部分按点扣小组得分；④小组总分优胜者有奖，得分最低的组要承担一次班级活动主持任务。

(二)检查理解

在学生学习过程中，恰到好处的教学游戏既可以检查、又可以加深学生对所学知识的理解。

1. 主题单词

教师可以给学生一个主题单词，如 HERO，以竞赛的形式让学生以每个字母开头，写出与主题相关的词或者句子，并根据学生写出的内容，判断学生对主题的理解，当然也可以评判学生的词汇掌握情况。教师还可以采取让学生挑出最重要的词、句、公式或者内容的办法，评判学生对主题内容的把握理解情况，看学生是否明确知道主题内容是什么。

2. 概念配对

教师制作成对的卡片，把概念名称写在其中一张卡片上，把对概念的描述放在另外一张卡片上。学生将描述卡片摆放在书桌上。学生抽取一张概念卡片，到书桌处寻找与之匹配的描述卡片，找对者加分。

3."抢卡片"

这是一种可以让学生兴奋起来的很好玩的游戏。

例如，在进行"民事权利"专题的教学时，为考查学生是否理解了相关概念，赵老师设计了抢卡片的游戏(见图 4-17)。具体步骤包括：

(1)教师准备"权利""义务""民事权利/义务"等概念卡片(每组一套)；学生分组，围桌而坐，每组书桌上依次排开一套概念卡片。

(2)教师宣布活动规则，要求学生双手背后，待教师描述某一概念(如"民事权利")结束，说"开始"后，一起伸手，看谁能快速抢到该张概念卡片；抢对的学生保留该张卡片，被抢错的卡片则要退还。

(3)教师继续描述其他概念，直到所有卡片被抢走，抢卡片最多的学生获胜。

再如，英语张老师带学生复习 History Maker 单元阅读材料中的英雄人物。学生分成 7 组，每组 5～6 人，教师制作 Dr Sun Yat－sen 等英雄人物名字卡片 7 套，一份人物描述(见图 4-17)。学生围桌而坐，双手背后，待教师描述某一概念，如教师读"She spent her whole life working with poor and sick people…"后，说"开始"，学生一起伸手抢卡片，快速抢到卡片"Mother Teresa"的学生获胜，抢错了卡片的学生要退还卡片。教师继续朗读材料，直到所有卡片被学生抢走，抢到卡片最多的学生获胜。

Dr Sun Yat-sen	➤ She spent her whole life working with poor and sick people…
Mother Teresa	➤ …led the 1911 revolution and founded the first republic of …
Thomas Edison	➤ …created so many machines and inventions that we still use …
Elizabeth Blackwell	➤ … fought against racism and his actions changed American …
Jane Goodall	➤ …fought for women's right. In 1849, she became the first woman ever to …
Nelson Mandela	➤ … spent 27 years in prison for fighting for the rights for black South…
Martin Luther King	➤ … spent nearly forty years studying animals in the national park

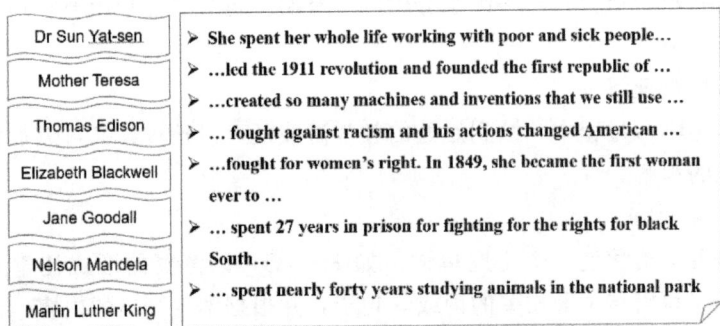

图 4-17　英雄人物名字卡片及描述材料

4. 组员轮换

教师将学生组成四人小组，每个学生在本组有一个组号，对应着相应的小组角色，如 1 号为发言人，2 号为记录人，3 号为信息收集人，4 号为答题人等。小组合作学习告一段落，如 5 分钟后第一阶段任务完成，准备总结或回答问题时，教师叫一个组号，有相应组号的学生轮换到下一个组。新加入的组员会给这个小组带来一些"新"的信息，利于各小组之间信息的融合，也使得每个组员都要关注本小组的学习成果，当他加入新团队时，才能对新团队有所贡献。"换人"程序不断重复，使得知识和信息得以不断传达和融合。

5. 问答匹配

教师给每个学生发两种颜色的卡片（如浅粉、浅蓝），约定一种颜色（如浅粉）的卡片写问题，另一种颜色（如浅蓝）的卡片写答案。教师检查确认学生的答案准确后，收取答案卡片，学生手里保留问题卡片。教师收集所有学生的答案卡片后，把答案卡片重新分配，确保学生手里的答案卡片与问题卡片是不匹配的。教师先邀请一个学生读自己的问题，其他同学看自己的卡片，认为自己有答案的学生举起答案卡片，并起立回答（教师可要求学生回答时尽量不看卡片）。回答正确的学生可以继续问自己手中的问题，回答错误的卡片被收回。一轮问答结束后手中仍持有两张卡片的同学获胜，教师则可以根据收回的卡片确定再次讲解或复习的重点。根据学生准备的问答卡片和回答情况，如最常见的错误、回答不出来的问题等，教师可以判断学生的知识理解和需要支持情况。

三、身体语言

身体语言可以是安静的，以免干扰教学；也可以是响亮的，如跺脚或鼓掌，尤其"当一门课需要能量迸发时"。比较常用的是手势语言，简单的手势语言可以帮助教师迅速了解学情，如手指向上表示"我会了"，举左手表示"有问题",举右手表示"我有把握回答"等。

(一)检查学生学习理解程度

例如,安老师与学生约定,5个手指表示学生对知识有深刻理解,并能给其他学生讲解;一个手指则说明学生全无概念,2到4个手指显示理解的不同等级。教学开始后,她逐步检查学生理解情况。

题目:一个有800个座位的多厅电影院分三个剧场。剧场1有270座,剧场2比剧场3多150个座位。剧场2有多少个座位?

安老师:"所有座位相加的和是800;这是整个影院中所有的座位。手指?(明白吗?)"所有学生伸出5个手指。(明白)

安老师:"剧场1有270座。手指?"所有学生伸出5个手指。(明白)

安老师:"嗯,我们需要知道剧场2比剧场3多多少。想法?"三个学生表示不太明白(伸出3或4个手指),其余学生伸出5个手指表示明白,教师又换了一个说法。"让我再想想。"(教师在"多150个座位"下划线)"剧场2比剧场3多150个座位,所以剧场2比剧院3大。反应?"所有学生又伸出5个手指。(明白)

可以看出,每一步安老师都会利用手势检查学生是否听懂,如果学生全懂了,教师就接着讲;如果有学生不懂,教师就换一种方式解释;如果多数学生不懂,教师就要停止授课,由学生讨论或同伴合作解决。教师可能有预设(学生可能的问题,如何应对),但要看现场是否与预设相符,如不相符,及时调整。

(二)了解学生能想出几种方法(或解决方案)

例如,金老师关于"分数"的教学步骤包括:①请学生想出至少一种使用分数的方法;②等所有学生举出至少一个手指(说明学生至少想出了一种,无论对错),教师请一个学生说出方法,方法相同的学生则放下一个手指(一般教师应先叫举起手指少的学生,以确保这些孩子有机会发言);③教师用心记录学生的正误情况;④教师利用上述活动信息,将学生分组;⑤学生以小组为单位找分数应用的例子,并在全班展示,其他小组手势表示"同意"或"反对",教师据此可知学生是否会应用,及是否具备评价能力;⑥教师据此确定下一步教学,选择解释误解、增加相应内容,还是继续新内容。

(三)表示同意哪种看法或欣赏哪些同学

学生可以用手势表明哪个选择是正确的,如一根手指表示选A,或表示同意;也可以是举手表示同意,不举手表示反对;也可以表示喜欢或者愿意给哪个作品(或哪个学生/小组)投票。例如,李老师请学生小组合作完成《西游记》一书框架图,待所有小组完成后,请学生举手指"投票",如选第一组举一根手指，选第二组举两根手指，以此类推。李老师发现大部分学生举四根手指，就请第四组代表向全班同学讲述本小组框架图，并请其他小组点评补充。

四、其他快速了解学生状态的方法

(一)颜色标注

学生将同类(或相似)的物品、概念或想法用同一种颜色标注出来，如将所有名词标成红色，动词标成黄色等，学生对词性的掌握是否正确就一目了然。这种方法有助于教师在有限的时间里迅速了解学生学习进展。

(二)学生投票

学生投票可以有很多方式，除常用的投票办法外，还可以让学生"签名投票"，如规定每个学生可以使用三次签名，在自己喜爱的学生作品上签下自己的名字，得签名多的学生获胜；给学生发三个带有"赞"字的贴纸，贴在自己认可的小组作品下，得"赞"最多的小组胜出等。还有教师请学生"用脚投票"，如教师用"不同意""同意""不确定"标注教室里不同的角落，教师出示问题，如"某社区要把街心花园变成停车场"，让学生去最能代表他们观点的角落，持同样观点的学生迅速形成一个团队，讨论如何支持自己的观点。上述各种"得票情况"都可以帮助教师迅速判断学情。

(三)回答卡片

学生可以用卡片显示他们的学习状况。教师可以为每个(或每组)学生准备答案卡片，教师提问，学生就举起相应的答案卡片。卡片可以是涂色的，教师通过看颜色可以迅速判断学生是否找到了正确答案。

教师还可以将写有关键知识的卡片分发给学生，请学生按一定标准排序，或组成一个连续体。例如，将植物按大小、颜色或生长环境(从温带到热带)排序，按难易程度排序，按重要性排序，按逻辑关系排序等。根据学生卡片组合情况，教师就可以判断出学生的兴趣、知识掌握、逻辑思维能力等。

(四)彩色纸卡

教师可以让学生备有一套彩色纸卡，与学生约定不同颜色的含义，如红色代表选 A，或者同意举红色，或者认为本题最难举红色等；再如红色卡表示"是""同意""确定""正确"，绿色卡表示"否""反对""错误"，黄色卡表示"有疑问""不确定""需要帮助"等。例如，常老师与学生约定，绿色表示顺利，红色表示难住了、需要帮助，黄色表示需要延长时间(或不能确定)等，在学生独立练习时，有困难的学生悄悄出示红色卡片，常老师就可以走过去提供帮助。还有教师根据教学需要临时规定信号卡含义，如红色卡片表示"议论文"，绿色卡片代表"说明文"，黄色卡片代表"记叙文"等。

(五)手写板

手写板可以是各种材质，但要够大，学生人手一份。教师提问后，学生快速将答案写在手写板上，教师就可以看见每个学生的答案。还有教师请学生做出标注，如√表示正确、×表示错误，？表示疑惑，哭脸表示挫败，笑脸表示顺利等，既能保护学生自尊，又能快速沟通信息，利于保持师生之间的默契和谐。

本章结语

教学中的评价有很多好处。

首先，教学中的评价利于教师"过程中的调整"。评价不是一个独立的行为，而是与教、学紧密交织在一起的，就像测温仪能够持续不断地监测温度增减情况，评价使教师可以随时测量学生"正在发生的学习"，了解教学的实际进展，并适时调整，包括：①更改教学设计；②选择不同的教学资源或补充更多的资源；③使用不同的教学策略；④确定需要特殊帮助的学生；⑤为学生"定制"标准，在遵从共同标准的同时，为学生加入个性化权重；⑥将学生按同质分组进行区分，或按异质分组进行协作学习；⑦ 调整原有的终结性评估方案等。

其次，教学中的评价利于教师"恰到好处"地支持学生。除了调整面向全体学生的教学计划外，教师还可以依据评价进行个性化教学。有效的评价会给教师提供更为详细的学生信息，使教师更好地了解每个学生的起点和需求，据此判断教学支持是否有效、哪些措施是多余的、是否需要添加额外帮助等，为学生提供量身定做的"贴身服务"，使"学生定制"成为可能。学生也会认为教师对自己的学习感兴趣，对学习更有归属感。

再次，教学中的评价利于学生的自我提升。恰当的评价可以帮助学生了解学习是否有效、方法是否对路、是否需要帮助以及下一步如何学习；可以帮助学生做出及时调整，包括适当的让步和放弃、调整学习方法以及突破思维惯式；可以帮助学生做出理性的自我定位和自我评判，增强克服困难、实现目标的信心。此外，通过评价，学生逐渐学会以各种方式（包括考试）展示自己的知识和能力，外显学习过程；逐渐学会主动利用评价为自己的学习"代言"，而不是沉默地等待教师的裁定；逐渐学会根据评价自我改进。应该说，这是一个从"被评判"到"接受评判"再到"自我评判"的过程，每一步都是了不起的跨越。学生不仅改进了学习，也使得自己的深层次结构发生变化，实现更深层次的自我提升。

最后，也是最重要的，教学中的评价是满足教学创生性的基本条件。

为更好理解这一点，我们不妨从对"构造"的不同解读开始。现代建筑学中的构造之意，包含预先规划准备、有意识地执行、按部就班地实施与指向特定目标的直接进步；而生物学意义上的构造，指的是构成某个实体的各种事件的复杂网络。[①] 如果我们认为"教学构造"是建筑学意义上的，或者说，我们认为教学是"预先规划准备、有意识地执行、按部就班地实施与指向特定目标的"，我们就不会认为有基于评价调整教学的必要，只要严格执行教学计划就可以了。

但是，教学并非建筑学意义上的刻板结构，是无法完全设计好的，也不可能只能循规蹈矩、期待同一个结果。教学活动从本质上看，更像是生物学意义上的"构造"，是有着一定的结构的，充盈着智慧、活力与情感的生命体。

教学发生之前，教师会进行教学设计，但"设计"之所以是"设计"，而不是成品，就意味着从设计到成品之间的"变化"。同样的教学设计，不同的教师会有不同的实施效果；即便是同一个教师，对同样的教学设计，根据场景不同、学情不同，甚至个人状态不同，也会有不同的实施办法。

教学发生之后，教与学主要在师生交流之中进行，教师只是呈现了自己的知识系统，学生也只是呈现了自己的知识系统，通过交流，双方都有可能选择性地去感知对方的一些内容，引发学习的产生。其所要达成的效果是无法预先确定的，主要取决于学生参与交流的程度，学生参与得越深、越频繁，效果越好。

也就是说，生物学意义上的教学具有创生性，意味着创新、灵动、"不可预知"和"复杂生成"，既有"计划内"，更有"计划外"，最终的结果不会与初始蓝图一致，而是始终处于变化发展之中。在教学过程中，教师需要根据不同的需要、时机与灵感随时更改教学蓝图，动态把握、适时调控学生的学习进展，如此一来，过程中的评价就成为必需。

[①] ［美］小威廉·E. 多尔、M. 杰恩·弗利纳、唐娜·楚伊特、约翰·圣·朱利恩：《混沌、复杂性、课程与文化：一场对话》，余洁译，130 页，北京，教育科学出版社，2014。

第五章　教学后的评价

行百里者半九十。教学像长跑，起跑、途中跑固然重要，最后的"冲刺跑"更是学生越过终点的关键。教学更像无尽的旅行，学生的学习不会因下课铃响而结束，而是以其他方式继续进行。课堂教学的"最后时段"尽管短暂，却十分关键，教师"最后的努力"不仅能有效改进学生已有学习的质量，还会催生出更高质量的新学习。也就是说，即便教学接近尾声，一切似乎都尘埃落定，教师仍然有机会带领学生抖擞精神，向更高处攀升。教师要用好这"最后的机会"，借助教学后评估快速聚焦、精准施策，获得教学的成功。

第一节　教学后评价要义

一、教学后评价界说

(一)教学后评价及其种类

教学后评价，简称教后评价，是指在教学结束时，教师分析、解读学生学习活动产出，判断学生是否达到预期成果，是否获得一定的变化和发展，并采取相应对策的过程。按评价发生的时间，教后评价可以分为课内、课外两大类，前者一般发生在课堂小结阶段，包括课堂总结、巩固与测评，后者一般发生在课后学生的巩固(作业)、反思与调整阶段，以及教师的反思、反馈、应对等。

(二)教学后评价的基本内容

教后评价不是孤立存在的，是有效教学系统的一部分，与教前评价、教中评价目标一致、前后贯通，为实现有效教学服务。如果说教前评价是为确定起点和引起学习，教中评价是为诊断进程和促进学习，那么，教后评价就是要诊断结果和优化学习，需要教师重点评判以下三个方面。

(1)知能。例如，通过学习，学生是否掌握了目标知识？能否将知识应用到新的情境？是否具备对本课的持久理解？能否将所学与不断变化的外部世界连接起来？能否产生跨学科的思考？

(2)策略。例如，学生是否改进学习及行为表现？是否掌握更多方法，更有独立应对和承担责任的能力？是否具备更强的独立学习能力？是否具备更强的自我评价和调控技能？

(3)情感。例如，学生对教师和学业是否有更积极的态度？是否提高了学习动机？是否更有勇气、更感兴趣、更为主动、坚定？

二、教学后评价的价值和意义

(一)教师方面

教后评价可以为教师提供以下方面的信息。

1. 本次教学的基本数据

(1)学习进展。学生学到了什么，取得了哪些进步，以及在知识、技能或理解方面还存在哪些不足。

(2)教学水准。教学目标是否达成或距离预期成果有多远，教学任务是否完成，自己是否游刃有余，学生是否满意等。

(3)成功或缺憾。本节课有哪些"得意之处"，以及"如果……就会更好"的遗憾；本次教学暴露出教师的哪些短处，如语言能力不足、学科知识欠缺、存在知识性错误等。对这些问题教师不应回避，应予以认真记录和分析。

2."教学补救"的必要性与可能性

在教学结束之时，在"最终的结局"(如验收考试、终结性测验等)到来之前，教师还有机会进行补救，帮助学生越过终点线，达到学习目标。教后评估数据帮助教师判断是否有弥补的必要与可能，选择最终的、定制的干预措施，支持学生在确定的问题点学习，而不是盲目补课。

3. 关于下一次教学的信息

(1)调整目标和内容。教后评价是上一次教学的结束，同时又可以帮助教师根据学生的优势和需求，修正目标、调整内容，将尚未解决的问题转化为新的机会、新的课题、新的资源和新的实践，从而进行下一次教学的筹划。

(2)调整方式。教师可以更清楚地了解学生学习的方式和优长，提供更为适合学习的环境，采用更为恰当的方式，进行更有针对性的教学。

(3)教学铺垫。教后评价在巩固和检测的同时，还可以与之后的内容有效衔接，或者为其做铺垫，评判的过程又是新学习的开始。

4. 关于教学改进的信息

(1)正确归因。修正教学陋习和偏见，以开放的心态了解学生，面对教学结果(尤其是不如意的教学结果)，有担当和包容的胸襟和气魄。

(2)责任意识。教师会更有目标意识，从而以目标引领教学进程，在过程中关注学生的行进路线，不断提醒、帮助学生，多次提供诊断反馈和调整。

(3)合作态度。教后评价更鼓励、更需要也更可能进行教师合作，包括听课观察、课后研讨、学生作业分析、成绩分析等，可采取"会诊制"，让教师坐在一起，对同一现象先各自诊断，再集体讨论。

（4）研究精神。利于教师开展行动研究。教学后评价数据的持续积累可以为开展学生研究服务，教师也能归纳总结成功策略和经验教训，今后做出持续的调整改进。

（二）学生方面

教后评价有助于学生认真反思，有效行动。

1. 对本次学习做出基本判断

（1）本节课我学得如何？判断自己"在哪里"，是否达到了目标，或距离目标有多远，做出清楚的自我定位。

（2）我的优势/漏洞是什么？本节课哪些尝试是成功的，自己有哪些长处和优势；哪些尝试是失败的，自己有哪些知识漏洞，应如何改进提升等。

（3）我该汲取怎样的经验教训？教后评价可以提供细致的、有针对性的反馈，利于学生改进。

2. 做出必要的弥补和努力

教后评价能够给学生确立标杆，提供成功范例，告诉学生怎样做才是成功的。当学生拿到可以比对的样例，就会知道"做到这个样子便是达成目标"。如果再增加几次"重新来过"的机会，学生在"结局处"就会更符合目标要求。同时，教后评价还向学生传达"不到最后一刻绝不放弃"的信念，激发学生的学习动力和信心。

3. 为下一步学习做准备

教后评价引导下的学生反思会给学生带来许多积极的思考，如我应该成为怎样的学习者？今后我应该如何发展？同时也会促使学生采取许多积极的行动，如与同伴合作、与教师有效互动等，这些行动不仅可以提升学生的参与感，也可以帮助学生更好地向他人学习。

此外，评价结果使学生愈发意识到用数据说话、理性分析判断等批判性思维技能的重要性，从无意识地使用，到有意识地主动尝试，评价会使学生成为更有责任心、也更理性的学习者。

第二节 教学后评价的基本步骤

教学后评价可以大体分为评前、评中、评后等步骤（见图5-1），不仅为本次教学收尾，也蕴含着下一次教学的开始。下面逐一描述。

评前	┄┄→	评中	→	评后	新教学

设计（及调整）

学生参与

准备：课堂教学

准备：强化与回顾

准备：最后的调整

教学评同步

数据搜集

学生参与

分析	反馈	应对
定性	告知	调整
归因	建议	帮扶
反思	指导	提升

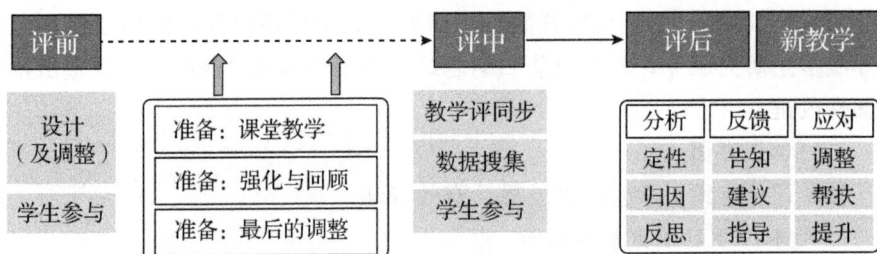

图 5-1 教后评价的基本步骤

一、评价前的设计和准备

(一)教后评价的设计

严格地讲，教后评价设计是教学设计的一部分，教师在教学开始前就应该有完备的贯穿教学前、中、后的评价方案(见本书第二章)。当然，教后评价设计更应侧重以下方面。

1. 评价学习成果

教学即将结束，教师对预期目标能否达成自然更为关注，这在教后评价中也会有更为明显的体现。例如，在研究性学习过程中，学生就某项专题进行社会调查，教师同步进行评价(见表 5-1)。可以看出，调查后的评价重点是学生的调查成果，也就是"调研报告"，这采用的是现场答辩和专家评审的方式。

表 5-1 学生"某某社区垃圾分类现状调查"评价方案

调查阶段		具体实施	评价内容	权重	评价办法
调查前	调查准备	学生结组，领取任务，讨论设计调查方案	学生参与情况，调查方案质量	20%	师评，互评，自评，改进行为和方案
调查中	数据采集	包括现场调查、问卷调查、访谈、查阅报刊书籍、上网检索等	资料收集方式/途径，资料收集数量/质量，学生组织与参与	20%	师评，互评，自评，依据资料清单和调查记录
	整理分析	整理资料，取舍、分类、归纳后形成调研报告	小组分工合作情况，数据分析使用情况	20%	师评，互评，自评，学习日志
调查后	成果展示	各组交流调查研究的过程和调研报告	学习效果和情感态度，调研报告质量，展示及答辩效果	40%	调研报告，教师、学生及外请专家共同组成评委会

2. 强化教学要点

教师要充分利用"最后的机会"，再次重申教学重点内容，"要点问题"要尽可能囊括其中，借助评价巩固、强化要点知识。例如，在设计政治必修课程"改变世界面貌的工业革命"[①]这一专题的学习评价中，教师可以将教学要点直接转化成评价项目，制成评价量表，用于教后评价（见表 5-2）。

表 5-2 "改变世界面貌的工业革命"教后评价量表

"改变世界面貌的工业革命"学习评价表		
评价人：_____ 评价日期：_____		
（A. 非常符合 B. 比较符合 C. 一般 D. 不太符合 F. 很不符合）		
评价项目	评价等级	简要描述
了解工业革命的时代背景	A□ B□ C□ D□ E□	
运用史料论证自己的观点	A□ B□ C□ D□ E□	
理解生产力发展是历史发展的决定性因素	A□ B□ C□ D□ E□	
认识工业革命是人类社会从农业文明演进到工业文明的转折点	A□ B□ C□ D□ E□	
认识到工业革命对国内阶级关系和社会变化造成的影响	A□ B□ C□ D□ E□	
认识工业革命的世界性影响	A□ B□ C□ D□ E□	
优点：（两条）1. _____ 2. _____		
建议：（一条）_____		

（二）教后评价的准备

1. 课堂教学全程

从某种意义上讲，课堂教学的整个过程都是在为教后评价做准备，因此需要教师有更强的成果导向意识，更注重教学过程与教学结果之间的关联，更注重教学实效。

2. 强化与回顾

在评价正式实施之前，教师最好给学生一定的准备时间，对所学内容再进行巩固记忆。如有教师在评测前安排"1 分钟冥想"，让学生在轻柔的背景音乐下，闭眼回顾所学内容；也有教师给学生安排 3～5 分钟的"考前小复习"，毕竟学生的学习比得分更为重要。

3. 最后的调整

教师已经准备好的测评量表或试卷，在"最后关头"还有调整的可能，如增

---

① 中华人民共和国教育部：《普通高中历史课程标准》（2017 年版），57 页，北京，人民教育出版社，2017。

加或删减内容、改变作答形式、给部分学生更改内容或学生选择作答等。如果学生已经明显掌握所学内容，就没有必要浪费时间再进行检测。

二、教后评价的具体实施

(一)教学与评价同步发生

教后环节可用于检查学生知识掌握和迁移情况，它同时也是巩固、强化和应用教学成果的机会。教师安排的特定任务或练习，首先是一项学习活动，学生要积极投入其中；同时又是一项评价任务，学生在其中所展示的知识、技能、体能、态度、方法及与他人的关系，都是评价的对象。此时评价不是为了记录学生错误，或给学生计分、定级，而是为了督促学生更好地利用"最后的机会"巩固、补救和调整学习。评价与教学同步发生，但又服务于"更好的教学"。

例如，学习如何用英文表达日期后，教师给每个学生一张卡片，请学生写出自己的生日。教师在收集起来的卡片中随意抽取一张，用英文读出上面的日期，请同学猜是谁的生日。被猜中的学生起立，并再抽取一张卡片，用英文大声读出日期，请其他同学接着猜，教师要纠正学生错误，或者邀请学生纠正。这个活动既是学习巩固活动，同时又是评价活动，在巩固词汇、练习听说、增进了解的同时，由教师提供有效的评价信息。再如，教师请学生完成部分留白的"知识总结清单"，学生先独立填空，再与同伴互动，然后全班分享，这个过程既是学习总结过程，又是评价过程。

(二)根据需求形式多样

除了书写、测试等，教后评价还可以有其他形式，如利用画图、多媒体展示或表演等方式总结和展示学习。

1. 梳理知识

学生梳理知识可以按不同的逻辑顺序，如时间顺序、发生顺序，或者从一般到特殊、部分到整体等。例如，英语王老师请学生将从课文中选出的关键词或短语按一定的逻辑排序，如重要级、熟悉度、关联性、主次关系等，并向其他学生说明选词和排序的理由。根据学生选词和排序情况，教师可以发现学生的兴趣点，以及学生是否关注或掌握了本课要点。

2. 处理难点

教师也可以请学生写出难以掌握和理解的技能或概念，如果问题是个别性的，可以与教师私下分享解决；如果组里的每个人有同样的问题，可以在小组内分享；如果是全班性的问题，则可以由教师在全班反馈。

3. 总结要点

总结比回忆知识（知识再现）更复杂，也是教后评价更为关注的内容。学生需要反思自己的学习情况，分析学习内容，选择主要观点，并将所学知识结构化。根据学生总结情况，教师不仅可以发现学生学到了什么，也可以对学生是否理解和掌握了核心概念有所洞察。

在教学结束时，教师可以要求学生写出或找出一个能总结学习的词或句子，然后解释他们为何选择这个词。例如，在关于欧元的阅读课结束之前，教师给学生看一幅网上流传的漫画，并请学生回答：

"Which sentence in the text matches the picture?"（文章中哪些句子与这幅图相匹配?）

如果大多数学生能迅速找到与之相匹配的句子，就说明教学效果较为理想。

教师也可以让学生回忆（或列出）关键点，相关的方法有"3—2—1法"，请学生总结与所学或所知有关的三个关键词、两个问题和一个能应用他们所学的方法，或者总结三个事实、两个概念和一个问题等，便于教师检查。例如，学完某位历史人物事迹后，请学生写下三个事实、两个重要贡献以及一个关于该人物的持续争议。

教师还可以建议学生使用首字母缩略或缩写来总结一个话题的要点。例如，教师用"SOCRATIC"作为首字母，缩写苏格拉底教学法应遵循的原则：

S—Stick to the point under discussion（不要跑题）

O—Open your mind and listen to the others（持开放心态，倾听他人观点）

C—Contribute to your discussion（要对讨论有所贡献）

R— be Responsible for the talking（对讨论负责）

A—Appreciate the process and improve yourself（享受过程，提升自己）

T— take Turns speaking（轮到自己再发言）

I—Involvement is necessary（参与是必须的）

C— ask for Clarification if you are confused（不明白要问）

这种方法既便于记忆和遵循，同时也是非常有效的评价工具，如教师可以先写出首字母，请学生把词补全，这样既可以考查学生的词汇量，也可以考查学生对关键概念、要点是否理解到位。

（三）使学习和评价更具挑战

教学即将结束时，学生很容易疲累，注意力也比较分散，因此教师应该变换教学形式，设计集学习、合作、评价于一身的，具备多重效能的教学活动，使学习与评价应更具创造力和想象力，使教学充满趣味和挑战，回味无穷。有很多教学游戏可以同时满足这些要求，下面仅举几例。

1. 口袋游戏

教师准备与教学相关的纸条（包含名称、事实、概念或者问题及回答等内容)或者物品，将它们放在一个大口袋里，学生从中抽出一张纸条或者物品，回答问题、给出相应的概念、描述物品性质，或解释课程知识的重要性等，展示他们对知识的理解掌握情况，供教师和其他同学评判。

2. 接龙游戏

学生分组，教师请学生说出与主题相关的知识点或概念，如"请说出描述森林的形容词(或名词)"。教师每次从小组抽签选取一个学生发言，下一组回答的内容不能与上一组重复，在规定时间不能回答或回答重复的小组被淘汰出局，最终没有出局的小组获胜。学生既要努力回忆、思考，还要认真倾听，以免重复，教师则可以根据学生发言评判学生个体与整体知识掌握情况。在这个活动中，教、学、评相互关联，很难把它们截然分开。

3. 抛球游戏

教师提出问题后，随意向学生扔球，接到球的学生可以回答问题，如果答不出来，则可以把球扔给其他同学。如果学生回答了问题，教师可以就学生的回答进一步讨论、澄清答案，也可以继续提问；如果连续几个学生都不能回答问题，就意味着学生对该项内容的认识有缺漏，教师可以停下来复习。重要的不是游戏，而是教师通过游戏能了解到学生的学习情况并加以应对。

4. 滚雪球

学生以小组为单位，第一个学生先说出一个要点；第二个学生重复前一个学生的要点，再补充一个要点；第三个学生重复前两个学生说出的两个要点，再补充第三个要点；依此类推，本组最后一个学生说出前几个学生说出的所有要点，再补充自己的要点。之后，再反转，最后一个学生说出自己的要点，倒数第二个学生说出最后一个学生的要点，再补充自己的要点，依此类推，再反转到第一个学生处。游戏结束后，教师从每组任选一个学生，要求该学生说出所有内容。这个游戏既可以帮助学生巩固学习内容，也可以帮助教师进行评价，可谓一举两得。

5. 思想旋子

教师制作旋转轴，标注分成诸如"词汇""主要思想""应用""跨学科联系"等部分。学生转动旋转轴，回答"抽中"的问题。教师可以根据学生水平使用不同难度等级的任务，对基础较差的学生，教师可以提供难度系数较低的测试题。

当然，上述方法也可以用于教学的其他时段，如检查学生预习情况或阶段性成果等。此外，类似的教学游戏还有很多，如双簧、猜谜、起立游戏(找关键词)等。只要教师有心，总可以开发出许多有趣又有效的办法。教师可以综合考虑，找出适合学生的办法。

(四)学生参与评价

教后评价更应该邀请学生参与，包括学生参与评价标准的制定，以及学生作为评价者评价他人或者自评等。学生参与教后评价更有意义，这是因为，此时教学已经接近尾声，学生对本次教学的理解与掌握逐渐进入最佳状态，可以在评价中发挥更大的作用。

　　教师可以与学生一起讨论制定评价表，讨论时要尽可能将活动目标、活动内容向学生解释清楚。评价标准应该在活动前公布，学生对照评价表进行活动，包括自评、互评、自我调整等。例如，学生学完政治学科"依法治国"内容后，教师要求学生以小组为单位制作《中华人民共和国民法典》普法展板。在活动开始前，教师可以提出适当的维度，如主题或目标、过程与参与、呈现与成果维度，并完成部分二级指标，也就是提供评价量表的"半成品"（见表 5-3），再邀请学生发表观点，"填空"补全空余部分，既评价学习情况、引导活动过程，又评价学习结果。

表 5-3　《中华人民共和国民法典》普法展板评价表

一级指标	二级指标	评价等级
主题	1. 主题突出 观点鲜明 2. _____	A□ B□ C□ D□ E□ A□ B□ C□ D□ E□
过程	3. 资料收集整理 4. 积极参与小组合作 5. 按时保质完成任务 6. _____	A□ B□ C□ D□ E□ A□ B□ C□ D□ E□ A□ B□ C□ D□ E□ A□ B□ C□ D□ E□
成果	7. 构图合理 结构清晰、符合逻辑 8. 知识掌握完整，能结合生活实际 9. 美观，有吸引力 10. _____	A□ B□ C□ D□ E□ A□ B□ C□ D□ E□ A□ B□ C□ D□ E□ A□ B□ C□ D□ E□
特色	11. _____ 12. _____	A□ B□ C□ D□ E□ A□ B□ C□ D□ E□
总评： 建议：		

三、教后评价的分析与应用

（一）数据分析

　　教师要综合分析评价数据，理性判断教学效果如何，学生哪些方面掌握得好、哪些方面有遗漏等，尤其要借此找到自身教学的偏差。

　　1. 审慎推断

　　学生完成任务，或者拿到分数，不一定等同于学习成功。严格地讲，只有当学生使用新知识或技能完成了评价任务，才能认为学生学习成功。有时学生完成了任务，但未见得具备评价导向的技能或者水平。例如选择题：

美国第一任总统是谁？

A. 华盛顿　　　B. 里根　　　C. 奥巴马　　　D. 布什

学生答对此题有两种可能，一种可能是学生的确掌握了知识，另一种可能是，学生不知道正确答案，但恰好知道其他三个总统不可能是美国第一任总统。如果学生只是完成了评价任务（如上例，选对了答案），却没有用到新知识或技能（如上例中，有些学生利用原有知识推出答案），就不能把这个评价结果作为教师教学有效和学生学习成功的证据。

2. 综合分析

教师在进行数据分析时，不要拘泥于单一来源的数据，要尽可能从多方面收集信息。教师可以把各种来源的数据整合到一起进行互证分析，数据之间一致性越高，评价结论的效度越高。

例如，教师在计算机互动教室上课后，综合分析多种数据，包括：

（1）测验成绩分析

本节课学生前测与后测数据对比，学生前测 5 道小题的平均正确率为 30.0%，后测 5 道小题与前测难度相当，学生的平均正确率为 67.5%，可以看出学生有一定的提升，但错误率仍比较高，尤其后测第一小题正确率为 45.0%，没有达到教师理想预期（见表 5-4）。

表 5-4　前测与后测成绩对比

	题号	正答率	题号	正答率	备注
知识点 1	1	15.0%	26	45.0%	未达预期
知识点 2	2	20.0%	27	92.5%	比较理想
知识点 3	3	37.5%	28	62.5%	错误率较高
知识点 4	4	35.0%	29	67.5%	
知识点 5	5	42.5%	30	70.0%	
均值	前测均值	30.0%	后测均值	67.5%	有一定提升

（2）个别学生数据分析

课堂记录数据显示（见表 5-5），几个成绩较好的学生，如学生 A、学生 B 等，本节课忙于按键"举手"提问（"举手"键会阻断教师机对学生机的控制，学生觉得很有意思），不仅没有提升，反而有所退步；成绩较弱的学生 C 共"举手"248 次，平均每分钟要举 5～6 次手，心思完全不在听课学习上；学生 D 因病没有上课，却有学生用他的账号"举手"（共 46 次）、答题。这些数据不仅显示出这几个学生的学习状态，也反映出教师课堂管理和控制的漏洞。

表 5-5　部分学生数据分析

姓名	"举手"次数	本课正答率	前测正答率	后测正答率	备注
学生 A	183	62.5%	100%	20.0%	优秀生
学生 B	81	75.0%	80%	60.0%	优秀生
学生 C	248	29.2%	20%	20.0%	基础薄弱生
学生 D	46	4.2%	0	0	病假 未上课

（3）同伴教师听课观察数据

同伴教师观察记录显示，课堂纪律稍显混乱，个别学生尝试突破教师机的控制，偷玩电脑中的游戏；两个女生始终躲在屏幕后聊天，没有参与课堂学习；有学生一直在调皮，把其他学生的答题器抢过来答题。他们还认为，学生只看屏幕，用机器答题，有疑问不能及时记录，落实效果不理想。

综合分析后，教师认为本节课教学效果不理想的主要原因，是教师在管理方面存在漏洞，应该加强管理，采取措施使学生全身心投入学习。教师还将分析结果与全班同学分享，帮助学生反思问题、自我约束和自我改进。

3. 理性归因

奥尔波特将"可能的受害效应"归纳为两大类，一种涉及责怪自己，如退缩、自我痛恨和攻击自己的群体；另一种涉及责怪外部，如反击、怀疑和群体自豪感增强。[①] 面对评价结果，尤其是不太理想的数据，教师也难免会要么责怪自己，要么责怪学生。为避免被这两大类效应困扰，教师（包括学生）应注意，数据解读的目的在于找到问题解决的对策，而不是追究责任。错在谁并不重要，重要的是如何应对。

例如，七年级阅读课，教学目标为提升学生深度阅读能力，主要包括引入、阅读、小组讨论、汇报展示四个环节。临下课前，教师请学生写出"本节课我印象最深的三件事"，统计结果显示，教师在学习活动设计（21.5%）、教学选择性（19.6%）、个人魅力（第 4、7、8 项相加，23.6%）等方面有优势，学生对此是认可的，教师可以继续保持这些优势（见表 5-6）。

---

① ［美］戴维·迈尔斯：《社会心理学》，侯玉波等译，341 页，北京，人民邮电出版社，2016。

表 5-6 "本节课我印象最深的三件事"统计结果

序号	项目	人次	比例	备注（关键词或解释）
1	喜欢学习活动形式	11	21.5%	喜欢小组合作
2	课堂有选择性	10	19.6%	自主选择任务和活动，可充分施展个性
3	学到有用文化知识	8	15.6%	可了解其他国家类似的节日，感兴趣
4	教师讲课风格风趣幽默	6	11.8%	
5	读写说技能提升	6	11.8%	可以提升口语技能（3 人次）
6	认真负责梳理文本	4	7.8%	
7	教师外形帅气	3	5.9%	
8	其他	3	5.9%	教师脾气好（2 人次），天气好（1 人次）

但教师也发现，尽管他在"梳理文本"方面很下功夫，学生似乎并不买账，从统计数据上看，认为可以"学到有用文化知识"的，仅为 8 人次，占 15.6%；认为教师"认真负责梳理文本"，4 人次，占 7.8%；两项相加，仅为 23.4%。此外学生"印象最深的三件事"与"文本学习"无关的合计为 64.7%（第 1、2、4、7、8 项相加）。学生没有将主要精力用于文本阅读，教师期待与学生获得之间出现反差。经认真分析，教师认为主要原因如下。

第一，学生处于被动地位。主题归纳、文本结构化等需要认真思考的部分由教师完成了，而学生在这个过程中较为被动，没有投入较多精力。

第二，教师的教学关注点不对，更重视"做的部分"，而不是"读的部分"，致使学生阅读质量不高，只对"搞活动"感兴趣。

综合上述分析，教师认为是自己的教学设计出现了偏差，决定在之后的教学中加以调整，加强对学生的阅读过程的监督和引导。

（二）有效反馈

埋头苦学的学生更期望得到的不是教师泛泛的、敷衍式的表扬，而是表明他们优点、缺点和改进策略的有效反馈，后者更能激励他们坚持不懈地走下去，直至成功。有效反馈须注意以下方面。

1. 及时具体

评价结束后，教师应尽早告知学生结果，使学生能够立即看到自己的学习效果。原则上反馈应不迟于第二天，要趁热打铁，在学生记忆最为鲜活时加以强化。此外，反馈应具体、可理解，例如，与其说学生"不具备批判性思维能力"，不如直接说"片面听信媒体宣传"。

2. 纠正误解

学生对核心概念和重点知识是否产生误解是教后评价重点关注的内容，需要教师谨慎对待。学生好不容易才对所学内容有了一定的理解和掌握，现在他们却被告知自己一直以来是错的，自己的辛苦不过是白费力气，心中的懊恼和挫败感可想而知。所以，澄清误解不是否定学生，教师要把握好分寸。此外，教后评价最好先由学生自己完成，或者以小组讨论的形式进行，教师起到协助、支持的作用。

3. 聚焦改进

反馈应当指出学生的成功和错误，更要传递积极改进的信息，给出"你如何才能正确"的指导和建议。学生拿到的反馈不是"你失败/成功了"，而是，"你在哪方面进步/退步了一些，你需要在……哪方面再改善一点"。其背后的信息是，"你仍然有机会改进，成功永远不会太晚"。有效的反馈还可以帮助学生学会反思，调整学习策略，探求更好的学习方法。

4. 对标要求

学生对一位极受欢迎的教师的评价是，"一碗水端平""不因我学习差就放松对我的要求""对我严格要求，使我觉得我可以更好"等。PISA之父施莱歇尔也曾提出，如果学生跟不上，教师就为其降低标准，学生可能更倾向于放弃努力。"当教师给学生更简单的任务，然后在学生完成时过度赞扬，学生可能会认为教师的行为反映了自己的能力不太行"。[①] 教师要用同一尺度要求学生，但同时要给予个别化的指导与激励，要让学生明白，成功的标尺不会因人而异，"比别人差"只说明到目前为止自己付出的努力还不够多，自己要更加勤奋才能达标。

5. 提出挑战

著名社会心理学家斯蒂尔（M. Stelle）认为，反馈时最好给学生一些挑战，让他们相信自己的潜力。他的研究小组进行了一项实验，其中某些学生因为自己的写作而受到批评，同时还告诉他们，"从你的来信来看，我认为你有能力达到我所说的更高水平，否则我不会自找麻烦给你这样的反馈"。如此一来，这些学生会做出较好的回应[②]。教师要心存"每一个学生经过努力一定行"的信念，相信学生可以通过勤奋来发展和拓展自身的潜能，通过反馈给学生提出挑战，鼓励学生"我相信你能成功""你值得我付出努力""你能够达到更高水平"，

---

① ［德］安德烈亚斯·施莱歇尔：《超越PISA：如何建构21世纪学校体系》，徐瑾劼译，62页，上海，上海教育出版社，2018。

② ［美］戴维·迈尔斯：《社会心理学》，侯玉波等译，342页，北京，人民邮电出版社，2017。

向学生传达积极期待，使学生感受到教师对他们的信心，激励学生更加积极主动地学习。

(三)教师反思

美国心理学家约翰·卡罗尔(John Carroll)认为，学生的学习结果反映了学生需要的学习和教学时间、学习机会和教学质量等是否满足学生需求。[①] 学生的学习结果不仅反映出学生是否"学得好"，更可以看出教师是否为学生提供了恰当的帮助和支持，是否"教得好"。教后评价告诉学生"学得如何"，更告诉教师"教得如何"，帮助教师正确归因，找到自己的问题，而不是过分责怪学生，或把所有责任推给学生。教师可以从以下方面对自己的教学进行反思评价（见表 5-7）。有能力做出清醒教学反思的教师，才有可能指导学生有效反思。

表 5-7　教师教学反思评价问题

评价项目	用于评价反思的问题	反思依据
教学目标	本节课的主要目标是什么？	反思、观察、问卷等
	学生知道本节课的目标是什么吗？	
教学内容	学生是否具备相关的知识基础？	小测、反思、写作或其他作品
	学生对教学内容感兴趣吗？	
	教学内容呈现的顺序/程度合适吗？	
	哪些内容可以省略/强化/增加？	
	学生哪些内容学得比较好/不理想？	
	学生对本课重点知能的掌握情况如何？	
教学过程	我讲/主导/控制了多长时间？	同伴观察、学生学习时间、学生反馈
	学生讲/活动/自主学习多长时间？	
	我是否给学生提供了足够的学习机会？	
	在梳理要点时是否给予学生方法上的引导？	
	我是否关注所有学生？有没有默默无声的学生？	
	哪些话我可以不讲？哪些事可以放手给学生做？	
	我有激发学生的学习热情吗？我的方法有效吗？	
	还有更好的活动和方法吗？	

---

① ［德]安德烈亚斯·施莱歇尔：《超越 PISA：如何建构 21 世纪学校体系》，徐瑾劼译，63 页，上海，上海教育出版社，2018。

评价项目	用于评价反思的问题	反思依据
学生表现	学生感兴趣吗？注意力集中吗？	学生回答、学案学生互评、自我反思观察、问卷
	学生有参与感吗？投入吗？	
	学生遇到困难了吗？如何应对的？	
	学生的总结是否全面？是否还有疏漏？	
	学生有成就感吗？尤其是后进生？	
教学效果	我最想要的效果实现了吗？	小测、反思、观察后续决策，在之前评价结果基础上产生
	学生学习成功吗？证据是什么？	
	我最关注的学生有好的变化吗？	
	哪个环节没有必要安排？	
	如果重上这节课，教学设计是否需要调整？	
三个优点	1.	
	2.	
	3.	
一条改进策略		

注：有些为每节课所必需的通用项目，有些是教师认为某种课型必需的特殊项目

(四)调整与应对

根据教后评价结果，教师可以做出如下调整。

1. 聚焦难点，再行教学

在根据评估结果调整教学时，教师应尽量避免使用同样的方法，改变不奏效的教学方法、复习内容和辅导对象，尝试使用不同的方法、新的活动、新的资源或不同的内容重新教学。例如，教师在标点符号教学结束时发现，大多数学生仍不能区分逗号、分号和冒号的用法，教师意识到自己使用的讲授法不适合学生的心理特点，需要调整。第二次教学时，教师改用游戏法，学生很快掌握了三种标点符号的用法。

此外，如果教学没有按计划完成，教师需要调整作业内容和形式，如将应用层次的作业变成理解记忆层次等。但要注意的是，不要增加作业内容，不能将课堂教学没有完成的任务留给家庭作业，加重学生负担。

2. 有针对性的学生指导

教师可以根据教后评价数据，对学生进行更有针对性的指导，如指导学生弥补漏洞，或单独进行课后练习、个性化辅导；或指导学生逐步学会使用后测数据自我反思、自我调整，主动复习巩固等。

在教学接近尾声时，相当一部分学生已经具备了相应的能力和基础，教师可以根据评价数据按不同目的对学生进行分组，进行更有针对性的指导。教师可以把具有同等水平的学生组合在一起，即同质分组。其中，高水平组，教师可以安排其自习；中水平组，教师要对其略加提点；低水平组，教师要重点帮扶。教师也可以将学生异质分组，将高、中、低水平的学生组合在一起，由中水平学生帮助低水平学生，高水平学生指点中水平学生。当然，还有一种可能，某位高水平的学生某块知识的学习比较薄弱，而这恰好是某位低水平学生的强项，此时低水平学生反而可以成为高水平学生的老师。

3. 调整终结性考试

教师既然希望利用终结性测试准确衡量学生的学习效果，就要确保学生能够以理想的状态全力以赴地参加考试。如果学生半途而废，或对试题望而生畏，不敢努力尝试，只是胡乱写个答案，教师就无法依据考试数据得出可靠结论。在标准不变的前提下，教师可以根据教后评价进行调整，以确保测试结论的有效性。其方法包括以下几种。

(1)"再行描补"，在终结性评价前再给学生一次弥补的机会，使学生"有准备"应试。

(2)调整试题内容或形式，按学生最能接受的方式呈现，使学生"有心情"做题。

(3)调整试题顺序，把学生认为挑战性最大的放在试卷的后面(而不是按照教师头脑里的顺序)，让学生把能答的都答出来，使学生"有信心"完成。

(4)调整得分权重，使敢于应对挑战的学生(尤其在没有答对时)能够得到一定的鼓励分数，使学生"有勇气"应对挑战。

(5)调整下一课时教学计划。教师可据此确定下一节课的教学重点，而不是仅凭经验判断。教师需要思考以下关键问题。

①学生现在表现出何种水平的知识或技能？是否达标？

②要想开始新的学习(新课或新单元)，学生还有哪些知识漏洞？

③如何使所有学生达到必要的水平？

④下一阶段教学计划应该如何调整？

第三节　可用于教学后评价的策略

许多教学前、教学中评价策略都可以用于教学后评价，但教学后评价策略更具有"收尾"特点，利于师生在总结性评估或终结性测试之前发现薄弱环节。可以用于教学后评价的策略有很多，简述如下。

一、复述

(一)复述的意义

复述指学生对所学内容进行提炼、改编、转述和解释。复述既是学习的过程，也是思维呈现的过程，同时也可以作为教师评价学生学习程度的重要工具。

无论是看学习效果还是评价效果，复述都比背默、回答提问更有效，这是因为复述即"用自己的语言尽可能精准地叙述"，比"一字不差地背默"，需要更多的心智努力。至于提问，学生只需要根据教师给出的框架(教师的问题)"填空"答题即可，很多时候答案是师生交互问答或是在教师和同伴支持下得出的，很难判断哪些是基于学生个人知能、哪些是他人启发帮扶的结果，无法成为清晰的评判依据。

学生在复述时会下意识地回避自己的弱项，所以，通过学生复述的侧重点，教师既可以发现学生的优势，也可以发现学生的弱项。例如，一篇阅读文章包含许多"现在分词做伴随状语"的语言结构，教师发现大多数学生在复述课文时会避开这些语言结构，或出现错误。随后教师加入一组"现在分词做伴随状语"造句练习，又对两个错漏较多的学生进行个别指导。随后教师发现，大多数学生在习作中使用了该结构，这令她非常兴奋。

(二)复述策略的学习

复述成为有效的学习和评价工具需要一定的时间和实践。教师可以按如下步骤引导学生实践练习。

(1)说明复述目的和价值。教师可以向学生说明，复述既有助于学习(如深度理解文本)，又能作为评价学习成效的依据。

(2)介绍复述技巧，如提取关键信息、思考作者观点、梳理文章架构和逻辑顺序，思考如何解释或描述关键信息，如何融合自己的观点，如何表达等；教师也可以先示范如何复述，请学生比较复述与原文的区别，并总结他们所观察到的复述技巧。

(3)全班学生认真阅读同一段文本(如小说)，准备复述，教师可先告知复述标准(见表5-8)。

(4)学生分组复述，相互评价；请小组推选同学全班展示；全班展示后，教师再行提点复述策略。

表 5-8　小说复述标准①

项目	超过标准	达到标准	需要改变	分数
人物	你的复述描述了人物，这样其他人就可以很好地了解他们是什么样的人	你的复述说出了人物的名字，但对他们的描述不多	你的复述混淆了人物身份，或者没有说出他们的名字。想想谁在故事里，他们是怎么做的	
背景	你的复述可以帮助别人清楚地知道故事发生的时间和地点	你的复述提供了一些故事发生的时间和地点的细节	你的复述需要描述故事发生的时间和地点	
问题	你的复述描述这个问题，为什么会出现这个问题，以及如何解决这个问题	你复述的是问题的名称，而不是问题是如何发生的或可能解决的	你的复述需要描述问题，问题是如何发展的，及如何解决问题	
解决	你的复述聚焦人物是如何解决问题的	你的复述包括了一些使问题得以解决的重要事件，而且大部分的复述顺序是正确的	你的复述需要集中在主要事件上，以及这些事件如何使问题得以解决	
演讲风格	你的复述有良好的节奏、表情和手势。你的声音会随着角色而变化	大多数时候你的节奏和表情都很好，你会做些手势。你的声音随一些角色的不同而改变	复述时要有表情和手势。你的声音应该根据不同的角色而改变	

　　需要注意的是，评价标准都应该是积极语言，"需要改进"一栏写的不是"你没有做到什么"，而是"你需要改进什么"。

　　(5)数次训练(4～5次)后，教师可以请学生结合实例讨论复述与原文的不同，以及复述对他们学习的意义，鼓励学生参与讨论制定复述评价标准，并将复述作为自己的学习策略。

　　(三)复述策略的应用

　　复述的应用范围很广，可以先从文史类学科开始，训练学生掌握并熟悉复述策略。如下表可以在如语文、英语、政治、历史等学科教学中使用(见表5-9)。

---

　　① Douglas Fisher & Nancy Frey, *Checking for Understanding: Formative Assessment Techniques for Your Classroom*, Alexandria, ASCD, 2007, p.29.

表 5-9 信息文本复述准则

项目	超过标准	达到标准	需要改变	分数
主要思想	你的复述包括文中的所有关键观点	你的复述包括了文中一些关键观点	你的复述需要识别和描述文中的关键观点	
细节	你的复述为每个关键观点提供细节支撑，能够帮助他人理解课文	你的复述提供了一些关键观点的细节	你的复述需要把细节和关键观点联系起来	
顺序	你的复述提供清晰的信息顺序，能够帮助他人理解信息	你的复述按顺序提供信息，但顺序有点混乱或颠倒	你的复述需要有一个逻辑顺序	
结论	你的复述信息与结论相关，并以明确的结论结束	你的复述陈述了一个结论	你需要把重点放在课文主旨上，并且需要总结收集到的信息	
表达风格	你的复述节奏明快流畅，有丰富的表情和手势辅助效果	你的节奏和表情大部分时间都很好，你会用一些手势	你在复述时需要使用一些表情和手势	

所有学科教学都可以使用复述。例如，物理或生物课，可以先让学生读题（或相关阅读材料，包括教材内容），再让学生复述其中的关键信息，教师可以通过学生的复述，了解学生是否学会"审题"，找到题干中最为关键的信息。教师还可以在给全班学生演示如何解题后，请学生完整复述解题过程。此时学生既不必重复书中内容，也不需要表演，而是用自己的话重新叙述重要的信息，教师可以借此评判学生的理解掌握情况。

二、写作

与其他策略一样，书写可以用于教学各个阶段的评价，当然，用于教学后的写作可能更稳定、更从容、更有评价的价值。想象一下，在教学即将结束时，教师不是以课堂小测收尾，而是让学生在背景音乐下，写出本节课所学内容，无论是学习还是评价，对学生而言，都是一次很好的体验。

(一)用于评价的写作

写作更需要思考，也更能体现学生是否"真的明白"，因此，写作对于教学评价具有重要价值。写作可以促进学生学习和参与，是学生发现问题、澄清思想、汇聚和应用知识的极好途径，比学生的测试答案和随口说出的话更有分析的价值。

写作一般可以分为两类。

1. 为表达和交流而进行的写作

如语文学科要求，学生应"熟悉各种实用文体和文学体裁的特征及写作常识，掌握写作的基本规律，能根据写作的具体情境和要求，正确选用文体、语体，灵活使用语言文字和各种表达手段，构造完整语篇；掌握记叙、议论、说明、描写、抒情等基本表达方式，能按语篇功能和写作目的，综合而灵活地运用多种表达方式，符合文体和语体的要求" [①]。

2. 为评估和促进学习而进行的写作

根据学生的书写资料，教师可以更好地帮助学生学习，包括如下几方面。

(1)确定学生知道什么，还需要知道什么，以及他们对什么感到困惑。

(2)了解学生的思考进程和深度，给学生提供适当内容。

(3)确定学生的掌握和精通程度，评定学生等级。

(4)确定下一步教学内容，教师只需关注与学习目标相关的内容。

如上两种写作目的有时可以兼顾，但教师还是要有所取舍，以免错失教学良机、分散精力。

(二)写作评估的内容和形式

可以用于评估的学生写作大致可以分为三类，即讲述、告知或者说服。

第一，讲述，是指叙事写作或讲故事，需要学生将自己的想象力和创造力融入故事或个人文章的制作中。

第二，告知即信息写作，要求学生为读者提供信息，告知读者必要的信息，例如，事件报告或分析概念。

第三，说服指学生进行有说服力的写作(说服读者)，试图说服读者采取行动或带来改变。

叙述、告知或说服都可以成为教师评判学生理解方式的有用资料，都可以用于评价之中。例如，通过讲述写作，教师可以评判学生讲述能力、逻辑表达能力、观察能力、想象力、创造力等水平，也可以评估学生的语言应用、学习态度、学习方法等，其他两类写作也同样可以为评价服务。至于如何应用、用哪一种，取决于教师的关注点和评价点。

需要注意的是，写作用于评价时，不能仅凭学生书写的形式来判断学生究竟学到了没有，更要关注内容。有些学生会因为不善写作而无法显示真实的学习水平；有些学生擅长写作，虽没有"真正学会"，却往往会因为"会写"而占到更多的"便宜"。例如，如果教师想通过写作判断学生是否掌握了某种语言形

---

① 张开：《基于高考评价体系的语文科考试内容改革实施路径》，载《中国考试》，2019(12)。

式，如过去式的使用，形式就很重要；如果教师想了解学生是否掌握某个原理，内容就很重要，出现一两个错别字，或者有一两处词不达意，都不是最重要的，教师只需从学生写作中收集相关信息即可。

教师要有所侧重，但不能走极端，"事实性的错误（factual errors）"是一定要加以关注和纠正的。以英语写作为例，有的教师只强调逻辑清晰、表达流畅无误、书写规整漂亮，即便有事实性错误（如写错了历史人物的年代生平），既不纠正、也不扣分（因为这不是"考点"），这种情况应该避免。

（三）将写作用于教学评价

第一，避免滥用。把写作用作课堂管理是对写作最为常见的误用，例如，学生违反纪律，教师请学生写"错误原因说明书"，或写"保证书"，都给学生传递了一种对写作不好的印象，即"写作无趣"或者"写作是惩罚"。

第二，将写作视为实现教学目标的一部分，使用明确的指令语，准确表述学习要求，并提供一定的主题、体裁和格式等的限制。如"本任务的目的是将公式应用于你选择的特定情境（数学）""用一个段落描述生活中的摩擦现象（物理）"。

第三，课上的书写要尽可能简短，以便快速完成并评分；课后作业可以给学生更多的思考、准备甚至复习时间。学生可以协作完成或进行作业分享。

第四，书写可以从许多方面评价，如书写方式、原理使用、方法利用、准确率、新旧知识联系、迁移能力等，但无论是教师还是学生，都没有必要兼顾所有内容，只评价与重点目标相关的内容，如只检查目标语言的应用情况、只看学生对"民主集中制"态度的转变等。

（四）运用写作评估的一些策略

1."阅读—写作—结对—共享"模式

该模式包括几个基本环节，即学生阅读（或观看视频）材料，并进行写作，学生结对就读写内容进行合作伙伴对话，然后与全班同学分享他们的想法。在这个过程中，教师可以检查学生是否理解，学生的书面回答、同伴对话等都可以使学生思维外显，提供他们已经知道什么、有哪些误解或如何思维等有价值的信息。

例如，在八年级英语课上，学生阅读短篇故事并写出个人感受和评论。接下来，学生结对讨论他们的感受和评论，教师则聆听学生对话、快速浏览学生书面回答，以确定讲授要点。教师注意到一些学生认为这是个悲伤的故事，教师觉得可以请学生思考原因；教师还注意到几个学生关注比喻用法，于是做了笔记，准备讲授比喻法，并布置了让学生使用比喻法的写作作业。

2. 摘要写作

摘要写作是一个非常有价值的评价工具，能够帮助教师深入了解学生是如何提炼信息的。当然，摘要写作同时也是非常有价值的学习工具，因为以书写形式总结知识能促成学生更高水平的理解。

最常用的摘要写作是请学生就一个话题写一篇包含主要观点和概念的短文。从学生词汇选择的准确度上，教师可以看出学生在理解上的差距；从学生摘要性写作概括和简洁程度上，教师可以看出学生把握主题以及把控形式的能力。

摘要写作常用来总结学习，此时它既是非常有价值的评价工具，同时又能让学生达到更高水平的理解。教师可以邀请学生进行 1～3 分钟写作，请学生写"我今天学到的三件最好的事情""我能想起来的课堂内容""我的一句话感受"等，这个环节看似短暂，却有很多好处，既可以巩固、深化、评价本节课的学习，又可以帮助学生逐渐形成反思学习效果的好习惯。

教师通过学生写作发现问题后，就要设法修正、解决。例如，五年级的科学教师彼得·伊根在每个实验结束时，都要要求学生写一份描述所做、所见和所思的报告，检查学生的理解情况。在完成一个电路实验后，伊根先生阅读学生的书面总结，发现有些学生认为，只有当灯泡碰到电线时，电流才会流动，当灯泡被移开时，电线是"空的"。第二天，伊根先生用一段花园水管做示范，他在水管注满水，然后盖住水管末端不让水流出。他请学生判断水管里是否还有水，学生都认为水还在水管里。伊根先生解释道，就像水管里的水一样，即使灯泡不在插座里，电线里也有电。[①]

3. RAFT 写作学习提示[②]

RAFT 写作学习提示旨在帮助学生思考问题，并在写作中采取不同观点。RAFT 提示要求学生考虑以下事项：

R(Role)：What is the role of the writer?（角色：作者的角色是什么?）

A(Audience)：To whom is the writer writing?（读者：作者在为谁写作?）

F(Format)：What is the format for the writing?（格式：写作的格式是什么?）

T(Topic)：What is the focus of the writing?（主题：写作的重点是什么?）

例如，如果一个三年级的老师想知道，通过单元学习，学生是否了解昆虫的生命周期，可以使用以下提示：

R：蝴蝶（我是蝴蝶）

---

① Douglas Fisher & Nancy Frey, *Checking for Understanding：Formative Assessment Techniques for Your Classroom*, Alexandria, ASCD, 2007, p. 67.

② Douglas Fisher & Nancy Frey, *Checking for Understanding：Formative Assessment Techniques for Your Classroom*, Alexandria, ASCD, 2007, p. 68.

A：科学家

F：日志

T：我的完全蜕变的经历

根据上述提示，学生要以蝴蝶自居，给科学家写一篇日志，描述自己（蝴蝶）完全蜕变的经历。

RAFT写作学习提示为学生提供了一个根据不同角色、受众、格式和主题澄清思维的机会，也让教师得以了解学生的思维、检查学生的理解情况。这些提示如果在学习之前提出，就是学生自主阅读的提示，学生可以带着问题阅读；如果在阅读之后作为写作提纲提出，就是巩固和检查阅读的手段。若能形成RAFT思维模式，学生会对自己的学习结果有更为清晰的认知。

4.课后小问卷，如"本节课印象最深的三件事"

教师可以用"课后小问卷"助力自己的课后反思，而不仅仅是"我感觉……""我认为……"，做出毫无客观依据的主观判断。教师可以在下课后发一张空白小纸条，请学生立即写出"本节课我印象最深的三件事"，耗时不过一两分钟。学生对"印象最深的三件事"五花八门的原生描述，是教师教学诊断、教学决策的重要依据。教师汇总问卷，比对"学生印象最深的事"（也就是本节课学生的学习结果）与"本节课教学目标"的吻合度，分析原因并采取相应对策，长期坚持，定会有"教学目标"和"学习结果"逐渐趋同的惊喜（见图5-2）。

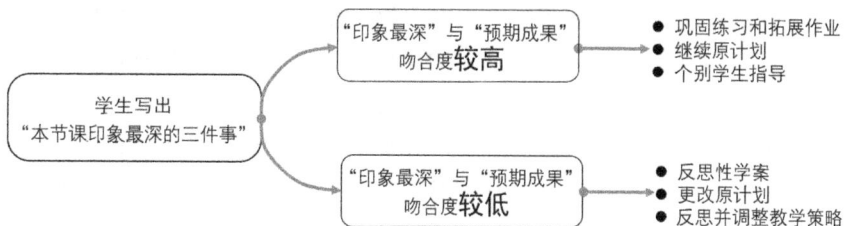

图 5-2 "课后小问卷"应用流程例图

附 其他写作学习提示示例

①入门条

学生进入教室后，就指定的题目进行写作。

例如："甘地是谁，我们为什么要关注他？""描述声波的传播方式。"

教师快速浏览学生写作资料，确定教学起点。

②推测

学生推断课堂上会发生什么，他们正在读的小说中可能会发生什么，或者科学实验可能的结果。

例如，教师请学生听了四个小说（含魔幻、历史、现实、言情等）的开头部分，然后请学生从中选取一个故事开头，续写后面的故事。从学生的选择，教师可以看出学生的兴趣(如学生喜欢读哪类小说)；从续写的形式，可以看出学生词汇量、语法掌握情况；从学生续写的内容，可以看出学生的情绪态度(积极/消极)、对文章理解程度、逻辑性、思考深度等。

③昨日新闻

学生们总结前一天的电影、讲座、讨论或阅读中呈现的信息。

例如，贾老师请学生总结："对昨天的物理实验，你印象最深的是什么？"

根据学生的书面回答，教师可以判断实验课的效果，并迅速做出教学决策。

④写信：学生写信给其他人，包括当选官员、家庭成员、朋友或有影响的人，也可以是假想的对象。

例如，学习了"Wheels"(交通工具)单元的所有内容后，教师请学生给"Mr. Wheels"(轮子先生)写一封信，赞扬其贡献，也描述随之而来的问题。

三、图形管理器

图形管理器主要包括思维导图、概念图、图表等。

图形管理器首先是一种学习工具。每种图形管理器都有一定的灵活性和优势，都可以为实现一定的目标服务，可以帮助学生梳理思路，确保他们拥有所需信息，以有意义的方式呈现信息。许多教师能在教学中较好地应用图形管理器，并且对某种方法会有一定的偏好(例如本人就比较喜欢用表格)。

同时，图形管理器也可以成为评价工具。通过图形管理器，教师可以了解学生如何进行信息分类和信息联结，判断学生的知识框架是否完整清晰，是否具备知识的梳理、架构能力，新旧知识是否有效融合，理解是否有差距等。教师据此可以发现问题、进行反馈和干预。

需要注意的是，图形管理器不是评价的必需部分。教师可以根据教学要求及学生特点确定相对适合的图形管理器，既要利于学习，又要利于评价。例如，教师可以在教学开始或结束时利用图形管理器(如思维导图)在全班进行头脑风暴，既可以引起学生关注，又可以检查学生的学习进展。下面重点描述几种图形管理器。

(一)思维图示

Checking for Understanding 一书总结了学生应该熟悉的八种思维地图和

一种元认知框架①，可以列表总结如下（见表 5-10）。

表 5-10 图形管理器及其定义

图例（基本图和扩展图）	定义与描述
圆映射（Circle Map）	学生能够围绕在圆圈中心的主题生成相关信息，常用于头脑风暴
气泡图（Bubble Map）	用于描述属性，其中一个气泡可能是某物质，与之相连的一个或多个气泡显示其属性或特征。如"三角形"可能是一个气泡，与之相连的气泡可能是"三个角""三条边""三角之和为 180°"等
双气泡图（Double Bubble）	用来比较和对比两个事物，如故事中的人物、两个历史人物或两个社会系统。它还用于对比较中最重要的信息进行优先级排序
树形图（Tree Map）	用于归纳和演绎分类。学生可以在树的顶部创建一般概念、主要思想或类别标题，在下面的分支中创建支持思想和具体细节
支架图（The Brace Map）	用于识别物体的部分、整体和物理关系。通过表示整体－部分和部分－子部分的关系，支持空间推理和确定边界
流程图（Flow Map）	用于显示序列、顺序、时间线、周期、动作、步骤和方向。还可以让学生关注事件的阶段和子阶段之间的关系
多流程图（Multi－Flow Map）	是寻找事件原因和影响的工具，在显示历史原因和预测未来事件和结果时会展开。它以最复杂的形式展开，以显示动态系统中反馈效应的相互关系

---

① Douglas Fisher & Nancy Frey, *Checking for Understanding*：*Formative Assessment Techniques for Your Classroom*，Alexandria，ASCD，2007，p. 88.

续表

图例（基本图和扩展图）	定义与描述
桥梁地图（The Bridge Map） △as△as△as	为创造和解释类比提供了一条视觉途径。此图可用于开发类比推理和隐喻概念，以进行更深入的内容学习
元认知框架（Metacognitive Frame）	可以随时绘制在任何地图周围，作为一个"元工具"，用于识别和共享一个思维地图中发现的信息的参考框架。这些框架包括个人历史、文化、信仰体系和诸如同龄人群体和媒体的影响

学生可以创造性地使用这些图形工具，也可以自创思维图示。但教师还是应该对学生有一定的基本训练，帮助学生找到更为恰当的图形工具。

（二）表格

表格是很好的学习和评价工具。下面仅举几例。

1. **分类表**

教师可以要求学生使用表格将所学内容分类，或揭示概念间的联结和关系等。例如，学生将三个生态系统（湿地、沙漠、草原）按教师要求，从三个方面（气候、动物、可食物）进行归纳（见表 5-11）。

表 5-11　生态系统分类表（1）

Ecosystem（生态系统）	Climate（气候）	Animal（动物）	Edible（可食物）
Wetlands（湿地）			
Desert（沙漠）			
Grassland（草原）			

当学生逐渐学会使用分类策略后，教师可以逐渐放手，由学生自己提出类别，自行分类。仍以上述三个生态系统为例，教师不再提出分类要求，学生可以自己确定按何种类别归纳。分类（表格）可以独立完成或合作完成，表 5-12中 ECO 指学生用与内容有联系的以该字母开始的单词、术语或短语等作为分类名称——如此更为好记，但需要注意，对于不同的学生而言，E、C、O 所代表的内容是不同的。

表 5-12 生态系统分类表(2)

Ecosystem (生态系统)	E	C	O
Wetlands (湿地)			
Desert (沙漠)			
Grassland (草原)			

再如,教师请学生整理职业名词,并将对应形容词按积极、中性、消极分类,教师可以据此了解学生词汇掌握以及词义把握情况等(见表 5-13)。

表 5-13 英语词汇分类表

Jobs	Positive	Neutral	Negative
teacher	friendly	middle—aged	hard
soldier	kind	armed	furious
...	...	...	...

2. T 形表

T 形表更适合于二分法,可以帮助学习者更为清晰地看到两个事物的异同、正误、对比或因果等。

(1)对比异同

在阅读课文 City and Country 时,教师请学生利用 T 形表提取、转述信息。教师和其他学生根据信息概括性和全面性、对比明显性、特点(城市或农村)突出性等进行评价(见表 5-14)。

表 5-14 城市与农村对比 T 形表

	City（城市）	Country(农村)
Transport Scheme Buildings ...		

(2)因果关系

T 形表也有助于澄清事物之间的因果关系。例如,在卫生健康课中,学生

197

分组，从酒精、烟草、传染病等有碍健康的事项中选择一个发表看法。学生在小组里创建了一个 T 形图，图左侧放置诸如描述、原因和数据等事实，右侧放置结果和影响，显示他们所学到的关于身心健康影响的知识。学生根据评估标准（如事实准确性、信息清晰性和效果合法性等）评价彼此的工作，并提供反馈。教师在审阅这些反馈的基础上，添加自己的反馈。

（3）正反分析

T 形图还有助于学习者一分为二、相对客观地分析问题。例如，在学习"虚拟现实（Virtual Reality）"一课时，在课后小结阶段，教师请学生以小组为单位列出好的方面和不足的方面，并向全班同学宣讲，教师和其他同学从说理性、客观辩证性、用词准确丰富性、说服力等方面进行评价。教师从中也可以看出学生阅读学习收获如何，是否达到预期目标（见表 5-15）。

表 5-15　"Virtual Reality" 优势与劣势对比 T 形表

Advantage（优势）	Disadvantage（劣势）
fantastic（极好的），amazing（惊人的），convenient（便利的），interesting（有趣的），surprising（令人惊讶的）…	dangerous（危险的），ambiguous（不确定的），useless（无用的），pointless（浪费时间的）…

3. 矩阵表

矩阵表既可以用于梳理学习内容，又可以用于呈现学习过程。

例如，在学习"水污染（water pollution）"时，学生阅读文章并填表（见表 5-16），按"主要问题—原因—解决方案"顺序进行汇报。教师听后发现，学生问题找得很准，对原因的分析也很到位，但在解决措施方面考虑得却不够全面，大多数学生只强调政府和污染企业的责任，而没有意识到自身应尽的义务。教师就请学生再读课文，重点关注提及个人责任的段落和语句，强化学生这方面的意识。之后教师布置家庭作业，请学生思考减少水污染的家庭措施。

表 5-16　水污染学习矩阵表

Problems（问题）	Causes（原因）	Solution（解决措施）
Problem 1 _____		
Problem 2 _____		

矩阵表格还可以用于在一堂课的不同阶段收集学生理解数据的情况，呈现学生学习进展。

例如，学习"新西兰"一课前，教师分发阅读学案（见表 5-17）。

（1）在阅读前，教师请学生从人口、位置、特色、历史、著名景观、气候等方面自查已有知识，即关于新西兰，我已经知道什么（What I already know），填写第一栏。教师可以根据学生已经知道什么，确定本课的教学起点。

（2）在阅读中，学生从文章中提炼信息，记笔记，与同伴互助，或聆听教师提点，向第二栏添加信息，呈现"我学到了什么"（What I learned in class），教师可以据此评判学生阅读效果，确定如何补救。

（3）阅读后学生可以回忆、复述所学信息，自查本课学习情况，确定"我下一步做什么"（What I can do next）。

本例中矩阵表用于多个目的，如帮助学生组织信息、显示知识并记录新学习；帮助学生自我评价和应用所学；帮助教师检查和评价学习效果等。

表 5-17　"新西兰"阅读学习表

New Zealand （新西兰）	What I already know （我已经知道什么）	What I learned in class （我学到了什么）	What I can do next （我下一步做什么）
Population （人口）			
Location （位置）			
Features （特色）			
History （历史）			
Famous Sights （著名景观）			
Climate （气候）			

再如，在阅读课文 Sports Stars 时，学生先从文章提取有用信息，完成第一栏"我的作业"，然后与同学合作，完成第二栏"我的小组作业"，再在教师引导下全班深入探讨，完成第三栏"我的笔记"（见表 5-18）。

表 5-18　Sports Stars 阅读笔记

	My work （我的作业）	Our groupwork （小组作业）	My notes （我的笔记）
Nouns & Verbs （名词）（动词）			

		My work (我的作业)	Our groupwork (小组作业)	My notes (我的笔记)
Adjectives/Adverbs (形容词/副词)	Positive(积极的) Neutral(中性的) Negative(消极的)			
Language Points (语言点)				
Grammar Pocus (语法点)	Present Perfect (现在完成时) Past Simple(过去时)			
Opinions & Feelings (意见)(感受)	Heroes/Heroines (主人公) Writer(作者) Yourself(你自己)			

教师批阅学生作业发现，学生在"我的作业"方面完成情况不理想，有的部分(如 Grammar 部分)投入时间过多，致使其他部分没有时间完成；有的学生形容词及副词书写比较混乱；有的学生在表达想法和观点时将个人、主人公和作者所要表达的情绪混为一谈，致使"我的作业"与"小组作业"和"我的笔记"之间存在脱节现象。教师决定在下一次教学中将表格细化，如将形容词(及副词)部分细化为积极、中性、消极三类，语言点部分只要求学生写出认为重要的四项，语法部分限定为目标语法，并将观点分为主人公、作者和学生自己三类，请学生分别提取。如此一来，学生在独立学习阶段学习目标、时间分配等都更为清晰到位，有利于后续合作，教师指导也更具针对性。

四、学生作业

(一)作业的目的和价值

好的作业可以帮助学生巩固所学，降低学生的学习焦虑和畏惧感，使学生学习更积极，更直接和更有目的性。除此以外，作业还可以为教后评价提供很多数据，帮助教师更有针对性地反馈、介入与补救。作业可以帮助教师了解：

第一，学生表现，如学生是否认真？学到了什么？个别及全班的情况如何？

第二，学生需求，如学生有什么困难？是否照顾不同学生实际需要？

第三，作业成效，作业的优点及弱项？如何改善作业才能促进学习？

（二）布置有质量的作业

要想使作业既利于学习，又利于评价，教师需要考虑下列问题：

◇作业是否"有意义"？如作业是否与教学目标密切关联，是否可以巩固学习成果、实现目标等。

◇作业是否必要？不要浪费作业这块"好钢"，用可有可无的作业任务引起学生对作业的反感。

◇作业是否聚焦？不是所有的教学内容都要留作业，关注重难点即可。

◇作业是否符合学情？作业要有"对象感"，不能过难、过易、过多或过烦，尤其不要留类似抄写等重复性强、不需要动脑的作业。

◇作业是否可行？学生能否在有限的时间里独立完成？会不会影响学生其他学科的学习或影响学生休息？教师是否有时间改、评和反馈？教师要给自己"留后路""留余地"，作业留而不改，或者"改不过来"，会让学生对教师的信誉、计划性和能力产生怀疑。

除了思考上述问题，教师还要注意，作业不见得都是做题，都是背书，都是写作，作业可以既有效又有趣。例如，宋老师每天布置"三分钟演讲"，请学生将当天的教学内容变成演讲内容，如教学主题是"依法行政"，学生就可以从生活中寻找相关实例进行阐述。在下一节上课之前，学生先进行三分钟演讲，其他学生倾听点评，这既是复习，又利于新课学习。

再如，学完"交通"一节后，教师请学生以"轮子上的北京"为主题，从职业、交通工具类型、使用不同交通工具的人（如司机）、感受等方面梳理单元词汇，完成思维图示（见图 5-3）。通过学生梳理词汇情况，教师可以看出学生哪些方面的词汇掌握得更好，或者他们对哪些方面更有兴趣，这为教师进行下一课的教学做好了准备。

HOMEWORK（家庭作业）

What they do...（他们的行为）

Types of transport（交通方式）

Beijing on the wheel（轮子上的北京）

Their feelings（他们的感受）

People who use...（使用交通工具的人）

图 5-3 "轮子上的北京"作业结构图

(三)确保学生高质量完成作业

1. 告知学生作业标准及意义

学生要清楚每个作业的标准和价值，这是学生高质量完成作业的前提。教师可以直接告知学生作业要求，也可以师生共同制定作业标准。大部分学生是"急功近利"的学习者，他们需要知道"为什么我要做这件事？"但多数教师认为没有向学生解释的必要，他们"反正是为你好，去做就是"的不耐烦的态度，很容易使学生产生逆反心理。

当然，现实中留给教师布置作业的时间总是很少，学生会急着下课、心不在焉。教师可以利用"作业清单""作业小纸条"等将作业要求确实传达给学生。例如，王老师每天给学生发一张"作业小条"，内容包括：

◇表扬上一次作业认真的学生；

◇本次作业内容及要求（及可以参考的学习资料或网站）；

◇本次作业的"好处"（如"为小组加分""明天的测验内容"等）；

◇本次作业预计时间（如教师标注"本次作业约 20 分钟，如果认真花费 20 分钟后仍未完成，可以标注一下使用时间，余下部分不必再写"）。

2. 确保学生上交作业

这是对学生的底线要求，也可以为教师提供更为全面的评价样本。教师可以采取积分制记录学生作业上交情况，如"不交"扣减 1～3 分，"交"0～1 分，"较好"2～3 分，"优秀"4～5 分等（积分视作业量可乘 2 或乘 3，或按题数计），补交作业不加分，但也不扣分（0 分），并须当日完成（有些教师周一布置的作业，到了周四、周五还在催促学生补交，其实已经没有必要了）。教师还可以对小组上交作业情况计分，上课后公布小组的作业平均成绩并排序，激励小组内互助完成作业（但发现抄写要扣分）。

3. 对学生不交作业的应对

致使学生不交作业的原因有很多，但故意与教师对着干、成心不写作业的情况实际上是最为少见的，学生不交作业可能是因为：

◇时间不够（这种情况最为常见）；

◇身体不舒服（即便是借口，教师也最好当真）；

◇家庭环境条件不允许（如父母吵架、有访客，前者学生肯定不说）；

◇忘记了（这个最气人，但极有可能是真的）；

◇写完了但没有带来（偶尔发生的话，可能是真的）；

◇不会（或认为自己不会，是真的）；

◇不愿意（觉得作业没有意义，如抄写，或觉得写了也没用）等。

教师要做理性的原因分析，尤其对经常不交作业的学生，更要冷静对待。

类似"你又不交作业"这样的话，尽量少说，因为不仅于事无补，还会给这些学生心理暗示，"我不交作业是正常的，我交作业反而不正常"。其实，仅仅对学生不交作业的原因分析，已经是非常好的诊断评价，教师借此可以了解许多学情。

在了解原因的基础上，教师可以做一些适当的补救。当学生能力欠缺时，教师可以采用作业量（或时间）相等，但难度有所降低的"替代性作业"，也可以把"不会"情况较多的学生留下来，在一段时间内帮助他们完成作业，注意是完成"今天的作业"，而不是补"昨天甚至前天、大前天……的作业"。这是因为，学生作业"欠债"越多，畏难情绪也越大，既然"补不过来"了，索性破罐破摔、放弃学习。教师不要揪着前面的作业不放，可以将学生之前的"所有债务""清零"，只鼓励他向前看，帮助他完成"明天要交的作业"，使他产生成就感，一点点追上来。

(四)作业评改、分析与反馈

1. 作业评改

确保学生上交作业的数量之后，教师就要进而关注作业的质量。教师要尽可能逐一认真评改作业，让学生感到"我的每一点努力老师都看得到"，教师对学生的劳动成果越是郑重其事，学生就越努力、越投入。反之，教师越敷衍，学生怨气越大，对作业也会越来越敷衍，对付了事。

2. 作业分析

在评改作业的同时，教师可以按一定顺序归纳、分析信息，包括哪些是共性错误，哪些是个别问题；哪些是学生的原因，哪些是教师的原因；哪些是表层问题，哪些是深层问题；哪些是历史原因造成的，哪些是本次教学新产生的；哪些问题亟待解决，哪些问题可以慢慢来，哪些问题根本无法解决等。教师可以据此采取相对有效的措施。

3. 作业反馈

作业反馈一定要及时，且以表扬为主。刚开始时，可能需要"矮子里拔将军"，绞尽脑汁找出值得表扬的学生来夸。例如，可以先表扬按时交作业的、作业有特色的，或某一部分认真的；等作业质量提升了，交齐了，再表扬质量高的；然后再表扬主动性强、有创意的等，带着学生一点点进步，逐渐形成良性循环。

除学科内容外，教师还可以请学生在日记本、笔记本或者作业本上写下关于学习的想法，如"最难记的""最感兴趣的""最喜欢的"，或者"我的困惑""我的难题""我的感悟""我的进步"等，与教师进行更为私密、贴心和有针对性的交流。在自由而安全的交流状态中，学生可以更好地向教师传达学习掌握情况、是否达到预期成果等信息，教师也可以更有针对性地提供支持。

例如，为激励学生进步、了解学生学习进展，王老师请学生在作业本上每天描述"自己的三个进步"和"一个困惑"。完成动名词语法复习之后，小杨同学描述了自己的三个进步"知道—ing 形式的主格是什么意思""动名词用处较大，但不能单独做谓语""学会利用动名词使句子更有动感"，一个困惑是"不知道动名词与分词如何区分"。王老师通过小杨同学对自己的描述发现，小杨混淆了动名词和分词的概念，考虑到这不是全班性的问题，王老师单独向小杨同学详细解释了二者的区别。

(五)作业讲评

作业讲评的目的，是为解决学生学习的难点和困难，复习旧知，并为新的学习做好铺垫。因此，教师作业讲评，不是把所有的作业都讲一遍或是核对答案，而是聚焦学生在作业中出现的问题，并且要通过讲评解决问题。因此，在讲评作业前，教师要设法了解学生作业完成情况，即便来不及评改，也要设法抽验(最好分类抽验)学生作业，确定作业讲解的重点内容和重点学生，尽量使更多的学生受益。

例如，小帆老师给学生布置了一道椭圆练习题的作业(见图 5-4)。教师批改学生作业发现，第一问学生回答正确率接近 100%，第二问大部分学生写出了完整的解题过程，只是缺少对"方程 $y=k(x-1)$ 中，当 k 不存在"情况的讨论。

看到这种情况，教师上课后，先请学生转述第一问解题思路，并请其他学生点评，用时 2 分钟，然后与学生就第二问进行讨论，问：

"你们的解题看着已经很完整了，但是，还缺什么?"

学生注意力非常集中，与教师一起梳理过程，用红笔在学案上补全自己缺少的部分，即对"当 k 不存在……"情况的讨论，用时 3 分钟。

---

4. 已知椭圆 C：$\dfrac{x^2}{a^2}+\dfrac{y^2}{b^2}=1$ 的离心率为 $\dfrac{1}{2}$，以原点为圆心，椭圆 C 的短半轴长为半径的圆与直线 $x-y+\sqrt{6}=0$ 相切。

(1)求椭圆方程;

(2)设 S 为椭圆右顶点，过椭圆 C 的右焦点的直线 l 与椭圆 C 交于 P、Q 两点(异于 S)，直线 PS、QS 分别交直线 $x=4$ 于 A、B 两点，求证：A、B 两点的纵坐标之积为定值。

图 5-4　数学作业题

本例中教师作业讲评仅用时 5 分钟，却有效地解决了学生的学习问题。这提醒我们，为达到有效讲评，教师要事先了解学生的作业情况，尤其要了解学生的问题与困惑，然后分类解决：正确率高的，可以不讲解；有对有错的，可以同伴互助解决；问题比较集中的，再由教师面向全班解决。

五、评价量表

(一)评价量表的基本内容

评价量表(Rubric)从与教学目标相关的各个方面，详细地规定了学生所要达到的学习目标的标准，说明和规定符合教学期望(或预期学习成果)的合格表现的构成要素(或者维度，或者说从哪些方面评价是否合格，至少是主要的方面)。评估规不仅体现目标，还通过指标体系落实目标，与一个个具体学习成果(或学生学习行为)对接，具有可操作、可理解、可落实的特点。

评价量表一般应体现目标，以及从开始、过程一直到最后成果的目标实现途径，表现标准描述了一系列可接受和不可接受的作品及等级水平。教师可以对每个标准进行加权(可以是面向全体学生的加权，或者是针对学生个人的加权——如某个学生需要特殊对待，或者有"特殊加分"，对应学生的个性化增值)。评价量表中的学生反思和教师评价(或建议)可以确定优势领域，记录成长，并提供改进建议。

评价量表可以评价学习过程和学习成果，既包括学习项目、行为、表演、演讲等，也可包括学生的作业、作品。评价量表既可以引导、分析和评价学生的学习，也可以支持教师判断教学效果、提供反馈和做出教学决策，是促成"教—学—评"一体化的重要工具。

(二)评价量表的类型

1. 核查表

核查表是包含学生表现的各种特征的最为简单的列表，通常用"是"或"否"来判断，或提供一个地方给评价者做记号以表明某种特征的出现。相对于其他评价量表，核查表直接在表上呈现评价内容特征，比较容易编制和管理，也很容易被理解。例如，如下平面成像操作情况评定表(见表 5-19)，不强调哪个元素更重要，也不强调先后顺序、等级和分数，简洁紧凑，利于及时评价，可以用来教师观察、同伴观察或学生自我观察。

表 5-19　平面成像操作情况评定表

探究平面成像规律完成操作情况评定表① （完成 5 个评分要点以上为达标，否则为不达标）			
操作要点	是	否	备注
1. 正确选择仪器			
2. 能按实验要求完成实验装置的组装			
3. 能根据实验要求确定物和像			
4. 能正确测出物距和像距			
5. 能设计试验记录表格，并正确记录 实验数据			
6. 能描述平面镜成像的规律			
7. 能自行排除实验故障			
8. 有良好的实验习惯			

　　教师可借鉴正规考试的评分指南，将其与日常教学结合，将正规考试的要求不动声色地渗透于每日的教学之中，成为学生学习习惯的一部分。

　　2. 赋分量表

　　赋分量表很像一个核查表，但每一条评分指标都有具体分值，教师可以通过赋分多少表明哪一项指标更重要。教师可以根据教学要求制定赋分量表，当然，教师团队开发的量表更为严谨周到。教师还可以与学生合作开发评分量表或使用学生语言描述评价指标，以利于学生更深入地理解评价指标。

　　例如，高中政治倡导学生按辨析式路径进行学习，包括：①表达认识，即在交流中理解别人的观点，陈述自己的理由；②发现差异，即发现自己的判断与他人判断的区别；③分析评价，即进行比较，发现哪些观点更合理，哪些观点可以求同存异，哪些观点能够达成共识；④行为选择，即反思，校正偏差，做出选择。在对学生的辨析、判断和选择做出评价时，教师首先应鼓励学生表达看法，其次要分析不同观点的理由，倾听他人解释，最后要以适当的方法提示学生完善观点、纠正错误。② 教师可以通过赋分量表体现上述要求（见表 5-20）。

---

　　①　选编自"南宁市 2015 年中考理化实验操作考试知识要点及评定记录（学生用）"，内部资料。

　　②　中华人民共和国教育部：《普通高中政治课程标准》（2017 年版），43～45 页，北京，人民教育出版社，2017。

表 5-20　学生辨析式表达评价表

维度	描述	分值				合计
		A	B	C	D	
表达认识 （30 分）	勇于表达自己的观点	10	8	6	4	
	准确表达观点，并能提供例证	15	12	9	6	
	说理性强，具有说服力	5	4	3	2	
发现差异 （25 分）	善于倾听，尊重他人观点	15	12	9	6	
	发现自己与他人观点的区别	10	8	6	4	
分析评价 （20 分）	比较各类观点，求同存异	10	8	6	4	
	认识深刻，见解独到	10	8	6	4	
行为选择 （25 分）	进行反思，纠正偏差	15	12	9	6	
	做出正确价值判断和选择	10	8	6	4	
教师评价：			合计得分：			

3．分析性量表

分析性量表将期望的每一项学习成果或学生表现列为评分指标，并对完成的程度和质量做出判断。分析性量表对学生非常有价值，能帮助学生进行自我评价，激励学生努力进入高一级水平。下表显示来自两个内容区域的标准的示例标尺[①]，学生能够看到自己位于哪个学习等级，以及向哪个方向做哪些提升就可以进入下一水平，学生可以据此反思，教师也可以据此提出建议（见表 5-21）。

表 5-21　学生自查示例标尺

	超过标准	达到标准	朝着标准努力	低于标准	备注
标准 1： 写作风格	吸引观众。在语气、句子变化和词汇选择方面经典应用	根据目标观众使用恰当语气、变化句式、选择词汇	没有保持适当的语气。句式变化和词汇选择是有限的	词的选择和句式变化并不针对目标受众	

---

① Laura Greenstein, *What Teachers Really Need to Know About Formative Assessment*, Alexandria, ASCD, 2010, pp. 120-121.

续表

	超过标准	达到标准	朝着标准努力	低于标准	备注
标准2：利用数据解决问题	批判性地解释数据，以支持性证据确定有效解决方案	分析适当数据，并通过支持证据得出可能解决方案	分析数据有困难，可能无法通过数据得出解决方案	错误解读数据，没有证据支持的解决方案	
学生反思： 教师建议：				合计：	

(三)评价量表的使用建议

1. 尽量保持标准的相对稳定性

对于教学中常用的项目或任务，教师可以编制概括性比较强的评价量表，确立相对固定的评价维度，如评价"演讲"可从主题、内容、语言、姿态、感染力等维度设定评价指标，评价"复述"可从事件、细节、顺序、结论、表达等维度设定，再根据具体情况予以调整。这样的量表可以多次重复使用，最多结合实际需要略做微调即可。教师能减少一定的工作量，学生也能够看到同类知识或技能之间的联系，更好地实现知能的巩固和迁移。也免得标准"变来变去"令学生畏惧和厌烦。此外，标准应提前告知，利于学生有目标、有信心地行动。

例如，教师要求每组学生制作一张海报，倡导健康的生活方式，下表是针对学生成果的评价量表(见表5-22)。具体过程是：

(1)教师提前告知量表或与学生一起讨论创建评价量表，使学生一开始就知道努力方向；

(2)学生作品完成后，根据评价量表对作品进行第一轮评估，包括同伴、教师和自我评估，确定好的地方和需要改进的方面；

(3)教师根据评估确定学生学习差距，并根据需要提供额外的资源和支持；

(4)学生收到成绩表后，反思不足，根据反馈修改作品。在学生修改作品过程中，该评价量表仍然是很好的工具，利于学生随时调整更正学习成果；

(5)最终作品上交后，教师和学生使用同样的评价标准进行第二轮评价。将两次数据比对，教师可以得到有用信息，如整体教学情况、哪些学生更需要帮助、哪些内容需要再次教学以及学生是否具有反思与自我提升能力等。

其中，同一评价表被多次使用，利于学生按同一标准稳步前进。活动结束后，该量表还可以再次利用，直到学生将海报制作标准完全内化。

表 5-22 海报制作评价量表

	超过标准 （A）	达到标准 （B）	接近标准 （C）	低于标准 （D）	等级/ 备注
主题	主题鲜明，能打动观众	可以看出海报主题和倾向	观众仔细阅读可以看出主题	标题、图画或内容需突出主题	
内容	科学健康，信息量大，说理透彻，多角度支持主题	无科学性错误，内容健康，列举信息能支持主题	有少许错误，内容比较健康，须补充一定信息	须甄别不实信息，至少从两个角度支持主题	
结构	思维缜密，层层递进，因果关联清晰，一目了然	无逻辑错误，结构完整清晰，体现一定因果关系	逻辑不够清晰，有个别混淆，因果关系有倒置	须梳理因果关联，同一标准分类，整体布局	
形式	形式为内容服务利于突出主题	有一定的设计形式与主题一致	形式多样干扰理解主题	形式单一或对主题理解有阻碍	
观感	引人注目	让人有看下去的兴致	不太吸引人	不吸引人或不知所云	
教师 评价/建议	评价： 建议：				
学生反思					

2．尽可能包容更有价值的内容

教师要充分利用每一次评价机会，尽可能在有限的时间里聚焦更多的内容，为一次评价赋予更多的意义。以海报制作为例，如果教师仅仅评价学生海报制作技能，却没有借机同时评价学生知识理解和应用、动手技能、交际与表达技能、自我反思技能等，就是典型的"大材小用"。

3．通过评价量表体现教学意向

教师可以通过评价量表传达评价意向，将最需要掌握的内容作为评价标准呈现出来。如果强调问责，教师就可以为评价量表赋分；如果强调改进，就不必赋分，直接使用描述性语言，只说哪方面做得好，哪些方面需要改进，以及如何改进；如果强调重点内容，重点内容就要更多赋分。

4．以评价量表引导学生学习

评价量表应该在教学开始之前，由教师根据教学目标和需求主导开发，可以邀请同行教师参加，或邀请学生参加。当然，教师也可以使用专业人员开发的评分量表，但要根据实际教学有所调整。教师要确保学生明确标准，使学生朝向标准做好准备，并在学习中与标准保持一致。另外，评分量表最好附有范例，如为学生提供不同得分的范文，帮助学生更好地理解标准。学生使用量表的次数越多，他们对工作的评价就越与教师的评价一致。以量表为指导，学生的同伴和自我评价能力就会提高。所以，教师要让学生学会使用评价量表，使其成为学生准备学习、指导学习、评价学习的助力。

例如，威利老师①发现，当她和学生使用相同的检查表来评估实验时，学生通常会给自己完美的分数，而忽略她指出的错误，如不遵循配方、测量不正确、没有完全清理等。她意识到自己应该把这些要求更具体地纳入评价表之中。具体步骤包括：

首先，尝试标准。她先后尝试了三种不同的实验评价标准，每次都要检查自己的分数与学生的分数的一致性，然后把两组分数都交给学生小组比较。

其次，创建标准。威利老师根据学生反馈创建了更好的评价标准，标准的每个级别都便于学生理解。由于评价标准制定的过程比较透明，学生能够清楚理解各种评分的理由。

再次，使用标准。威利老师用新标准评价学生实验。

最后，依据标准进行反思。每次学生得到的分数低于 3 分（及格分），她都会要求他们反思，看哪些方面做得好，哪些方面需要改进。

随着时间推移，威利老师注意到学生的自我评价变得更加熟练，也与教师评价逐渐趋于一致，学生对学习标准认识更清晰，成绩也有所提高。

第四节　教学后评价应避免的问题

一、教师方面的问题

教师在教学评价中有许多自相矛盾的行为，我们却对此见怪不怪、习以为常。

(一)想要复杂的结果，却使用最简便的项目

教师常会借助最容易测量的项目检验学生所学，虽然结果皆大欢喜，却会误导学生。例如，初中一节英语课的内容是奶昔制作，语言目标是掌握关于食物的名词，剥（peel）、切（cut）、混合（blend）、搅拌（stir）等动词，以及首先（first）、其次（second）、再次（thirdly）、最后（finally）等副词。在课堂上，教师带学生动手剥香蕉、切块、加牛奶搅拌、制作奶昔，最后请学生品尝奶昔并

---

① 改编自 Laura Greenstein，*What Teachers Really Need to Know About Formative Assessment*，Alexandria，ASCD，2010，p. 122.

打分，整节课学生兴奋不已。但此时课堂评价的重点已经变成了制作奶昔，标准就是奶昔的味道，这与教师预设的教学目标明显不符。学生的注意力完全放在奶昔上面，反而对本课的重点词汇毫无印象。

（二）以过程替代结果

很多教师喜欢展示学生写得满满的笔记本、字迹工整的作业本、标注密密麻麻的课本，以及多彩美观的知识框图等，在他们看来学生只要这样学习（过程），就一定会取得成功（结果）。在教师倡导下，学生笔记越写越满、作业越写越多、课本标注越来越密、知识框图越画越细碎……学生在"形式"上花的工夫越来越多，却没有多少人关心实际效果如何。对学习者而言，"只问耕耘不问收获"其实是更隐蔽、也更危险的一种懒惰，容易滋生"没有功劳也有苦劳"的怠惰思想。我们要过程，更要结果；要苦劳，更要功劳；要形式，更要实质内容。教师要设法用评价逼着学生面对自己的学习结果，要让学生明白，能产生实质效果的努力，才是有价值的努力。

（三）以偏概全

1. 结果利用"过于充分"

评价可以有很多用途，包括判定学习任务是否完成、学生等级评定、教与学的有效性、下一步决策依据等，虽然对结果的利用越充分越好，但另一方面，也要考虑到，不同的评价有不同的用途，要注意相关性。如果将学生某一表现（如"某组学生演讲出色"）作为教学目标达成（如"全班学生具备演讲能力"）和教学决策（如"可以开始下一环节"）的依据，或是将"学生举手多少次"或者"发言多少次"作为学生"认真学习"的证据，就有可能造成偏差。

2. 以"单一测试"得出"全面结论"

教师本来只针对很小一部分技能检测，也知道测试范围和层次与教学目标并不完全相符，还是根据学生得分推断教学效果。比如，尽管明知学好英语需要具备很多条件，但许多英语教师还是将词汇量测评作为评判学生英语水平的首选；尽管明知几道选择题无法完全考查学生阅读理解能力，很多英语教师还是据此判断阅读教学的成败。

3. 依据"个别印象"得出整体性结论

独特的人、生动或者极端的事件往往能吸引我们的注意力并歪曲我们的判断[①]，这种情况在教学中极为常见。比如，明明觉得可笑、不该，很多教师还是忍不住会气恼，甚至会因为个别学生的表现——如不跟着走、不服从管理等

---

① ［美］戴维·迈尔斯：《社会心理学》，侯玉波等译，331 页，北京，人民邮电出版社，2017。

而情绪不佳，进而影响对整体的判断。可能是教师已经习惯了自己百分百正确的权威形象，容不得这种权威受到一点挑战。

再如，有些教师会仅凭一个或几个学生的回答，来判断所有学生的学习情况。教师和学生之间似乎存在一种默契，几个学生替全班回答，教师会假装（时间久了，就不是假装了）全班的学习是一样的。实际上，教师需要了解所有学生的情况，那些经常失败的学生和那些不爱发声的学生，尤其需要关注和帮助，需要教师实实在在的"因材施教"。教师应该努力了解那些通常不举手的学生，而不是对他们的沉默视若无睹。

（四）以数据屏蔽真实

有些教师过于看重评价，舍本求末，抛弃眼前真实的学生，非要在一堆数据中纠结、猜测、讨论或者推论，凡事"让数据说话"，似乎手中的数据（尤其是考试分数）可以"说明一切"。其实，数据只说明了可以评量的部分，再完善的评价也会有无法囊括的内容，再丰富、再客观的评价也不可能完全合乎学生现实。评价到的未必都是重要的，很多看不见的或者不可评的事件可能才是真正有价值的。评价需要一定的"模糊度"，为那些不能评量、不好评量或短期无法评量的部分留下"余地"。

二、对学生的不利影响

从某种意义上讲，教师自以为是的、轻率的评价行为，已经成为误导学生的利器之一，使学生偏离理想轨道，走上"歧途"。

（一）放弃适合自己的目标和策略

学生会根据教师评价调整学习重心。教师评价偏重什么，学生就会迎合什么。教师可以利用这种效应，将学生学习导向"更好的结果"，但是也可能相反。教师偏重个人成绩，学生就不会注重与同学合作；教师常常表扬爱举手的学生，学生就不太会关注回答的质量；教师经常考查学生能否准确复述所学内容，学生就不会重视知识的迁移应用；教师一节课都在督促学生掌握高精尖的内容，却在临下课时考查最为基本的问题，类似"雷声大雨点小"的情况多次出现后，学生便不再相信教师的告知与要求。

（二）对学习结果的判断出现误差

学生会根据评价判断自己的学习是否成功。在学生看来，教师评测的内容就是重点，能通过测评，自己的学习就是成功的，否则就是失败的。

笔者曾听过一节数学课，教学重点是公式推导。前半节课教师带学生推导公式，身边的一位学生显然没有听懂，有些沮丧。后半节课，教师请学生运用公式做题，这位学生很快算出了正确答案，就兴奋起来。教学结束时教师进行堂测，内容只涉及这位学生的强项（公式运用），而不涉及他的弱项（公式推导），他很顺利地得了满分。下课后，笔者问他：

"难不难？"

他高兴地回答：

"不难，这个公式我会用了！我都算对了！"

可以看出，尽管这位学生没有掌握本课的重点内容，但教师的教后评价却误导学生，让学生以为只要会用公式就可以了，至于更为复杂的公式推导问题，不理解也没有关系。班里有这种错觉的，应该不止这一位学生。

(三)对关键因素的错误分析

人们往往会品味成功，却不会理性分析关键成功因素，当然，人们对待失败也是如此。有时候我们会因为成功肯定所有看似与成功关联的事物，也会因失败否定曾经有价值的尝试，却不认真分析成功或者失败最为关键的因素。在纪录片《皮克斯的故事》(The Pixar Story)中，创办人乔布斯指出，初始风光的公司所以常常因成功而走向败亡，原因之一是不再质疑自以为晓得的事情，另一原因是不怎么明白何以产品能大有斩获[1]。这个故事对教学同样适用。学生学习成功，会兴奋、会庆祝，但如果没有认真分析，学生就不会清楚自己的哪些行为带来了成功，只会对自己有一种盲目的信心。在下一个学习任务中，学生仍旧按原来的方式操作，就有可能出现失败，学生也会因失败而产生盲目的沮丧。所以，在结果分析中，能否找到关键因素，从(成功或失败的)结果中学习，至关重要。

(四)建立错误关联

有时我们会被一些看似关联的假象迷惑，PISA之父施莱歇尔曾指出，"相互关联的事物往往具有欺骗性：鸟儿在太阳升起时歌唱，而且在世界各地，日复一日、年复一年都是如此，但这并不意味着太阳因为鸟儿歌唱而升起。"[2]因此，在结果分析中，"相关性"是需要考虑的因素之一，"做了什么"和"得到一个好的结果"之间，并不一定相关，可能有其他的可能性。

有时某种行为意外地获得了强化(如奖励)，即便强化并不是由这些行为导致的，我们也会在相似的情境中重复它们。例如，某位球员曾在一次漂亮的射门前做过拥抱门柱的行为，之后他就保持了这个惯例，因为他认为这个行为起

---

① ［美］杰米·霍姆斯：《未知的力量：未来生存指南》，谢孟宗译，191页，广州，广东旅游出版社，2019。

② ［德］安德烈亚斯·施莱歇尔：《超越 PISA：如何建构 21 世纪学校体系》，徐瑾劼译，57页，上海，上海教育出版社，2018。

作用了。斯金纳将这种现象称为"迷信行为"（superstitious behavior）。[①] 在教学中这样的例子也很常见，王老师将自己的教学成功归结为学生背诵，所以她坚持让学生背各种材料，不仅背古文诗歌，还背课文、范文，甚至背答案、答题宝典……

本章结语

笔者曾给 50 位学生上过一节"培优课"，课前给学生布置的思考题之一是"描述令你骄傲的一次学习经历（无论大小），并分析成功因素"，令我意外的是，很多学生对自己的成功一语带过，很是简单，还有些同学甚至对自己的成功避而不谈，其中一个学生写道："没有让我印象很深的成功经历，也不知该怎么写，就算让我硬着头皮写也写不出来。"在这些位居年级前 15％的学生里，能够详细而骄傲地描述自己成功经历的学生竟不足 10 人，这让我心情沉重。

艾伦·韦伯曾发问，"为什么在学校里，成功只属于极少数的学生，而其他的大多数学生则只能漂泊在失败的边缘？"[②]除此以外我还想问的是，当学习成功的学生都不以成功为傲、不晓得为自己的成功鼓掌、庆贺，那些不太成功的学生又该如何？教育的成功又从何谈起？失败往往会孕育更多的失败，学生如果总是得到消极的反馈、总在失败中挣扎，就会逐渐丧失信心和梦想，甚至放弃学业。这种现象不能再继续下去了。

劳拉·格林斯坦曾充满激情地认为，Success breeds success and motivation grows from it[③]（成功孕育成功，动力由此而生）。学生的学习过程是由无数的"跬步""小流"构成的，教师需要做好教后评价的理由有很多，最重要的莫过于，通过这些小处着眼的评价给学生带来一次又一次"小骄傲""小快乐""小信心"，在一个又一个"小成功"的持续激励之下，学生至千里、成江河，最终走向"大成功"。这需要一定的策略和方法，更需要教师对教育的洞察，以及对学生的尊重、爱和成人之美之心。

---

① ［美］杜安·舒尔茨、西德尼·艾伦·舒尔茨：《人格心理学：全面、科学的人性思考》，张登浩、李森译，202 页，北京，机械工业出版社，2016。

② ［美］Ellen Weber：《有效的学生评价》，国家基础教育课程改革"促进教师发展与学生成长的评价研究"项目组译，65 页，北京，中国轻工业出版社，2003。

③ Laura Greenstein, *What Teachers Really Need to Know About Formative Assessment*, Alexandria, ASCD, 2010, p. 33.

第六章　发展教师评价素养

教师的教学变革似乎从未停止，但教室里究竟在发生什么、学生究竟学到了多少、我们又究竟对学生了解多少？我们是在智慧执教，还是在自说自话？我们所得到的信息是真实的吗？我们对学生的学习结果负责吗？我们所采取的行动是恰当的吗？我们引以为傲的经验、习惯和教学风格真的可靠吗？有效的教学方法就是有效的学习方法吗？我们在"这端"熬心费力，似乎已经无法更好，但在"那端"的他们，究竟接收了多少呢？细细思量，我们是否认真回答过这些问题？我们看到的，也许都是自己"想看到"的"真相"，并据此做出许多其实都是"自以为是"的决策。那么，如何才能走出这种"自证其源"的困局？本章以教师评价素养为视角，力图一探究竟。

第一节　教师评价素养现状：走出"自我中心"

一、教师评价素养现状

在教师的课堂里，教学与评价总是相伴而生，但我们很难看到二者"相携而行"，且常会发现不谐之音。

有的教师言必称"考试"，拿着名家散文让学生找"答题要点"，拿着科普文章让学生找"考点"，用"考试肯定会考"强调教学的重要，"压迫"学生学习，其真正的育人价值和学科魅力却无从体现。

有的教师严格执行"教学进度"，"讲完了"心里就踏实了，就觉得学生"学会了"。事实上，"进度完不成"已经成为许多教师拒绝教学方式变革的重要理由。

有的教师非常讲究教学的"完整流畅"，他们把学生的提问、质疑、出错、"打岔"看成是"捣乱"或"不用心"，对学生种种"跟不上""跑偏""个色"不能容忍，却没有意识到，这才是真实的学生学习状态。

有的教师会为教学任务顺利完成、学生课堂表现出色而自鸣得意，却没注意到，本节课所指向的学习目标并没有达成，学生其实一无所获，他们是凭借"不相干"的知识完成任务的，他们"表现出色"并不是教师"教学出色"的证据。

有的教师评价学生必谈成绩，成绩好说明学生学习努力，成绩不好则一无是处。"这次考试成绩不好，最近不够努力吧?"或者"这次成绩不错，这段时间很棒!"类似的话经常可以听到……

凡此种种说明,目前教师评价素养较为欠缺,致使评价没有发挥应有的作用,诚如美国教育家威金斯所言:"评价决不应该仅限于此,评价应该能够激发和关注足以导致学生改进的教学活动。这一点历来是我们对评价寄予的厚望,但在现实中却往往落空。"①

二、教师评价素养欠缺的具体表现

教师评价素养欠缺有许多表现。首先是观念的偏差,涉及对评价的认识、对"教—学—评"关系的认真思考、对评价功能的全面了解、对评价伦理及后续影响的切实关注等。例如,很多教师谈及评价的第一感觉就是"评价不就是考试吗?"很少有教师认为评价应该用于改进教学,也很少有教师意识到教的行为同时也是评的行为。其次,教师缺乏必要的评价知识和评价技能。例如,很多教师试卷设计、试题编制、试卷评改、成绩分析、试卷讲评的能力很强,但根据实际需要进行评价方案设计、评价工具选择开发、评价数据收集解读、评价结果反馈利用等评价能力却很弱,这说明教师评价知能明显失衡。最后,教师欠缺在教学实践中适切应用评价以提升教学实效的能力,包括如何利用评价考量教学目标的达成度、如何使评价同时具有"教学意义"、如何借评价之力调适激励学生、如何评量学与教的策略的效益、如何以评价为依据做出教学决策等。总之,教师不用评价,或不会恰当使用评价,或不能发挥评价积极育人功能等现象,均说明教师评价素养亟须提升。

三、影响教师评价素养的因素

影响教师评价素养的因素很多。从外部看,高考等高利害大型考试的影响首当其冲,2019年11月,教育部考试中心公布的《中国高考评价体系》指出:"高考客观上对高中教学起到重要的引导作用","高考对基础教育教学的引导作用具有较强的现实动能和深厚的社会根基"。再看"PISA"考试,经济合作与发展组织(OECD)公布2018年国际学生评估项目(PISA2018)测试结果后,尽管我国有学者指出"PISA测试远不止排名""成绩卓越但仍需努力"②,须理性看待这份"成绩单",但主流仍是"三项第一"等"重磅"消息,由此也可以看出我们对"评价"的态度,排名和成绩总是第一位的,先确定考得"好"还是"不好",考得好,就说明我们一定做得好,成绩不理想的方面,就一定是我们做得不好

---

① [美]Grant Wiggins:《教育性评价》,国家基础教育课程改革"促进教师发展与学生成长的评价研究"项目组译,18页,北京,中国轻工业出版社,2005。

② 中华人民共和国教育部政府门户网站,见 http://www.moe.gov.cn/jyb_xwfb/moe_2082/zl_2020n/,2019-12-04.

的地方。"以结果倒推之前的所有过程"，这是我们的通病。

此外，理论研究不到位、专业培训不系统、实践指导不接地气、学校管理不关注等外部因素，都对教师评价素养有一定的影响。但是，我们更应该考虑的是内部因素，尤其是教师本人是否具备专业自觉更为关键。威金斯在《教育性评价》一书中专门谈及"教学与问责制"，指出"教学本质上是将成人与儿童搭配在一起"，所以很可能是个"自我中心的职业"，在课堂上"我们很容易就从学生的回答或问题中听到我们想要听到的内容"，而且，"我们似乎并不是那么高兴或心甘情愿地尝试着弄清我们的教学是否达到了预想的效果"。教师需要以更冷静的和充满怀疑的态度尝试着像一个自我评价员一样思维，才能破除这种自我中心主义。① 换言之，尽管面临许多障碍，但真正阻挡教师破茧而出的，是教师自己。或许，正是教师对"真相"有意或无意的回避，才使得评价与教学剥离，毕竟只有如此，教师才能"心安理得地推进无为而治和无效之行"。②

四、重视评价，走出"自我中心"

评价不会因为我们的刻意忽略而自行消弭。教师在教学，同时也在评价，其影响不仅关乎当下的学习氛围、师生关系、学生情绪心理、学与教的成效，更关乎学生未来。且不论只问耕耘、不问收获的无限加法令师生如何疲惫不堪，也不论教师的"评价暴力"又给处于身心发展关键期的学生带来怎样的伤害，那"全民皆兵"老老少少都战战兢兢的高考日、那绝不在少数的被考试梦魇缠绕着的成年人，已经是极好的佐证。对此，我们负有不可推卸的责任，就像是一场雪崩，看似无法阻挡，但作为其中的一片片雪花，并不是无辜的。"评价要切实发挥作用，需要教师角色的彻底改变(it would call for radical change in their role)"。③ 因此，无论大环境如何，我们都应走出自我、走出教学的孤岛，有所担当、有所改变。

第二节　关注教师评价素养：走向"学生中心"

关于评价素养，美国密歇根州评价联盟(MAC)评价素养标准(2017 年版)规定，"Assessment literacy is the set of beliefs, knowledge, and practices a-

---

①　[美]Grant Wiggins：《教育性评价》，国家基础教育课程改革"促进教师发展与学生成长的评价研究"项目组译，259~262 页，北京，中国轻工业出版社，2005。

②　[美]Grant Wiggins：《教育性评价》，国家基础教育课程改革"促进教师发展与学生成长的评价研究"项目组译，265 页，北京，中国轻工业出版社，2005。

③　Paul Black，"Formative and Summative Assessments by Teachers：Promises and Problems，"Kingston College London，2011(3)。

bout assessment that lead a teacher，administrator，policymaker，or students and their families to use assessment to improve student learning and achievement．"（"评价素养是一组关于评估的信念、知识和实践，引导教师、管理者、决策者或学生及其家庭使用评价来提高学生的学习和成就。"）该标准对各类评价主体（包括教师、管理者、决策者、学生及其家庭等）所应具备的评价素养分别进行了详细描述。其中"教师评价素养标准"包括两部分内容。

第一，评价素养对教师的意义，即"评价素养对于教师来说至关重要，具有评价能力的教师了解如何进行学生评价，通过实施评价能够使教师更好地发挥作用，相信评价可以改善教学和学习，并秉持这样的信念将评价活动和评价行为放在适当的位置"。

第二，教师评价素养的内涵，具有评价素养的教师应该相信"学生有必要理解清晰的学习日标""有效反馈对于学习的重要性""学生应积极参与、学习如何使用评价结果来改善他们的学习""评价结果应用来指导并改善学生学习的教学决策"等。

据此我们可以认为，教师评价素养是教师以评价促进学与教所应具备的评价态度、评价知识、评价能力和教学智慧。教师评价素养是教师专业素养的重要组成部分，对提升学生学业成就、促进教师专业发展以及学校发展与改进都有重要的意义和价值，将"成为现在和将来教师职业发展的关键领域"①。

需要注意的是，教师评价素养是高水平教师的必备要件，教师评价素养与评价专家和评价专业人员（基于心理与测评技术）的评价素养不同，具有评价素养的教师，不是"更会评价"，而是"更会教学"。教师评价素养主要体现在教学过程之中，其主要目的是提升教学的有效性。

一、基于"学习成果"的准备与设计：由笼统到清晰

在教学发生前，有评价素养的教师不仅要思考"教什么、怎么教、如何推进教学"，更要思考"学生现在如何、学生应学什么、如何知道学生是否达到预期标准、如何确保学习有效"等，其教学设计与准备也更为清晰、到位。从表6-1中的"目标制定"项目可以看出，评价素养较高的教师更倾向于以学情为基点确定教学目标，更加关注以评价手段获取"学生是否达标"的信息，并且，更注重学生是否知晓并明了课堂目标和评价标准，成为明明白白的学习者，上述种种措施均有利于课堂教学实效的提升（见表6-1）。

---

① 廖善平：《国内外外语教师评价素养研究述评》，载《基础外语教育》，2016(8)。

表 6-1　两种教学设计思路的异同

项目	评价素养较低	评价素养较高
目标制定	依据课程标准， 执行教材进度， 依赖教学经验， 基于学情判断， 基于预期教学结果， 设计课堂提问及测评	依据课程标准， 参考教材进度， 依赖教学经验， 基于学情调查数据， 基于预期学习结果， 设定相应评价指标， 学生参与目标和指标编制， 目标和评价指标告知学生

再如，就"学情分析及利用"而言，不同教师其处理方式也有许多不同，前者(评价素养较低)只是凭经验泛泛而论，也不会因学情做切实调整，而后者(评价素养较高)则会通过多种测评手段了解学生的知识掌握程度(知识广度、深度)、相关背景知识、情感态度、是否做好相关准备等，并据此确定教学起点、重点、难点等(见表 6-2)。而学生在配合教师完成"前测""座谈""学案"等的同时，也会唤醒已有关联知识、会对新知识和新课题产生兴趣、会对可能出现的学习困难有所预期并做相应准备等，更为主动地、清醒地进入新的学习。

在"学情利用"方面，评价素养较高的教师也更为"彻底"。例如，教师会依据学生学案或前测中出现的问题确定教学重心和教学任务，他们往往会在上课的前一刻推翻原来的教学设计，按刚刚了解到的学情"重新布阵"，而不是不论教学现场如何，都不管不顾地"按原计划执行"。

也就是说，对于评价素养较高的教师而言，教师进行教学设计和准备，同时也是研究学生、精准规划以及利用评价促使学生积极参与的过程，从某种意义上讲，此时，真正的学与教已经开始了。

表 6-2　"学情分析及利用"之异同

项目	评价素养较低	评价素养较高
学情分析	凭经验判断， 描述笼统(如："本班学生英语基础较好，学习态度较认真，学习热情高。")	通过问卷、前测、座谈、学案等了解， 描述较精准，"相对预期学习结果，学生现在在哪里？"(如"要完成任务，百分之几的学生目前知识掌握为……相关背景知识为……尚缺……) 预估可能会出现的问题或困难

续表

项目	评价素养较低	评价素养较高
学情利用	据此完成学校"规定动作"和教学进度安排	据此确定教学目标、教学起点（从哪里开始，哪些可以不讲、哪些重点讲等），确定教学难点、重点人群、应对策略及时间分配，可以用于自学、小组合作、全班协作的任务各是什么

二、基于证据的教学实施与改进：由随性到理性

在评价有效发挥作用的课堂里，教、学、评之间的界限是模糊的，教即是学，学即是评，评即是学与教，教、学、评同步推进。教师要不断获取"我教的如何""学生学得如何"的证据，并据此做出"下一步该如何"的决策。这是一个富有无穷挑战和魅力的过程，远比"按图索骥"、刻板执行教学计划要精彩太多。

首先，以"教学引入"为例，《普通高中英语课程标准（2017年版）》提供了一个"基于现代信息技术的英语学习活动设计"，其主题语境是"人与社会——信息技术与记忆"，需要借助网络技术完成。[①] 上课后，教师请学生通过社交软件回答问题：

What do you think of the influence of the Internet on your memory?

（你如何看待互联网对你记忆的影响？）

借助技术便利，教师马上得知，55％的学生认为：

The Internet makes our memory weak。（网络弱化了我们的记忆力。）

本来这是个很好的切入点，但不知为什么，教师并没有"搭理"学生的回答数据，而是直接进入下一个环节，即请各组代表根据课前所做的社会调查，借助演示文稿，向全班做简短的调查报告：

What do people think of the influence of the Internet on memory?

（人们如何看待网络对记忆的影响？）

也就是说，教师在一开始的调查只是走个过场，教师并没有想"真的"利用学生的回答数据，无论教师课堂网络问卷调查的结果是什么，是25％的学生认为"网络弱化记忆力"，还是55％的学生有这样的看法，都不影响教师"继续执行"教学计划。同样的，学生代表向全班同学汇报，也仅仅是个汇报而已，不论学生汇报的结果如何，都不影响教师继续推进计划，进行下一个环节——

---

① 中华人民共和国教育部：《普通高中英语课程标准》(2017年版)，73页，北京，人民教育出版社，2017。

阅读论说文"Is Your Memory Online?"并梳理文章框架。

其实，本例中教师在了解学生对网络与记忆的看法之后，可以做出相应处理。

(1)如果大部分学生的看法与观点比较一致，可以进一步询问学生是根据什么得出这样的结论，再将学生观点与社会调查结果比对讨论，为进一步阅读文章做好铺垫。

(2)如果大部分学生观点与文章不一致，教师则需要做更多的铺垫工作，如提供现实案例，或结合学生实际进行讨论，或直接请学生预测，作者的观点是否会与他们的观点一致等，引发学生的阅读兴趣。

表 6-3　"巩固练习"之异同

类型	评价素养较低	评价素养较高	
		做法	意图
巩固练习	学生选择一种方法解决题目即可，只统计正确率	鼓励学生用尽可能多的方法并了解： 哪种方法用得最多？哪种用得最少？ 学生最多掌握几种方法？最少掌握几种？ 哪种方法需要再行辅导、巩固？ 哪些同学需要指导、帮助？ ……	了解教学是否有效，或在多大程度上有效，或在哪方面有效（教哪种方法时最有效），并思考原因； 了解学生学习效果，思考如何补救以及下一步教学如何做（下一节课如何设计、辅导作业如何布置、哪些学生需要帮助以及如何帮助等）

其次，对教学细节的考虑。一般而言，比较优秀的教师会关注到教学细节与实现教学目标之间的关系，并力争使更多的教学细节与教学目标相一致。而评价素养较高的教师则会在此基础上再加入一些"评价"的元素，力图进一步明确这些教学细节是否真正为教学服务。例如，在判断学生是否掌握了某类问题的三种解法时，评价素养较高的教师较少关注学生的正确率，而是更多关注学生掌握了几种方法、哪种方法掌握得更好以及自身教学是否有效等（见表 6-3）。

教师一般习惯于在单元学习结束后，才要求学生完成写作任务或阅读反思，评改并给出等级；但评价素养较高的教师则会在学习开始前就布置任务，告知学生具体标准，使学生学习的指向性更强（见表 6-4）。

表6-4 "写作任务或阅读反思"之异同

类型	评价素养较低	评价素养较高	
		做法	意图/效果
写作任务，阅读反思	单元或章节学习完成后完成；教师评改并给出等级或分数	单元或章节学习前，告知学生完成学习后的任务和标准，使学生清楚任务类型（与学习任务相关）；单元或章节学习后，教师评改并给出等级或分数，根据完成情况确定下一步教学计划，给学生反馈、指导学生调整	学生学习有更明确的目的和结果预期，教学有效性得以评估；学生依据一定标准进行反思和调整

最后，从如下教学计划执行、学生分组、教学小结等其他环节也可以看出，评价素养较高的教师并没有否定原有的教学和以往的经验，他们只是在此基础上，再"向前一步"、再"较真"一点、再靠近学生一些、再多一个审察"教学真实"的视角，在评价的"帮助"下，教师的教学意向更加清晰、教学内涵更为丰富、计划执行更有弹性、判断决策更为理性、学生参与更有质量，教学重心也逐渐由"教师利益、教师习惯"转向"学生利益、学生需求"（见表6-5）。

表6-5 "课堂教学实施"之异同

项目	评价素养较低	评价素养较高
课堂引入	以问题、事例、图片、音乐等引入，目的是引出主题，问题源自教师，径直进入下一环节	以问题、事例、图片、音乐等引入，目的是激发学生兴趣、引发思考、建立新旧知识之间的关联，问题源自学生，由教师汇总学情而得，根据学生应答决定是否进入下一环节
教学计划执行	严格执行教学计划，学生与计划不符的言行、成果等被视为障碍和干扰，学生出错、"不会"主要责任不在教师，责怪、重复或叹息后继续授课；提问后学生不能回答，教师直接给出答案或请其他"好生""帮忙"，给出答案，"课讲完""计划完成"就圆满了	教学计划会被随时调整，学生的所有言行，尤其是与计划不符的言行，是"此时""此处"学生是否达标的重要证据；学生出错、"不会"可能是教师的原因（方式方法时机等）也可能是学生的原因，迅速找出原因并及时补救，提问后学生不能回答，教师给出"问题支架"帮助学生，或引导全班同学参与讨论，一起得出答案；采用适宜的测评手段测量学生是否达成预期目标（是否真的圆满）

项目	评价素养较低	评价素养较高
学生分组	分组原则：自然分组、教师指定分组或学生自愿结组； 指导策略：无指导，随意评价； 活动组织：人员固定不调换，很少与其他形式切换	分组原则：据前测或安置性测试结果及后续学习指导要求同质分组或异质分组； 指导策略：定期指导，有活动规则和关于小组合作的培训，根据标准评价； 活动组织：人员定期调换，与其他学习形式灵活切换（包括在一节课之内）
教学小结	教师小结本课内容； 教师安排课堂小测，或学生展示活动； 点评学生完成情况，对完成不好的学生提出批评，要求下课后补救，然后宣布下课	教师请学生小结本课内容，并根据学生小结情况判断学生习得效果； 教师安排课堂小测或其他巩固拓展性活动，学生小测成绩是评定教学成效的重要依据； 事先公布拓展性活动评价标准，活动结束后邀请学生根据该标准相互评价，在此过程中观察诊断学生学习效果

布鲁纳曾批评"传统教育总是重广博而轻精深"[1]，应该说，教师评价素养的欠缺是重要原因之一。评价素养较低的教师，可以一直讲下去而不考虑学生是否接受（或者接受了多少）。这样的课堂"知识覆盖面广"（一般而言，教师知识越渊博，越给人知识覆盖面广的感觉），并且是行云流水般地"顺畅"推进。学生是教师忠实的听众，不会也不敢打断教师的完美呈现（所以过去评课会有"教学环节流畅"一说），教师若被中断了思路，会很恼怒，他们会草草应付学生的提问、质疑，然后再想方设法绕回中断处，继续按自己的思路前进。此时的"师生互动"，并不是平等的、有来有往的互动，不过是教师牵引和学生顺从的交织，此时的广博也只是教师的广博，学生只是如容器般盛下教师灌输的知识，没有知识的交互、重复和碰撞，自然不会有深度的思考、领悟，更欠缺知识的精深。

对评价素养较高的教师而言，教学不是在"真空状态"下进行，"学生中心"贯穿教学始终。这意味着，从制订计划开始，教师就要不断正视并接受学生的影响，据此调整教学方向。学生任何一个回应都不是"走过场"，都有可能改变教师的"教学行程"，都需要教师认真对待。教学不应是直线的、流畅的和完整的，而应是曲折的、反复。教师要能接受教学的"非流畅性"和"不完整性"，

---

[1]　［美］Grant Wiggins：《教育性评价》，国家基础教育课程改革"促进教师发展与学生成长的评价研究"项目组译，197 页，北京，中国轻工业出版社，2005。

要能够意识到学生的真实学习就是千疮百孔、错漏百出的，需要不断地反复、修补——就像"拼图"一样——直至最终得到一个完整的知识画面，达到"精深"。

三、基于结果的反馈、修正与决策：由感性到深刻

(一)对学生课堂生成资料的处理

学生的图画、言行、作品、展示等教学生成都可以成为重要的评价依据，需要认真分析和正确归因。例如，《普通高中英语课程标准(2017年版)》附录部分提供了一个"学生阅读圈"活动案例，其中罗列了学生的部分课堂生成，包括 Discussion leader 提出的问题、Interviewer 提出的问题、Connector 的感受、部分学生写作作业等[①]，这些鲜活的资料都可以成为教学评估的重要"证据"。仅就其中 Discussion leader 提出的九个问题，教师可以怎么利用呢？仅仅是赞叹学生提出了这么多的问题就够了吗？当然不是。

首先，在上课时，教师可以与学生讨论问题类型、判断学生提问层次(实际上也就是思维品质的层次、学习能力的层次等)，还可以"借力打力"，利用这些问题引导学生阅读。

其次，在课后，教师可以对学生的问题进行归纳分析，了解学生的水平状况，并据此确定下一步教学决策；教师甚至还可以把学生每次提出的问题"攒起来"，一段时间以后做"纵向分析"，看学生的提问能力是否有了长进。

也就是说，来自学生的信息(或学生的问题)是极好的研究资源，而评价素养较高的教师对此总会十分敏感。

(二)根据测评结果"做事"

很多教师会在教学结束后安排测验，并根据测评结果"对学生做事"，这是个不错的教学习惯。但需要注意的是，这些测验的主要功能是提升学生学习，而不是鉴定甄别。评价素养较高的教师更注重自我归因，把分析重心放在"我哪个地方没有做好"及"下一步从哪个方面进行调整"上面。教师也会做外归因，即在学生身上找原因，但更关注个性化分析并进行有针对性的反馈。例如，教师通过阅读测试发现某学生经常用自己的情感来替代作者的情感，在教师的指导与帮助下，学生调整了阅读策略，进步明显(见表6-6)。

---

① 中华人民共和国教育部：《普通高中英语课程标准》(2017年版)，199页，北京，人民教育出版社，2017。

表 6-6　教师"教学后测评"比较

项目	评价素养一般	评价素养较高
测评功能	鉴定、甄别	诊断、激励
测评内容	容易测评、利于快速评改的内容，选择题、简答题为主	本课重点、学科核心素养指向等内容，以表现性、开放性试题为主
归因分析	判断学生学习是否合格，外归因（如"学生不够优秀"）	判断学与教的有效性，内归因和外归因（如"可能是我方法不当"）
使用	指责学生不够努力或与家长联系，督促学生进一步努力	改进自身教学，制订下一步教学计划，有针对性反馈并指导学生调整，鼓励学生继续努力
测评态度	教师：检查、督促 学生：紧张、谨慎	教师：帮助、关爱 学生：平静、合作

（三）对"评价"的评价

评价与教学一样，是一种看似客观的主观建构，但更多的时候，我们评价的不是客观的事物，而是自己"看到"的并"认为"是客观的事物。从这个意义上讲，评价者（教师）要能够清醒地认识到自己所做出的每一次评价的主观性、随意性，以及有可能存在的缺陷甚至偏见。因此，有必要对评价进行"反思与评价"，尽可能修补评价有可能带来的"恶果"。此外，与被评价者（学生）的"协商"以及与其他评价者（同行）的协商与沟通，以开放心态吸纳他人看法，也就更为重要，因为，这可以从某种程度上帮助评价者修正评价结果。

教学结束后，教师需要认真反思自身教学，同时帮助学生做好自我评估和后续学习计划。例如，教师可以用"自查表"反思课堂教学及评价的实际效果，相对教师漫无边际的课后反思，其指向性更强，教师的努力会更有方向性。教师可以在一段时间内反复使用，每节课后都以同样的问题进行自查，待行为"达标"并形成自觉习惯后，再使用更高标准的问题（见表 6-7）。

表 6-7　教师"教学与评价"自查表样例

教学与评价自查表		
教学单元：_____		
教学主题：_____		
自查问题：	是	否
1. 评价与教学要求的方向一致	____	____
2. 评价与教学有机融合，未给师生增加负担	____	____
3. 大部分评价方法利于教师了解学情、及时应对	____	____
4. 大部分评价指向明显，利于明确目标、改进学习	____	____
5. 教师更了解学生学习现状与学习需求	____	____
6. 教师更了解学生深度思维/问题解决/交流合作情况	____	____
7. 教师大部分教学决策基于学生学习实际进展	____	____
8. 评价方式多样，学生持积极正面态度	____	____
9. 师生关系平等融洽，教师对学生公正无偏见	____	____
总体评价及改进：		

　　以上从教学前、中、后简述了评价素养较高的教师可能会有的教学表现，不难看出，在努力实现"以评促教""以评导学"的过程中，教师逐渐从"自我中心"走向"学生中心"、从依循"职业惯性"走向关注"学生利益"、从急功近利走向平和深刻，可以想象，这样的教师会给学生带来怎样的裨益，给课堂带来怎样的改进，又会给学校带来怎样的活力。

第三节　发展教师评价素养：以教师为中心

　　在教师的教学实践中，不论教师是否愿意，评价"就在那里"对学生施加影响，当然这影响未必是教师想要看到的。教师越能清醒辨析评价的存在、越能意识到评价的作用和价值、以评价促教学的手法越精进、评价的积极效应发挥得越好，其专业状态、教学成效就越为理想。发展教师评价素养不仅包括提升、应用评价技能等表层行为，更包括开放心灵、改变态度、转变观念等举措，我们可以从任何一个点开始，但最终的改变一定来自内在。

一、发现"评价的意义"，激发主动发展欲求

　　张瑞敏在《卓有成效的管理者》一书的序言中引用了禅宗里的一句话："借

来的火，点不亮自己的心灵。"①变革应该来自教师内心，外因只能通过内因起作用，教师心中若没有火种，外在压力越大，内里越是漆黑一片。内在动力带来的改变更为持久，教师内在的热情、兴趣和动机是发展教师评价素养的关键，应走进教师内心，努力唤起教师变革的情感，使教师产生发展欲求，以开放的姿态，为迎接改变和挑战做好准备。

然而，能使教师发自内心认同评价素养并不容易。教师不是执行孤立的评价方案，不是"为评价而评价"，而是在教育教学实践中"嵌入"评价，即"为育人而评价"，教师任何一种评价观念或评价技能，总是与教师自己的"教""育"的观念和行为联系在一起的。比如，对评价素养较高的教师而言，学生不是"产品"，学生与教师互动合作、共同完成的学习任务才是"产品"，是师生"共有的产品"，也是评价的对象，这就涉及学生观的根本转变，即真正将学生放到与教师平等的位置上。

对于置身课堂之中的教师而言，他们可能理解的比想象的要少，因为他们也是课堂的一部分，所谓当局者迷，也许这"迷局"也令其心安。但评价素养较高的教师会看到更多的"真相"，这意味着他们要面对更多的挑战。他们会发现学生真正的问题，也会发现自身的弱点、缺点，而正视这些弱点和缺点，需要坦诚和勇气。他们会发现，之前似乎能够使课堂迸发和维持活力的某些策略现在却毫不奏效，他们往往需要在混沌而凌乱的背景之下做出决策，其实际表现与"按部就班"的教师相比，显失优雅从容，其应对可能会显得急促而忙乱；他们的课堂可能显得更为"动荡"、更为"失控"、更令人心神不宁；模棱两可、前后矛盾、威望全无……这样一来，教师从哪里找到学生对自己的信任？学生又凭什么信任这样的教师？在新的平衡没有建立起来之前，教师和学生可能都会经历一段时间的动荡，而这些，是已经习惯于稳坐"神坛"的教师所不愿意面对的。

但是在"旧的平衡"中，教师也未必舒服、安心，毕竟只为考试而努力是对其教育理想与信念的贬低。许多教师虽然会为"多得一分"而殚精竭虑，但同时又抱有志愿不能实现的遗憾与痛苦；以分数论输赢，使得许多教师无视眼前活生生的景象，不再相信自己的判断，只相信分数。同样的实践，学生考好了，就是"教得好"，然后再把所用过的所有方法归纳为"成功举措"；如果学生没有考好，同样的方法又会作为失败者的案例整理出来，以避免以后"再犯同样的错误"。

---

① ［美］彼得·德鲁克：《卓有成效的管理者》，许是祥译，推荐序二，北京，机械工业出版社，2009。

面对此状我们能做什么呢？当评价具有"意义"，当我们经由数据分析、评价思考进入深层变革，使评价成为回归真实、找到信心的一种途径，使评价成为财富、成为成功的助力时，它就不再是一种痛苦和负担，而是可以忍受甚至可以享受的事物了。因此，我们可以做的，就是与教师一道找寻评价的意义，用成功的评价体验点亮他们的专业热情、求索欲望，减少只针对考试成绩的评价；减少只针对考试成绩的评价对教学实践的负面影响，挖掘既有评价的多重效用（包括高考，既然非考不可，看如何发挥其正面功效），尤其使其具有"意义"；采用更加有效的评价方式，如形成性评价等更为有意义的评价；用其他方式来弥补评价的不足（毕竟，评价不是万能的）。要相信教师，只要他们发现了评价的意义——对学生的意义、对他的教育教学实践的意义，他们就会像孩子一样对评价好奇，会毫不犹豫投身其中，寻求主动变革，其结果可能会截然不同。

二、确立评价素养标准，鼓励教师投身实践

首先，需要以一定的形式"规定"教师必须具备的评价能力。与教师一起讨论，如果评价必须发生，而且教学标准不可改变，那么，有什么办法可以使得"这次评价"对教学的影响最好？

例如，教师可以想方设法使学生关注：

——师生关系，如学生认为自己与教师（评价者）关系较好，并且能够从教师（评价者）那里得到肯定和支持。

——评价准备，如学生认为自己已经准备得够充分。

——评价知识，如学生认为自己对评价标准、评价方法以及评价结果的运用有足够的了解。

——评价后果，如学生笃定，即便"考砸了"，还有其他补救办法；考试不是自上而下的"问责"（考问学生是否有好好学习），而是学生学习进步和发展的工具；帮助学生决定哪条路更适合自己等。

——评价信任，如学生认为评价对自己有帮助，可以了解不足、调整方法，可以激发自己的学习兴趣、坚定学习信心，而不是打击自己的斗志。

——相信教师，相信教师不会因为"考砸了"而低估自己的才智，在自己遇到困难时会提供个别帮助。

…………

如上描述都可以作为教师评价素养的具体标准。当然，我们不能单纯考查教师评价素养，要看教师"在教学（育人实践）中"如何运用评价。因此，鼓励教师积极投身教学实践，无论从哪里开始，"先做起来再说"，做着做着"教师就明白了"，这个过程他人不可替代，当然，管理者必须关注教师在实践中遇到

的与评价相关的问题,并给予一定的支持。待教师的实践积累达到一定程度,再来交流、汇总,讨论、提炼,便可形成教师评价素养提升的实践案例"大拼盘",供更多的教师借鉴。

总之,发展教师评价素养,是为提升教师素质、帮助教师"理性"实践服务的。教学在继续,评价就在继续,教师的个体学习和团队学习也在继续,这个过程永远没有完结。恰是在发展评价素养中,教师逐渐由混沌走向清晰、由感性走向理性、由随意走向慎重,再由刻意走向自然、由割裂走向融合。

三、使评价素养发展与实践改进同步发生

目前已经有学校认识到了教师评价素养的重要性,并采用读书学习、专题培训、专家引领、课题研究等方式提升教师评价素养,效果是有的,但总有纸上谈兵、隔靴搔痒之感。受国内外成功案例启发,结合学校实践和已有管理经验,笔者认为,"一体化推进模式"有其可行之处(见图 6-1)。其要点如下。

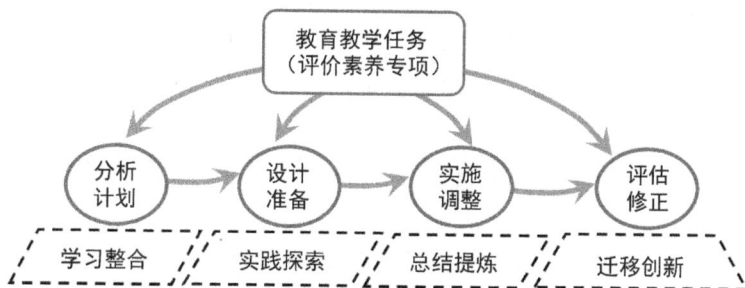

图 6-1　发展教师评价素养"一体化"推进模式

第一,以执行具体实践任务的教师为中心,以教学同伴、教师团队为助力,邀请学生(及家长)深度参与、专家学者(和学校领导)适时介入指导。与测评专业人士的有效合作以及对测评工具的正确理解与选择,是教师评价素养的重要方面。

第二,主题任务与评价专项"二合一",完成某一教育教学任务的过程同时又是提升某一(或多项)评价素养的过程,二者相辅相成、同步发生。

第三,教师在分析计划、设计准备、总结提炼、评估修正教育教学任务、解决实际问题的同时,通过学习整合(学习评价相关知识并结合自身经验)、实践探索(在具体情境中操作应用、过程监控并及时调整)、总结提炼(反思总结并提炼有效做法)、迁移创新(在新情境应用或组合创新)逐渐提升评价素养。

第四,该"一体化"推进模式可无限循环,每一教育教学任务的终点又是下一任务的起点,同一评价素养专项可在不同任务中多次重复,直至高水平熟练运用后,再由新的评价专项所替代,组织者在评估教育教学任务完成情况的同

时，也要对评价素养专项完成情况进行评估，有步骤、有重点、分阶段地推进评价素养发展规划。

四、为教师提供具体、可操作的评价技术支持

提升教师评价素养，还要给教师提供有力的支持。除邀请学者、评价专家、评价技术人员到校指导教师实践外，还可用其他方式为教师提供"身边的技术服务"。例如澳大利亚提升语言教师评价素养的在线培训平台 TEAL 从"教师专业学习资源""教与学的评价案例""评价工具包""在线交流论坛"四方面为教师提供专业资源，帮助教师了解评价素养、掌握评价技能、实践评价技术、反思评价行为。其中，"教师专业学习资源"正好对应评价素养的构成要素，"教与学的评价案例"可以帮助教师逐渐学会将评价有机融入教学之中，"评价工具包"提供了不同的语言评价工具。"在线交流论坛"为教师提供了一个便利的讨论平台，教师可以随时分享经验、策略和案例，从而使教师在合作中获得适度的专业学习。[①] 可以想象，如果我们也能提供如此集专业性和实践性于一体的"评价工具与资源包"，教师就不至于单打独斗、闭门造车、大海捞针，不至于走偏、走错，就会更有提升的动力和可能。

第四节　改进管理：使评价融入教学一线

教师评价素养是一种融教学与评价态度、教学经验与智慧、评价知识与技能为一体的综合素养。发展教师评价素养需要来自各方的长期努力，除了政策支持、教师个人努力外，学校对教师评价素养的需求最迫切，也是提升教师评价素养的最好场所。对学校而言，抱怨政策要求不到位、职前培训不充分已经于事无补，坐等也只会错失良机，只要认真思考、整体筹划、系统构建、有效推进，教师评价素养可以成为学校发展新的着力点。学校管理者可以将其作为学校教学改革的一个专项来推进，同时达到提升教学质量、提升教师教学水平和促进学生有效学习等多重功效。

一、厘清教师评价素养与学校发展之间的关系

具有评价素养的教师能够更有效地帮助学生、改进教学并赢得更好的专业发展。更为重要的是，这些教师还能从"改变自己"开始，支持同事、影响同伴、带动团队，直至带起整个学校。也就是说，发展教师评价素养，起点是教师个人，最终学生、学校乃至整个教育体系，都可以从中受益。目前，世界上

---

① 范连众、赵娜、孔凡哲：《澳大利亚教师评价素养发展项目的内容、特点及启示》，载《现代教育管理》，2019(3)。

许多国家和地区都开始强调教师评价素养的重要性。澳大利亚教师专业标准中有关于教师评价素养的规定：具有最高评价素养的"领导型教师"能"评价学校评价政策，提供示范性实践并支持同事，评价、修正学校报告和问责机制"。我国香港地区教师专业标准"评估及评核"也规定，达到"卓越境界"的教师能够"领导设计并推行有效的学习评估计划，力求改进校本的教与学工作"。① 从其他国家和地区有关教师评价素养的规定也可以看出，教育政策制定者、教育管理者均希望借由发展教师评价素养，带来每个教师、每节课的改进，进而改善校园生活，最终拨动学校整体变革。总之，提升教师评价素养，是培养高素质教师、促进学生有效学习的需要，更是促进学校变革、提升学校育人质量的需要，正如学校发展研究著名学者霍普金斯（David Hopkins）所说，发展教师评价素养"是学校改进过程的关键性特征"。②

二、处理好"专业指导"与"实践智慧"之间的关系

教师评价素养欠缺在目前是毋庸置疑的现实，扭转这种现状需要较长的时间，仅靠学校和教师一己之力是不够的。在现阶段，需要借助外力，由专业的人来干专业的事，寻求与评价专家和评价技术人员的长期的、深度的合作，包括教师评价素养提升培训和实践指导、评价工具设计和开发、评价实施和结果分析等。教师在"专业指导"下，由初期的选择、利用专家提供的评价工具，到提出设计思路、参与设计与开发、对评价工具进行"再评价"，再到自行设计、实施、自我评估，逐渐上手，将"专业指导"置换为揉进了"评价素养"的教师个人"实践智慧"。

引入评价的"专业指导"需要注意以下一些问题。

（一）管理者或者评价资深专家首先要放平心态，确定切合实际的培养目标

学校和学生需要的不是高水准的评价者，而是高水准的教师。所以，专业指导的重点不是把他们培养成为专业的测评者，而是使教师能够做出合理适度的评价，以其独有的视角来解读、应用评价，最终成为"教—学—评"一体化的实践专家。换言之，只有一线教师才有资格和可能成为这样的实践专家，有些方面评价专家能指导他们，有些方面评价专家也是无能为力的，就某一具体教学情境而言，评价专家未必能比教师做得更好。实事求是地讲，目前许多针对教师评价素养的培训和提升尝试之所以不成功，与评价培训专家们没有"对象

---

① 潘婉茹、孔凡哲：《教师评价能力的要素分析及启示：国内外教师专业标准比较的视角》，载《外国中小学教育》，2017(11)。

② 田莉：《教师校本培训中提升教学评价知能的思考》，载《上海教育评估研究》，2013(6)。

感"、对"教学现场会发生什么"一无所知有很大的关系。

如此，进入学校与教师合作的评价专家需要有"教师视角"，对教师现实需求有所"体谅"。评价专家想的是如何使评价达到极致，而教师想要的是如何使教学达到极致，所以教师看到某一评价项目的第一反应是，这个在教学中怎么用，如何才能对教学有利？从这个意义上讲，教师更接近"促进学习的评价"理念，而评价专家则需要转换视角，与教师平等交流合作，深入体察教师教学需求，而不是将"一线人员"排除在外。评价专家与教师之间应为一种平等的合作伙伴关系，一方面评价专家能够坚持"坐在教师"身边，评价专家确保评价工具科学规范，倾听、尊重并切实与教师交流，帮助教师如何利用评价理解"真相"，并切实体会评价用于教学的实际效果。另一方面，教师的评价设计与评价实施要确保在教学中切实可行，及时向专家反馈信息。在这样的深度合作中，参与双方都会受益——教师获得专业帮助和技能提升，评价专家获得新的发现和新的实践研究成果。

(二)发展教师评价素养并不是否定教师的实践智慧和经验

一方面，评价素养的确对教师已有的经验和观念提出挑战。具有较高评价素养的教师会发现，过去的经验、指标，可能曾经非常成功，但事过境迁，如不能与时俱变，就难逃过时的境地。教师需要借助自身学习、评价专业人员支持等多种方式提升自身评价素养。另一方面，教师的智慧和经验仍然是非常宝贵的，且会在评价的"提补"之下，迸发出"理性之光"。

教师应用评价的情况与其经验和智慧密切相关。

首先，在评价指标的制定与解读方面，能够定义成败的有效指标在不同的场景下是不同的。同样的指标在不同场景应有所调整(指标应随情境改变)，即便得出同样的数据，不同的场景应有不同的解读，并据此做出不同的应对。即便在同一场景下，也可能因为时段的不同而出现变化，这一切，只有经验丰富且有一定判断能力的教师才能做出比较适当的判断，这就是"当地经验"的价值了。

其次，在得出评价数据后，如何解读是关键，同样的数据，可以从不同的视角来解读，得到的结论也是不同的。以一次在督学中得到的数据为例，该数据只有有专业知识、专业经验和能力，又同时具备数据分析能力的人才能够做出恰当的解读，并做出下一步工作决策。"有经验、有能力、懂得评价意义的一线人员"是有效评价的关键。

最后，脱离了实际经验的评价指标，已经与实际情况有很大的距离。同一评价标准，对不同的被评者可能带来不同的后果。例如，同样是高考，有的人会研究考试所要考查的所有方面(尤其是有利于其长远发展的方面)，借由准备考试既获得眼前利益，又获得长远发展；有的则只注重长远发展（可能会牺牲眼前利益，也可能不会，如果细分，又可以分成几种情况，如分数高发展好、分数一般发展好、分数低影响长远发展）；有的则只关注眼前，琢磨考试路数，成为考试机器，如此，可能获得了眼前利益，但长远发展并不理想（这样的人在我们的现实生活中也不在少数）。

总之，评价不是孤立存在的，教学中的评价要发挥有效性，就需要对教学本质有深刻认识和理解，需要树立"教—学—评"一体化观念，发展和培养教师所独有的与教（或学）有机融合的评价素养，需要评价"走下来"，走到教师和学生中去。更重要的是，要赋予教师在评价中的话语权，相信教师的经验与直觉，在教师已有的实践中进行挖掘和提升，使教师在评什么、怎么评、怎么用方面"说了算"。

三、理性看待评价对教学的作用

评价不是万能良方，评价的作用其实十分有限。有些评价可能只能在初期起到"刺激"作用，若要长久促进学生学习，除评价本身须不断改进外，还要与其他教学方式相结合。评价不能包容所有，只是在某阶段在某方面对某特定人群有所引领，如果将其作为唯一无限追求，就可能会造成"过度"甚至是错误的引领。评价无法完全反映复杂的现实。一个人往往有"多重样貌"，评价可能只反映其中一个方面或几个方面；人是动态发展的，而评价结果只针对人发展的某一静态（瞬间），完全按评价结果行事，结果可能完全与预期相反。

所以，教师在利用评价时不要太过自信，尤其是不能过度依赖手中的评价工具，使课堂教学的各个环节（如课堂提问、测试、讨论等内容）都成为"计分项目"，毫无底线地滥用评价；更不能认为自己手中的数据能"说明一切"，数据只说明了它可以说明的部分，其余的部分需要我们用其他方式去发现、去说明。教师需要区分"可以评量"与"不可评量"：对可以评量的，要"战战兢兢"了解其"限制何在"，将评价效能发挥到最大化；对不能评量或者评量作用有限的，就要比较慎重了，或是采用评价加经验，或是全部采用经验直觉应对。

在评价指标设计出来之后，教师可以问几个问题：

——我在评价什么？是最好评价的，还是最应该评价的？

——我的评价包括了什么？放弃了什么？

——为什么有些内容没有在评价项目里？

——那些无法评价，但又的确有用的部分怎么办？

——放弃这些内容会有什么后果？如何弥补？

——评价是否可以达到我预期的目标？会不会有负面效果？

——用哪些方法可以得到真实数据？

——仅靠这些数据就一定能得到真实的结论吗？

——还有没有其他辅助手段？

教师要"经济地""有效地""适当地"使用评价，并要有一定的"模糊度"来为那些无法评量或者无法完全评量的部分留下"余地"。不评价就能够解决的问题，就不要使用评价；简单评价就能够解决的问题，就不要使用复杂评价；一次评价就能够解决的问题，就不要使用持续性评价；能不制定指标体系的，就尽量不要制定（往往是一个指标体系完全制定出来的时候，就是部分指标已经失效甚至会产生指标固着现象的时候）。尽量不要追求指标体系的完整（完整性和系统性是两回事，后者强调联结，前者强调面面俱到），追求完整反而会被"完整"所捆绑。

四、提升管理评价水平，创建积极管理文化

评价可以传承文化，也可以创造文化。积极的管理文化是一个更开放的、风险承受力更强的支持环境，令人对评价产生良好的"印象"和期待，是发展教师评价素养的前提。我们需要发展一种积极的"使用数据"的文化，使教师将全部注意力集中在评估结果上，并据此采取特定的教学方法和策略。磨刀不误砍柴工，比实施具体的评价举措和获得精准的评价结果更重要的，是学生的良好感受和长远发展。

首先，学校管理者需要改变。恰如教师要借助评价走向"学生中心"、关注"学生利益"，学校管理者也须借助评价走向"教师中心"、关注"教师利益"，形成上下一体、目标趋同、多主体一致的积极发展态势。学校管理者也有一个提升自身评价素养的任务，具有较高评价素养的教师能够以评价促进学与教，而具有较高评价素养的管理者则能够以评价促进教师发展和学校发展。学校管理者还需要转变观念和改进教师管理与评价行为。管理是可以"传递"的，学校管理者在管理的同时，也在传递信念、示范行为、指导交往、引领文化。如果教师是"被发展"，学生是"被评价"，那么教师受到这样的"待遇"，也会把这种待遇传递给学生，师生均没有成就感。

其次，对教师要理解和信任。理解是指学校管理者需要"体谅"教师，教师很少有时间去考虑测试的创新方法，因为他们需要考虑的事情实在太多。在此基础上，要相信教师有内在的发展动力。有学者认为，教师成就动机除了认知内驱力、自我提高内驱力和附属内驱力外，还有一种社会责任内驱力。教师的社会责任内驱力是教师将自己对社会和学生的责任感内化为一种实际工作的动力。[①]

---

① 闫守轩、王茂、闫琳琳：《教师课程评价能力结构建构与解析》，载《教育理论与实践》，2015(20)。

主观兴趣和成就动机强的教师，会把外在压力转化为内在动力。大部分教师是具备基本条件的，只是存在如何"激活"的问题。只要相信教师，并采取适当的手段，以内在动机与职业精神作为突破口，而不是以奖惩和"现实性"的功利来约束和要求教师。从更高的意义层面运作，采取更为切实可行的手段，从与教师密切相关的教学实践切入，效果会更好，也更符合教育的精神。

最后，要为教师创设自主空间，提供利用评价为学校做贡献的"实战"机会，当然这就涉及学校价值观和组织文化、团队合作、集体决定等更高的层面。包括为教师提供专题研修的机会，如建立以评价为中心的教师学习与研究团队；给教师提供"从评价中学习评价"的机会，如团队合作、讨论和协商、展示和交流等；关注评价付出与效率的对比，不要"为了评价而评"；注意不要对教师提过多的要求，给教师一定的自主确定评价指标和进行评价的空间，不要让教师和学生"过度逆反"；为教师提供施展评价知能的机会，邀请教师对学校某项大事要事进行诊评并提出合理建议等。总之，有效的教师发展实践是以管理者与教师的密切合作为基础的，当管理者不是找碴儿的、指手画脚的，教师不是应付的、逃避的，双方同心协力，运用评价所带来的积极效果而回避消极后果，评价才是有意义的，教师评价素养才能真正得到提升。

杰瑞·穆勒在《失控的数据》一书中批评人们对评价数据的过度依赖，并说："想评估一位学者的论文或研究成果有多高的重要性，还有更好的方法，那就是：把它好好读一遍。"①其实，要把教育做好，更好的方法，也是把"它"好好读一遍。评价不是万能良方，也无法取代管理和教学，却为"好好读"提供了更好的视角和工具。所以，发展教师评价素养，不是给学校和教师做加法，而是在新的视角下学校系统的改进。这是个技术应用的过程、组织管理的过程、更新迭代的过程，更是以人为本、成人之美的过程，由此，学校的功能得以优化、学与教的效能得以提升，学生、教师和学校同步走向更好的学习状态、更好的工作状态和更好的发展状态。

---

① ［美］杰瑞·穆勒：《失控的数据》，张国仪译，111 页，台北，远流出版事业股份有限公司，2019。

参考文献

陈玉琨等．课程改革与课程评价[M]．北京：教育科学出版社，2001.

李坤崇．教学评估[M]．上海：华东师范大学出版社，2011.

联合国教科文组织．反思教育：向"全球共同利益"的理念转变？[M]．联合国教科文组织总部中文科，译．北京：教育科学出版社出版，2015.

马浩岚．美国语文[M]．北京：中国妇女出版社，2008.

王少非．课堂评价[M]．上海：华东师范大学出版社，2013.

赵德成．学校评估：理论、政策与实践[M]．上海：华东师范大学出版社，2015.

钟启泉等．课程与教学论[M]．上海：华东师范大学出版社，2008.

朱宁波．国际课程与教学改革评价研究[M]．大连：东北财经大学出版社，2016.

[德]安德烈亚斯·施莱歇尔．超越 PISA[M]．徐瑾劼，译．上海：上海教育出版社，2018.

[荷兰]杰罗姆·范梅里恩伯尔，保罗·基尔希纳．综合学习设计(第二版)[M]．盛群力等，译．福州：福建教育出版社，2015.

[美]Ellen Weber. 有效的学生评价[M]．[美]Grant Wiggins. 教育性评价[M]．国家基础教育课程改革"促进教师发展与学生成长的评价研究"项目组译，北京：中国轻工业出版社，2005.

[美]Jill Hadfield. ClassroomDynamics(课堂活力)[M]．顾兆立，导读．上海：华东师范大学出版社，1998.

[美]Peter W. Airasian. 课堂评估：理论与实践(第四版)[M]．徐士强等，译．上海：华东师大出版社，2008.

[美]Robert L. Linn & Norman E. Gronlund. 教学中的测验与评价[M]．国家基础教育课程改革"促进教师发展与学生成长的评价研究"项目组译，北京：中国轻工业出版社，2003.

[美]戴维·迈尔斯．社会心理学[M]．侯玉波，等译．北京：人民邮电出版社，2017.

[美]道格拉斯·费舍，南希·弗雷．带着目的教与学[M]．刘白玉，等

译．北京：中国青年出版社，2014.

[美]迪恩·R. 斯彼德．绩效考评革命[M]．龚艺蕾，译．北京：东方出版社，2007.

[美]杜安·舒尔茨，西德尼·艾伦·舒尔茨．人格心理学[M]．张登浩，李森，译．北京：机械工业出版社，2016.

[美]杰瑞·穆勒．失控的数据[M]．张国义，译．台北：远流出版事业股份有限公司，2019.

[美]诺曼·E. 格伦隆德，C. 基思·沃．学业成就评测[M]．北京：教育科学出版社，2011.

[美]小威廉·E. 多尔，M. 杰恩·弗利纳，唐娜·楚伊特，约翰·圣·朱利恩．混沌、复杂性、课程与文化：一场对话[M]．余洁，译．北京：教育科学出版社，2014.

[美]詹姆斯·波帕姆．教师课堂教学评价指南（第 5 版）[M]．王本陆，赵婧，等译，重庆：重庆大学出版社，2010.

Alexandra Beatty，Rapporteur．State Assessment Systems：Exploring Best Practices and Innovations[M]．Washington，D. C：The National Academies Press，2010.

Douglas Fisher，Nancy Frey．Checking for Understanding [M]．Alexandria：Association for Supervision and Curriculum Development，2007.

Laura Greenstein．What Teachers Really Need to Know About Formative Assessment [M]．Alexandria：ASCD，2010.

陈康等．基于高考评价体系的英语科考试内容改革实施路径[J]．中国考试，2019(12).

范连众，赵娜，孔凡哲．澳大利亚教师评价素养发展项目的内容、特点及启示[J]．现代教育管理，2019.

李艺，钟柏昌．谈"核心素养"[J]．北京：教育研究，2015(9).

廖善平．国内外外语教师评价素养研究述评[J]．基础外语教育，2016(8).

潘婉茹，孔凡哲．教师评价能力的要素分析及启示：国内外教师专业标准比较的视角[J]．外国中小学教育，2017(11).

田莉．教师校本培训中提升教学评价知能的思考[J]．上海教育评估研究，2013(6).

闫守轩，王茂，闫琳琳．教师课程评价能力结构建构与解析[J]．教育理论与实践，2015(20).

于涵．新时代的高考定位与内容改革实施路径 [J]．中国考试，2019(1)．

张开．基于高考评价体系的语文科考试内容改革实施路径[J]．中国考试，2019(12)．